フレイマー・フレイムド

トリン・T・ミンハ

小林富久子・矢口裕子・村尾静二訳

フレイマー・フレイムド

水声社

本書は
《人類学の転回》叢書の一冊として
刊行された

目次

フィルム・スクリプト

インタヴュー

フィルム・スクリプト

NS

第一章　ありのままの場所——生きることは円い

西アフリカ、一九八五年。一三五分、カラー映画。

プロデュース：ジャン＝ポール・ブルディィエ

監督、撮影、シナリオ、編集：トリン・T・ミンハ

ナレーター：バーバラ・クリスチャン、リンダ・ベッカム、トリン・T・ミンハ

配給：ウィメン・メイク・ムーヴィーズ（ニューヨーク）、近代美術館（ニューヨーク）、アイデラ（ヴァンクーヴァー）、シネノヴァ（ロンドン）、オーストラリア国立図書館（キャンベラ）

初出：『シネマトグラフ』Vol. 3、一九八八年一〇月号

映画内で耳にされる三人の女性の声は本テクストでは三種の印刷文字によって表記されている。低い声〔ゴシック体〕は断定的響きをもつ唯一の声で、村人の言葉と並んで、アフリカ人作家の作品や陳述をも示す。高い声〔明朝体〕は西洋的論理に則した情報を与える声で、主に西洋思想家の言葉を引用する。中間の声〔教科書体〕は一人称で語りかける声で、個人的な感情や意見を述べるものである。括弧中の言葉は画面からは聞こえない。国や人の名は、画面の下部にサブタイトルとして示される。

（セネガル）

（ジョラ）

大地の人々

説明も、情報も、楽しみももたらさない
音は沈黙の表面に浮かび出る泡だ

嘘、迷信、超自然。文明化された者には理解できない現実の多くが、嘘、迷信、超自然と見なされる。

真実と事実

素裸で明白
ドゴンの賢者は言っている。

「裸であることは、語らないということだ」

（オゴテメリ）

真実もしくは事実

正しい振動。身体は音楽に対して弦のように共振する。
身体に反応させ、間接的に夢中にさせるような音楽
それはたんに「演奏」されるのではない
観るという行為をも妨げないようなやり方で演奏されるのだ。

あるアフリカ人が述べている。

アフリカの宗教は人類を停滞させ、領土権の衝突を招くものだと考える西洋人たちがいる。だが、実際にはその逆だ。黒人は信仰が深いほど、寛容なものだから。たとえ黒人の領土内で不寛容さが目立つことがあっても、それは外部的要因からくるものだ。

（A・ハムパテ・バ）

割礼を受けた若者は、杖でリズムをとりながら詠唱する
彼らの手にあるのは、女性性（feminity）、水、光

住まうための建物
大地の上、空の下、神々の前、生ける者のあいだで、事物とともに。
彼らはそれらの場所に住まう
地球を支配することも征服することもなく
太陽と月の動きにまかせて旅をする
夜を昼に変えず
神々を恣意的に作り上げもせず
偶像を崇めもしない
彼らは生けるものを死という自然のなかに導き入れる

（セレール）

家、穀物倉、中庭、寺院、時には部屋、村、霊廟、共同墓地。それらすべての設計が共通して円というかたちに特徴づけられている。

（マンディンゴ）

生は円い
これは事実ではない。収集されたデータでもない。

大気、大地、水、光。
アフリカの神話において男女の創造を司るものとしての四元素。
大地から生まれ、大地に縛られる
土から作られた埃っぽい灰白色の身体
素裸の子供たち。
「彼女が穴を掘り、そのなかに気を吹き込んだ。子供の誕生」

(ジャハンケ)

太陽、瓢箪、中庭、弓形に曲がった天空
円いものはすべからく自分に触れ、愛撫するようにと誘いかけてくる
円は完全無欠のかたち

すでに「ノー」という答えを目にしていて、
しかも目に見えるものがただ小屋か泥の避難所だけだとしたら、
たとえ「イエス」という答えを用意していると言われても
彼らの心に疑いの念が広がることはないだろう
彼らはただ元来た道を戻って行った

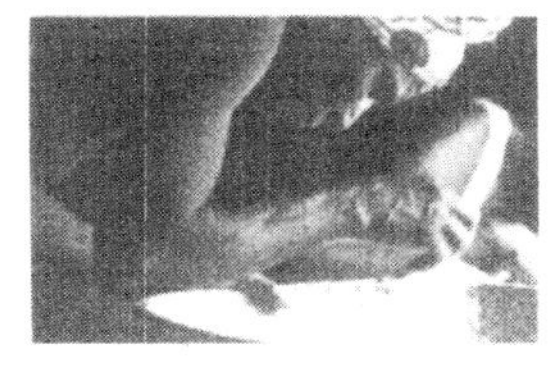

NS

小屋は、私たちの多くにとって、住まうという機能の根源を指し示す。宇宙の外側（内側）の宇宙としての小屋。それは、極度の貧しさという至福を有している。（バシュラール）

彼女は言った。男、女、子供
線／太陽／星／瓢箪の覆い
亀／大蛇／狐
瓢箪

それらは植物の成長を助ける
あなたは訊ねる。「これらの絵は何の役に立つのか？」と
それらは植物の成長を助ける
種の繁殖を促す

（バサリ）

あらゆる病は音楽に関わる問題だ
「音楽は気力と創造を生み出す魔術的な力をもつ。牛の首につけられた鈴が一揺れするだけでも、人々は十分気分を高揚させられる。そんな時には、「力が彼らのなかに入り込んだ」と言われる。普段なら杖なしにはほとんど動けない老人でも、音楽に合わせて勝鬨の声をあげたり、踊ったりする。疲れで気力が失せた農夫も、太鼓の音や仮面の歌から野良仕事への意欲を燃やす。」「たとえ食事を終えたばかりで腹いっぱいだと

しても、一切の音楽が身体に入ってこない時には、土地を精力的に耕したり、厳しい労務に耐えたりする力をもてない」と、ある男は言う。

（ソニンケ）

空間——近いのに遠くに感じる

「家が生き生きしているかどうかは、その家の息遣いからわかる」
「家も人も小さな土饅頭(つちまんじゅう)から生まれる」

音楽は光と闇の調和に依存している

（モーリタニア）

（ソニンケ）

風の音を通して聴こえてくる茂みのすすり泣く声に耳を傾けよ。それは私たちが愛した
死者たちの息遣いの音。
死者たちは死んではいない

（ビラゴ・ディオップ）

大地の人々

二匹の鹿が連れ立って歩くのは、互いの目から埃を取り合わなければならないから（諺）

時間の感覚、つまり、何時間、何日などの短い時間だけでなく
何十年、何世紀といった長い時間の感覚
光および無としての空間の感覚

空間はつねに私を黙らせてきた

内的生活の穏やかさを物語る空間

家具がわずかしかなく、隠しごともごまかしも存在しない
「真実は私のもとにはまさに裸の状態で現れるので
どんなに不自由な目をもってしても、真実を見わけることができる」
（シェイクスピア）

呼吸する家
それは、内部に世界を包み込みながら、広く世界に開いてもいる

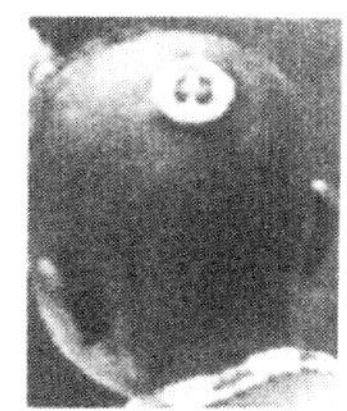

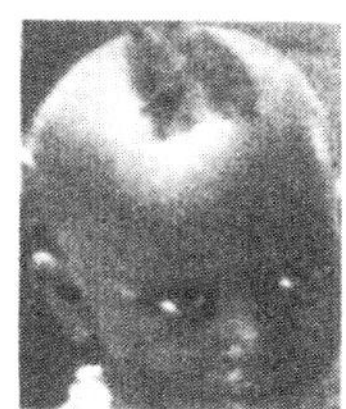

NS

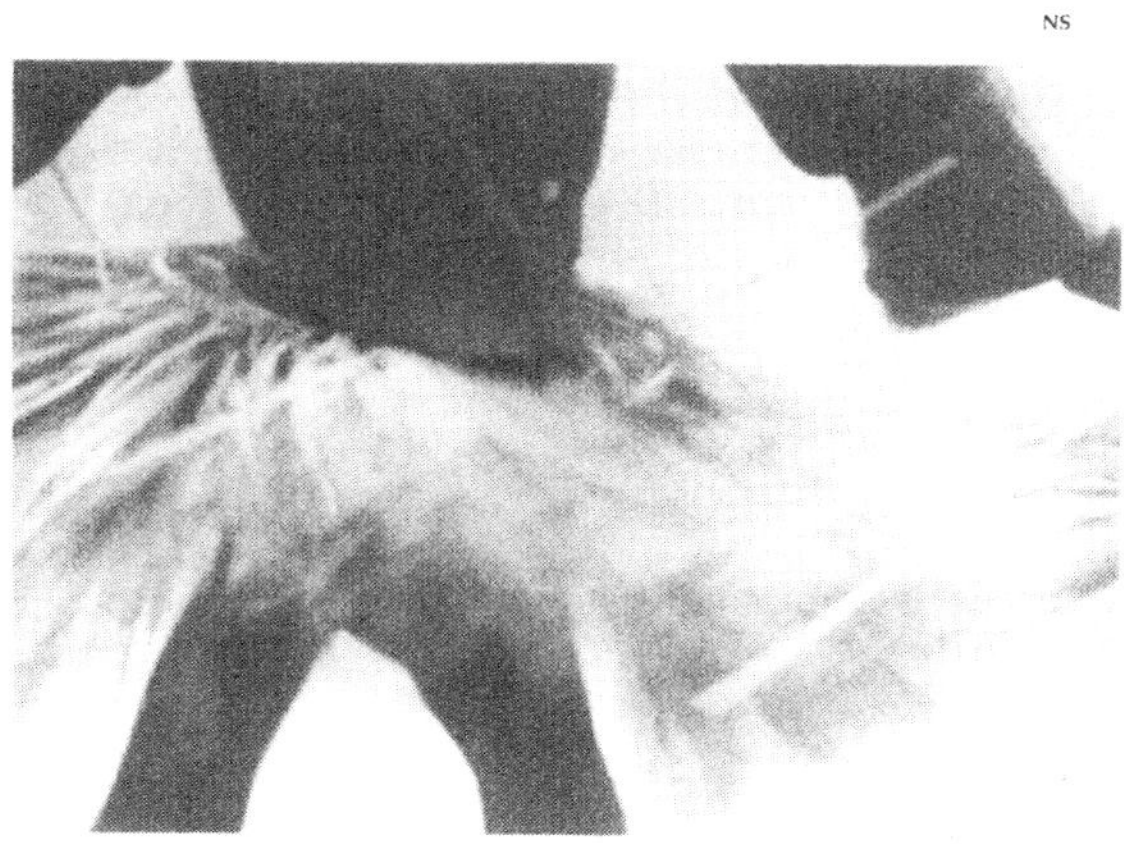

私たちはしばしば自分の限界を目の前の文化の限界ととり違えた

あらゆる定義は方法である
色は存在しない、それは何よりもまず感覚なのだから

彼女はよく仕事をしながら歌っていた
あたり一面が彼女の歌声で満たされていた
彼女の鼻の規則的な呼吸音が、歌にリズムをつけていた

何よりもまず感覚

光が一面を赤く照らす時、その赤は目に見えるだろうか。

色は目を眩ませる。ものを明瞭に見えるようにするには、灰色の部分も残しておく必要がある

魅力的な色は「陰影ある色」と呼ばれる。

赤は人を引き付け、苛立たせるが、明るい黄色は人の目を痛めずにはおかない。目が眩むほど陽光が強く、しかもあたり一面が砂だらけといった場所では、人々はブルー、それも濃いブルーを身につける。陰影ある色は目を和らげる。

色は生命

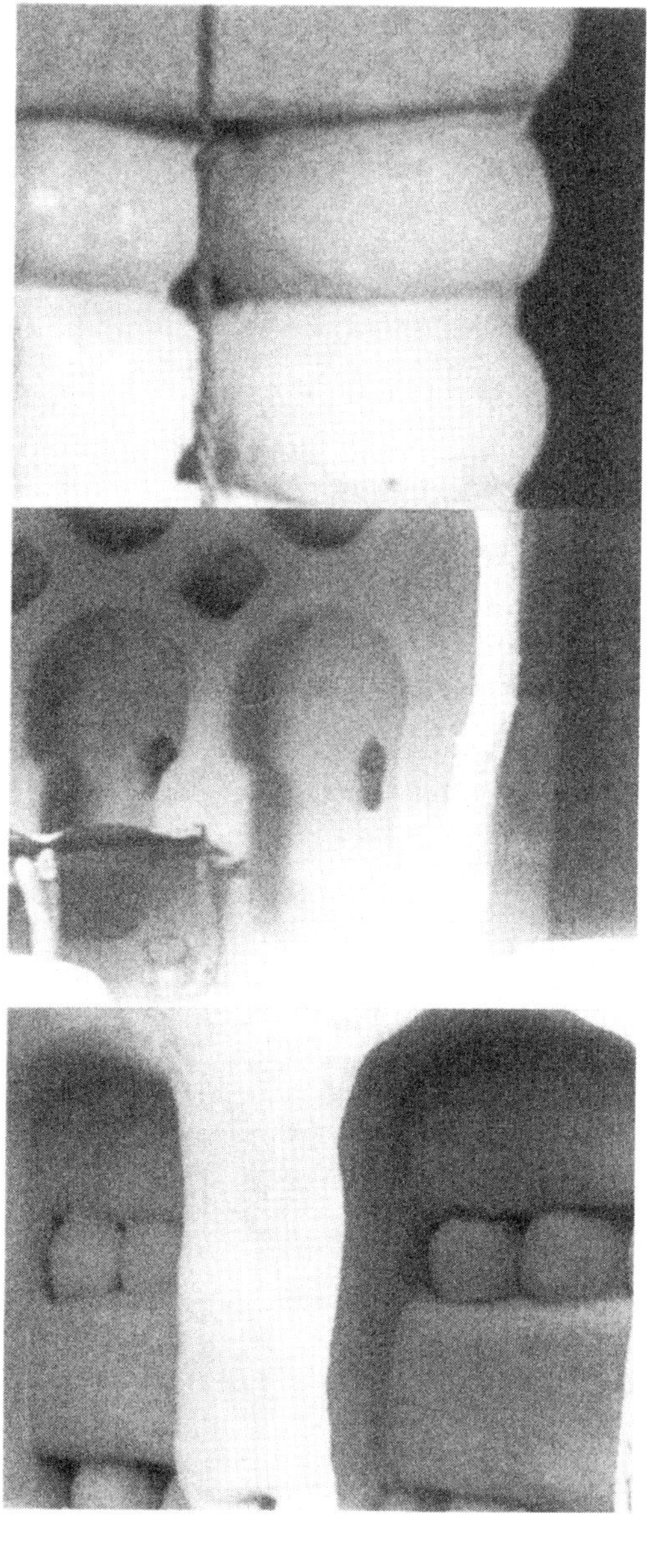

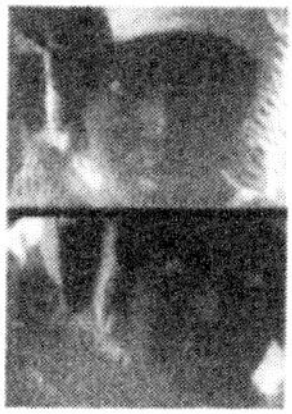

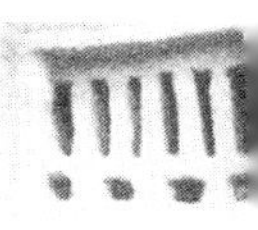

NS

光が音楽になる
彼女はよく仕事をしながら歌っていた
あたり一面が彼女の歌声で満たされていた

歌は肉体の痛みを癒し、別離の苦しみを和らげ、怒りを鎮め、心を浄める

ムーア人は、駱駝の下唇が人を見下しているように見えることの理由を、こう説明する。「預言者は百の名前をもつ。そのうち人が知るのは九九番目までで、百番目の名を知るのは駱駝だけだ。だから駱駝はすぐれた〝隠者のような顔〟をしている。」
（J・ガブスによる）

（ウアラタの人々）

それらは植物の成長を助ける
種の繁殖を促す

長い嘆きの声が大気を切り裂く
青いヴェールをつけた幾つもの人影
彼女は路地をすっと通り抜けて行った

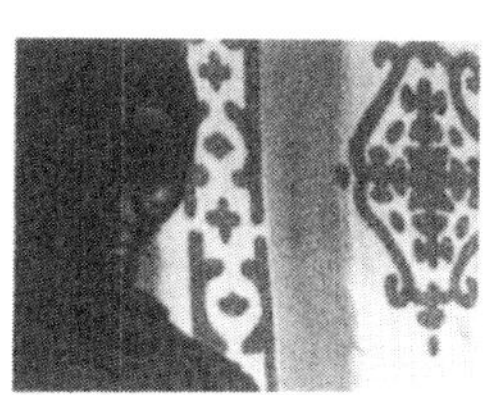
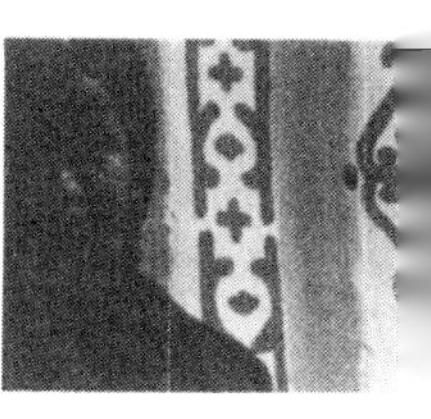

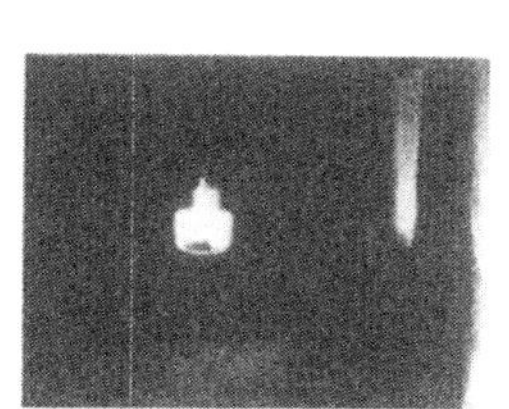
NS
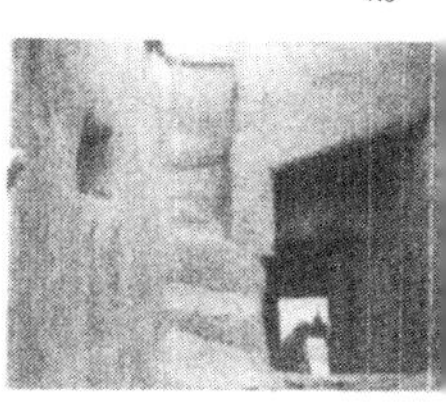

背後にインディゴブルーの長い裾を
なびかせながら

彼女は何世紀ものあいだそこにいるかのように
じっと座っていた
男たちが入ってゆくと、顔を本能的にヴェールで隠し、
男たちが出てゆくとすぐ、ヴェールをはずした

真実でありつづけるということ——真実に付与されるあらゆる定義の狭間にいつづけること

歩きながら、彼女たちの部屋とその細部を注意深く見ていると、ヴェールの向こうから多数の視線がこっそり私たちを見つめていた

互いに見つめ合っていることに気がつくと、彼女は笑い、私も笑った。中庭の女たちもすぐどっと笑った

地球はオレンジのように青い

"Le terre est bleu comme une orange
Jamais une erreur les mots ne mentent pas"
(地球はオレンジのように青い

言葉は決して嘘をつかない)

(ポール・エリュアール)

空、大地、海、太陽
大気、大地、水、光

外側には何の装飾もないが、内側は装飾でいっぱいだ

私たちは玄関から少し離れた通りで一五分くらい立ったままで待った。家に通されると、男たちは女たちにこう言った。部屋に戻り、客が帰るまでずっと留まっているように、と。

古い家で暮らすことから感じるこの気持ちの高まりはどう伝えられるだろうか?
以前の住人たちが残していった様々な跡とともに年を重ねてゆく家

溢れんばかりに装飾的な内装としばしば好対照をなす険しい外観

不意に私の部屋に足を踏み入れた彼女は、立ったままで私を見つめた。訝しく思って見つめ返すと、なおも彼女は黙っていた。長いあいだ私たちは無言のままで見合っていた。彼女の目にあったのは、好奇心よりむしろ恐怖感だった。数秒間目をそらしてから彼女は、私の目をじかに見て、こう言った。「油、料理用の油がほしいんだけれど。」

NS

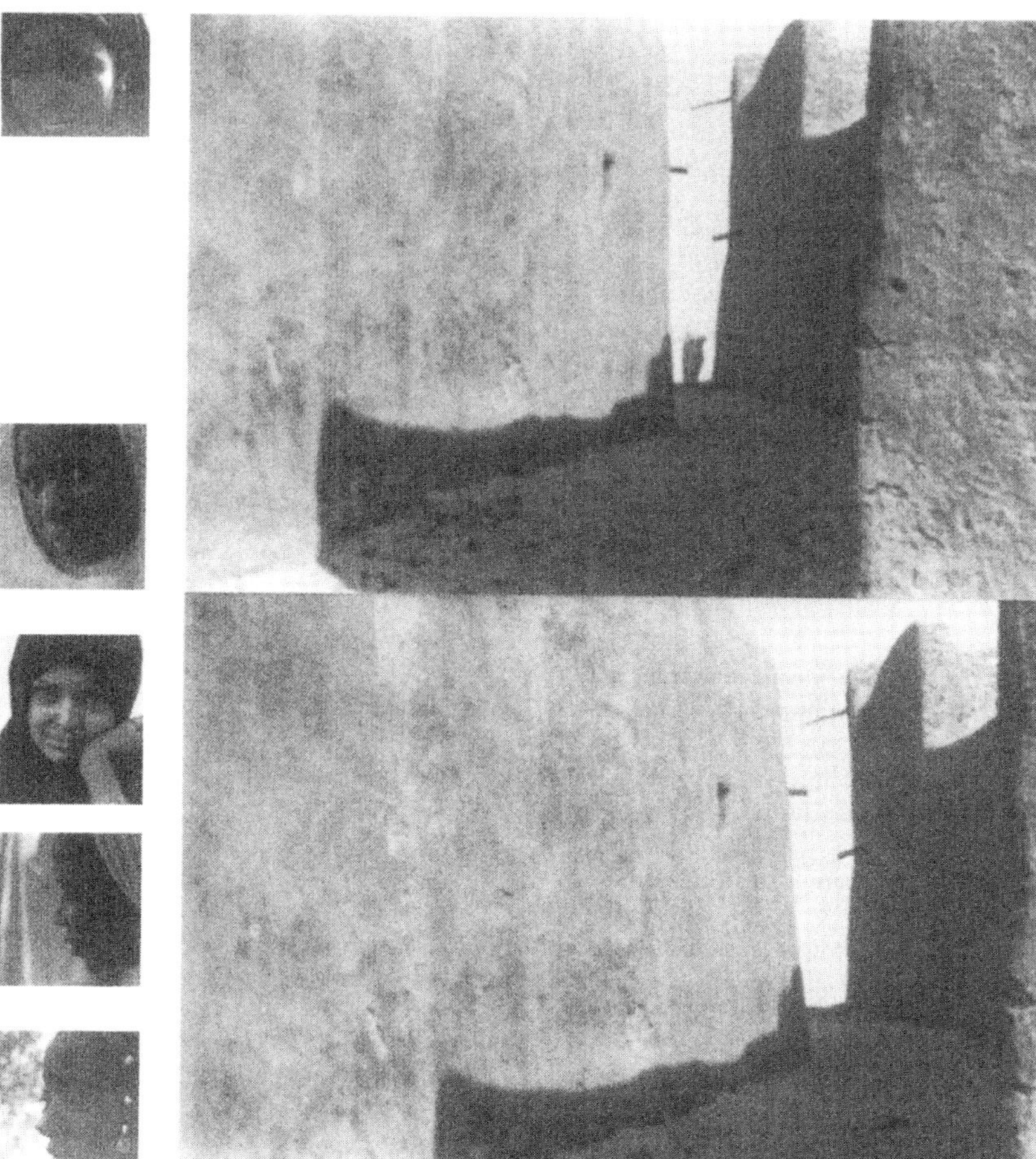

人気のない路地を歩いていると、短いあいだだが、自分が本当に一人ぼっちなのだという感じがしてきた。けれどもすぐそのあと、目隠し用の塀に複数の視線が隠れているのに気がついた。立ち止まって、壁の隙間にそれらの顔が現れては消えるのを見ていると、私の周りからくすくす笑いや高笑いの声が溢れ出てきた。頭上のテラスの屋根からも笑いが漏れていた。大半がヴェールをつけない若い女たちで、全員が強い好奇の眼差しで私を見ていた。

（トゴ）

（モバ）

世界とは円いものを取り巻く円いもののことだ

（バシュラール）

宗教とは、葛藤なしに暮らすこと

「家に入ると、一階が地下室、テラス部分が一階、その上が穀物倉、さらにその上が空だ」

「正面のファサードより上段に穀物倉を建てておくと、「家の外観がよくなる」」

宇宙という家は細胞で、しかも世界でもある（バシュラール）。宇宙の内部に住む彼女は自分の内部に宇宙をもつ。

暗く冷たく、太陽のように赤い
……嘘、迷信、超自然
「太陽は、沈みながら、家畜小屋に光を射し込み、祖先たちに触れながら、語りかける。その光に向かって
祖先たちは、家族の健康と保護を願う。」

タンベルマの家は聖域

「これらの塚は太陽。人類の再生産と家族の拡大のためのもの」
入り口の角（つの）と塚が太陽の儀式の中心になる

一歩家に踏み込むと、中央の薄暗い部屋のなかだ。左手から牛の草を食む音と匂いが漂ってきた。そこから私たちは小さな楕円形の台所に上った。台所は上のテラスへの出口から射し込んでくる柔らかな朝の光に照らされていた。

大地の胎内に入ってゆく。そこは、熱と太陽、雨と風、そして諸々の他の生きものからも守られる空間だ。

「地球は円い。私たちはみなそのことを知っている。どこから測っても、長さがまったく同じだということを。」口——扉——から家のなかに入る。そこから出ると、大きな瓢箪——中庭——のなかだ。私たちはそれを「天空」と呼ぶ。

完全な円をなすその家は、空に向かって開いている

人々の結びつき方には、リズムが組み込まれている

（タンベルマ）

「私たちは自分をバタマリバと呼ぶ。つまり、「大地という原料から巧みに創造し、建築する人々」のことだ。」

設計者、建築家

死者への貢ぎ物

「大切なのはどこに家を建てるかを決めることだ、と私たちは言う」

「裏の部分が目につかない家は美しく見える」

「高すぎず、低すぎず、外に向きすぎていず、内に向きすぎてもいない。彼の作った家は本当に滑らかだ。家の建て方に精通している彼は、指の跡一つ残さない。」（タンベルマの建築家、P・ビリエの情報による）

頭に羚羊（れいよう）の飾りをつけた彼女が死者の娘を演じると言われている

葬送劇の三幕目。葬式の式次第が劇と呼ばれ、死者の家が舞台、巧みに式を執り行う人々が役者、参列する村人たちが聴衆兼批評家だ。太鼓、横笛、角笛は祖先の声だ。

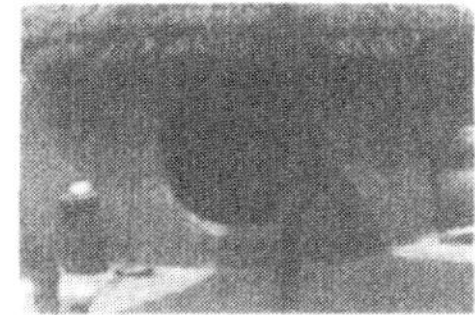

NS

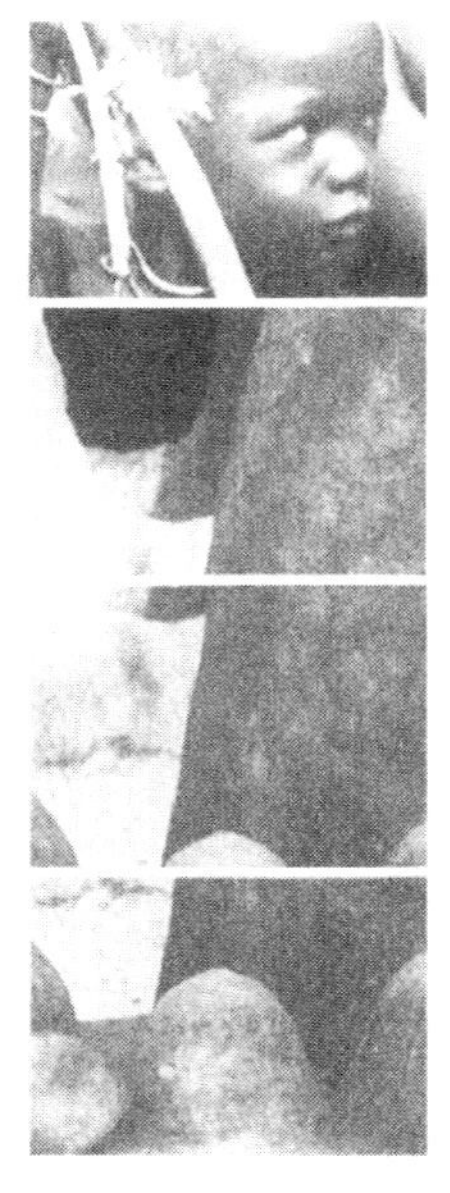

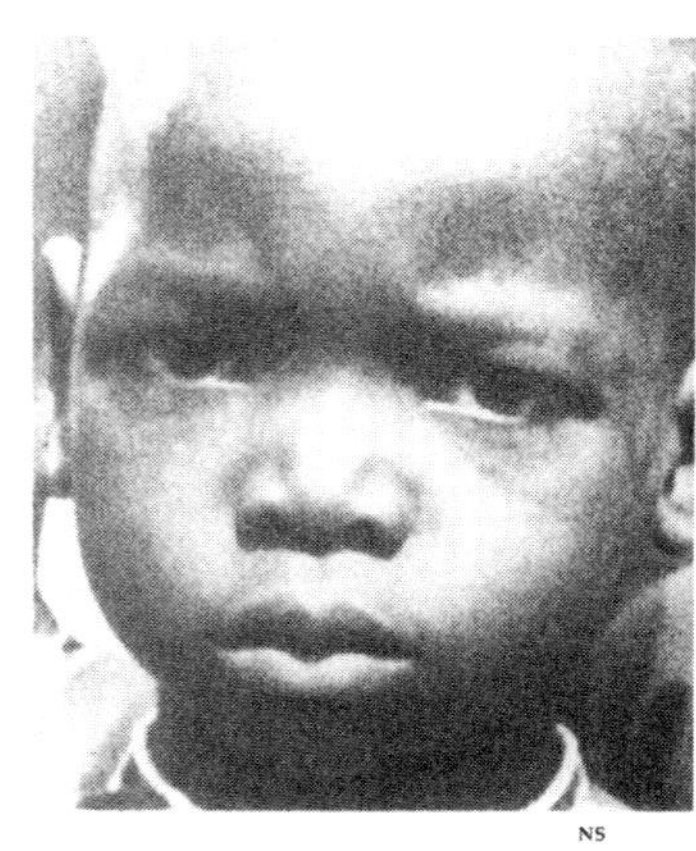

NS

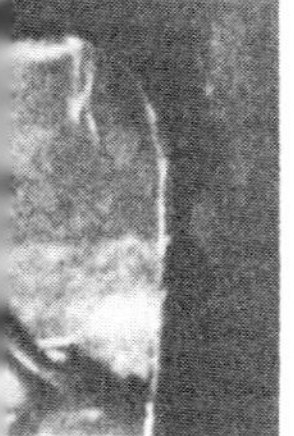

NS

「太陽の家は円い、私たちはそう言われてきた」

「太陽は私たち全員を保護し、母親のように子を産み父親のように、地球と月という妻をもつ」

「太陽は、太陽自身が指で描いたいくつもの線が目に見えるからこそ美しい」

「女が壁に漆喰を塗った跡が遠くからは判別できないほど平らになっていれば、私たちはその家を美しいと言う」

玄関のテラス上に広がる空に最も近い場所に据え付けられた卵形の穀物倉の入り口は、穀物に恵みの雨をもたらす天空の神（sky god）に向かって開かれている。（S・P・ブライアーによる）

「穀物倉に上ったら、天空へと導かれるだろう。」天空は木のようだ。大木の枝々で作られているみたいだ

（カビエ）

大地の人々

「黒人は、信仰が深いほど、寛容になるものだ」

共同体で男子が生まれ変わるための通過儀礼の一つでは、男子は裸にならなければならない。裸の身体には赤い土が塗られる。新たな生を受けた者の色が赤だから。

(コンコンバ)

「音楽とダンスをなおざりにする村は、死んだ村だ」

赤——生命の印としてしばしば機能する無限の暖色
黒——光も太陽もなく、だから生命も色も欠如した色

世界の多くの場所では白は喪の色だ

真実もしくは事実?

真実を事実として消費する方法に長けた時、私の詩は単なる詩にすぎなくなる

「家は、女と同じく、欲望を起こさせる秘密の部分をもたねばならない」

(オゴテメリによる)

装飾のない彼女は欲望を起こさせない。装飾は愛を刺激する。装飾が愛に結びつきをもつとすれば、それは、女にとって最初の装飾が天空へとつづく穀物倉の中心に置かれている甕(かめ)に施されたものだからだ。だから甕

（オゴテメリによる）

は世界の子宮の象徴となる

シャープ、フラットなど、音が文字として表記される社会では、不運にも文字に変換されない音は、システムから追放され、音楽ではないもの、つまり騒音とされる。伝統的な社会で音楽と認められるものと非 - 音楽として拒まれるもののいずれをも調査することが民族音楽研究者の最初の仕事の一つだとは、よく知られることだ。運動、舞踏、演説が互いに結び合うような音楽、聴衆が共演者にもなる音楽、一定の音階とリズムが延々と繰り返されるだけで、全体的な形式などもたない音楽、無限に演奏される音楽——というのも、十分と言えるほど生き延びられる者などいるはずがないから——は、初歩的ないしは未発達な音楽と呼ばれてきた。大部分の西洋人の耳にはそれは苛立たしい音でしかないのだ。

次第に大きくなる泣き声
彼女の喜び、興奮、あるいは、哀しみを伝える高い嘆きの叫び

叫びが私に住みついている
叫びが喜怒哀楽を丸く包み込む
夜には鋭く鮮やかで
非人間的なまでに人間的
私が耳にする叫びは生命のもう一方の側から発される、と彼女は言った

より奥深い洞察はつねに盲目の瞬間を生む

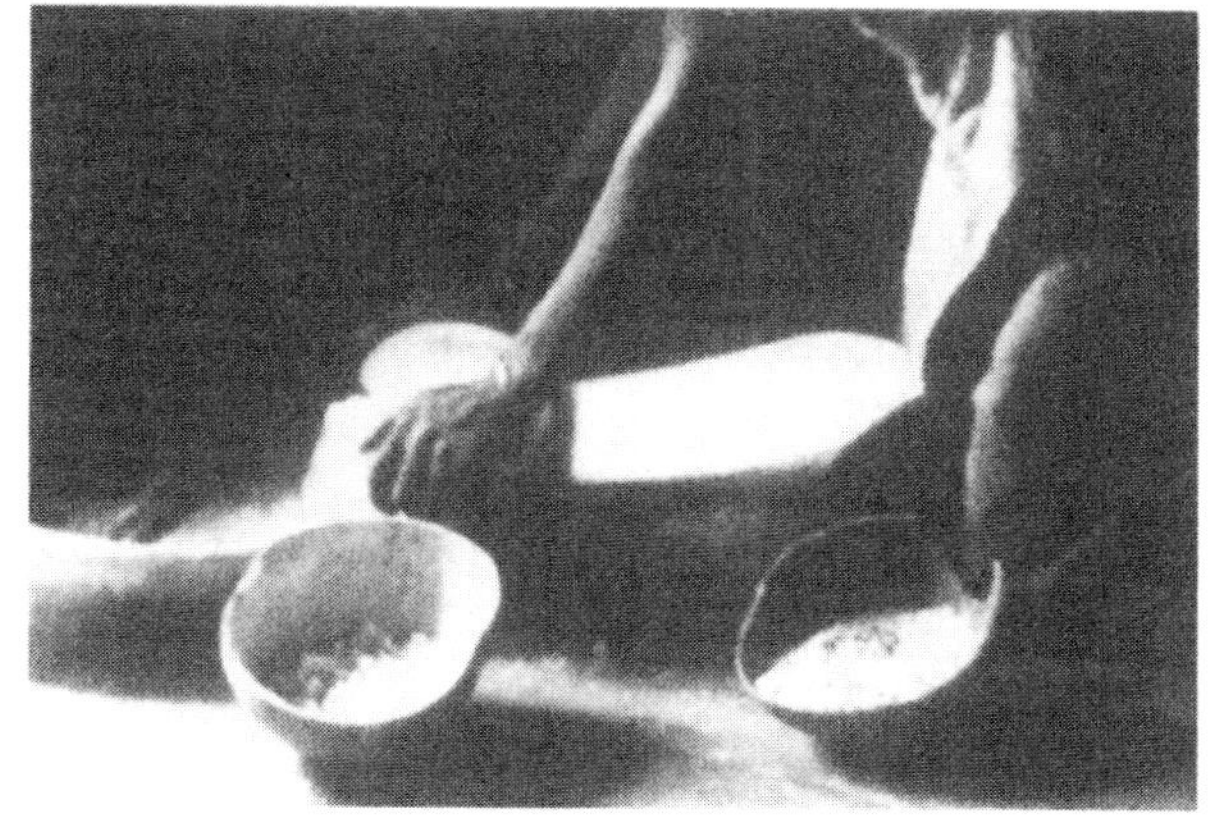

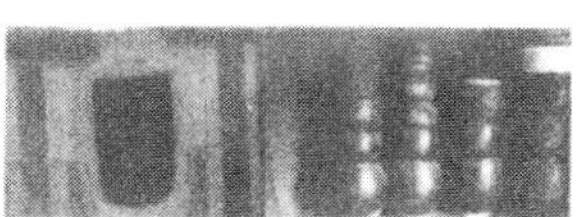
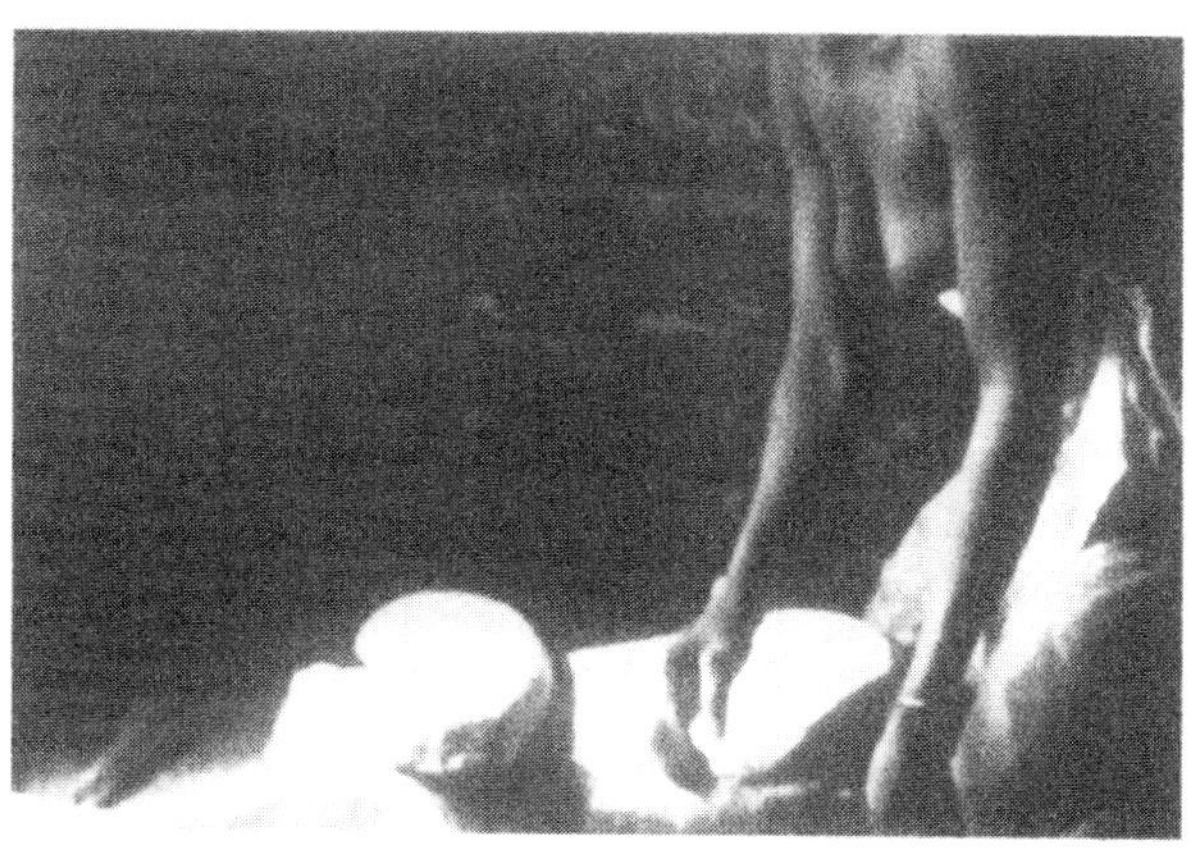
NS

（マリ）

（ドゴン）

「祖先の足跡を踏め。伝統は弱まることがあっても、消えることはない。」ドゴンの祈り

音階は印象づけるためのものか、支配するためのものか、あるいは、互いの脆さを率直に伝え合うためのものか？

これらの村々を旅する者は、カタルシスを得られるかもしれない。多数の物語が現に作り上げられるのを目にする者はしばしば自惚れをもつから

自然を人類の征服への挑戦としてとらえる見方もある。つまり、男女双方が人間の小ささを感じとることで、進歩と発展の必要を思い起こすということだ。

アマの神に立ち向かい、宇宙に初めて心理の多様性を導き入れたオゴは、〈弧〉へと変えられた。かくしてオゴは、二本の前足を占い表に置くことでしか自分を語れない身分へと貶められたのだ

NS

占い師が日没前にならしておいた砂の上に予言の図を描く。夜になると、〈狐〉が占いの図にやって来る。占い師が砂の上に注意深くまいておいたピーナッツに誘われたからだ。翌日の明け方、狐の足跡を見に占い師が戻ってくる。砂の上の図に〈狐〉がどんなふうに足跡を加え、縁取ったり避けて通ったりしたかを読むことで、様々な解釈を行うのだ。占いの図面は、〈狐〉の動く足の下で回転する大地そのものだ。

占いの図面は、〈狐〉の動く足の下で回転する大地そのものだ。

「地面に這いつくばって身体をじかに土につける時」、「芝土と同類のものになれたような気がする。」それがどれほど私を「満ち足りた気分にさせることか！　土と砂のなかにうずくまっていると、魂が虫のように丸まって、幸せになる。土に酔うと、心はとても軽くなる。まるで天国にいるみたいに。実際には、身体が地面から六フィートも離れることなど滅多にないのに」（L・ユータン）

「そこに上ったら、天空へと導かれるだろう。天空は木のようだ。大木の枝々で作られているみたいだ」

トグ・ナ、つまり「母の隠れ家」「言葉の家」、あるいは「男たちの家」は、あらゆるドゴンの村の参照点

大地の生命力は水である

八〇ものくぼみのあるファサードをいまも残す大きな家、祖先たちの家。

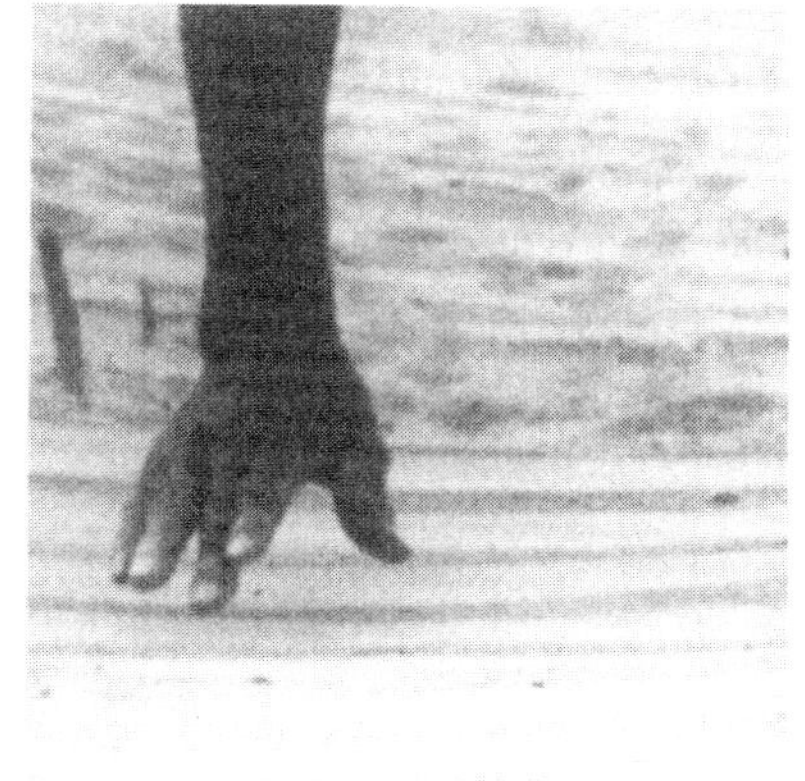

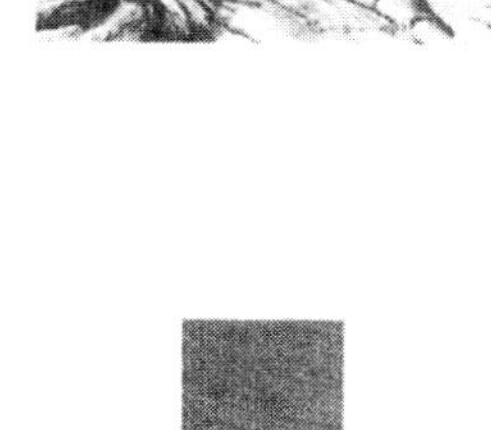

NS

相対的でも絶対的でもない、現実と真実

私はそれを手にとることも、失うこともできない
私が黙ると、それが現われる
私が現われると、それが黙る

「瓢箪は女の象徴であると同時に、女としての太陽の象徴でもある」
記号は世界を動き回る事物
記号はあらゆる男女の事物

一一六一六個の記号が表わし、示すのは
宇宙のすべての事物と存在であり、ドゴンの男たちが目にしうるすべての可能な状況でもある

記号の一つ一つが他の記号に向かって開かれている
記号の一つ一つが内部全体の総括を含んでいる
そして、その一滴が海なのだ

ドゴンの家は、小型の宇宙のモデルで、男、女、あるいは男女の結合の象徴だと言われている。中央の部屋、両側にある倉庫、倉庫を取り囲む囲炉裏のある後ろ側の部屋は、両腕を広げて横たわっている女、つまり、開いた扉のように性的な交わりの用意のある女の象徴だ。中央の部屋の天井が男で、梁が男の骨。女と男の

吐く息は、屋根の開口部から出てゆく

（オゴテメリによる）

（ブルキナファソ）

（ビリフォル）

蜘蛛の巣と塵は彼らとともに年を重ねてきた

「彼らは順に太陽に語りかけた。夜明けから日暮れまで太陽に触れられながら」

太陽に触れられると彼らは、家族の健康と保護を願う

「なかに入ると、陽の射す部分は明るいが、残りは暗闇に見える。だからそれは美しい」

生きものの頭部の彫刻が屋根に取り付けられた家は、狩人の家だと言われる

科学が信奉される環境で幅広く用いられている**迷信**という用語は、**西洋の非 - 科学的な発明である。**アフリカの賢者はそう述べている。

（ブーブー・ハマ）

事実志向の言語がもつ診断力

空は
瓢箪
水甕は
女の子宮

目が慣れるまでほんの一瞬見えなくなることがある。陽光が降り注ぐ場所から薄暗がりへと足を踏み入れると、明るさが突如暗さへと変わる過渡的瞬間がくる。前に進むには、目に頼らないようにしなければならない。社会的なものが個人的なものに交わる非物質としての境界を越えること

夜が家のどこかに絶え間なく浮遊しながら入り込む時
死者たちは死んではいない

それは決して全体像を示さない。ここには小さな丸い穴、そこには光源に通じる彫り物の施された梯子。壁、別の壁、長椅子、麦藁のマット、彼女の水甕、突き当たりが幾つもの巣のようになっている長くて暗い部屋。それらすべてが私の内部で散乱している。私に見えるのはただ断片のみ。

光の動きが夜に昼をもたらす
遠くを近くにし、近くを遠くにする

なぜそんなにも暗いのか？

あらゆるものは透明であると同時に不透明
それがもつ単純さは、単純化が不可能なほど複雑

実際のところ、住居としても暮らしの場としても役立たない。全体に窓が不足しているからだと、観察者が言う

男たちは、仲間と集団をなして狩りに行く際、優先権に関わる取り決めをわきまえている。上位者が誰かをわきまえている。「俺が話をするから、おまえたちは黙ってろ」と一人が言う時、男たちは知っている……茂みには危険が潜んでおり、些細ないさかいから多くの矢が失われることを。（V・アボヤ、ラトレイによる）

狩人たちの一団は、出かける前に統率者からこう言われた。

「ライオンに出会ったら、ライオンを冷水のようになせ
豹に出会ったら、豹を冷水のようになせ
蛇に出会ったら、蛇を冷水のようになせ
だがもし狩りの途中でいさかいを起こしたがる男がいたら、
その男には頭痛と腹痛を起こさせよ。
家に戻らざるをえなくなるから」

（ラトレイによる）

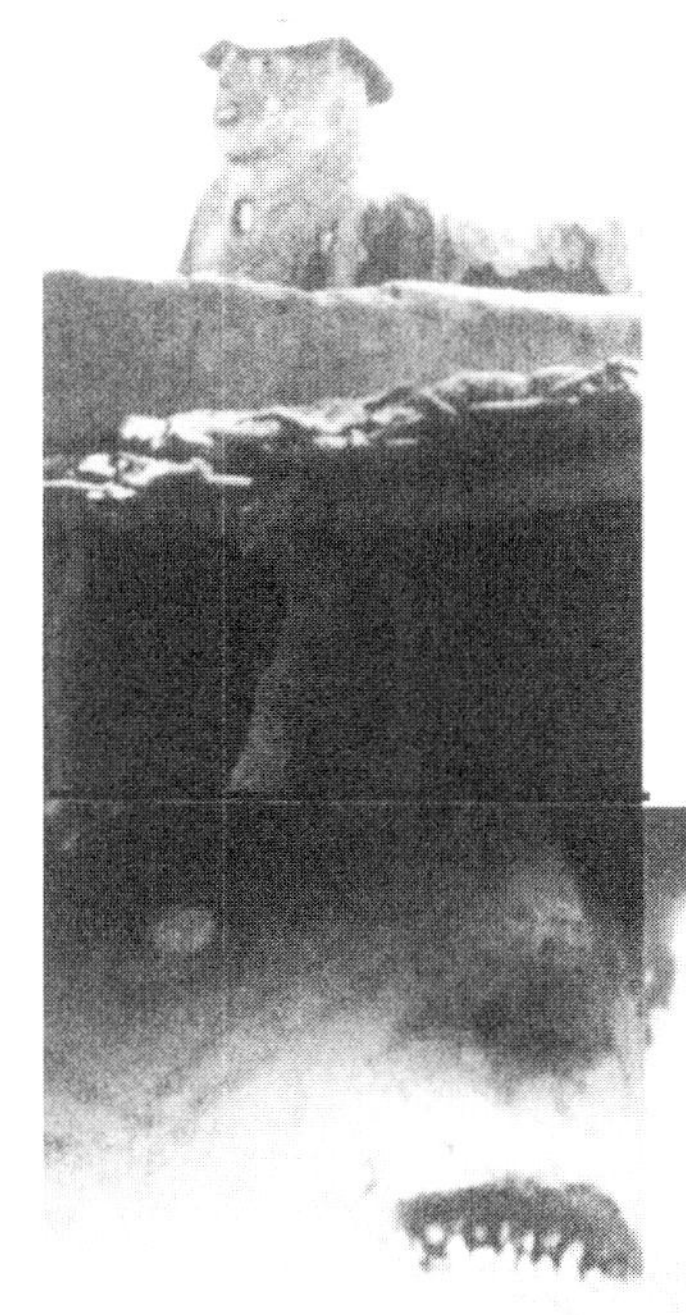

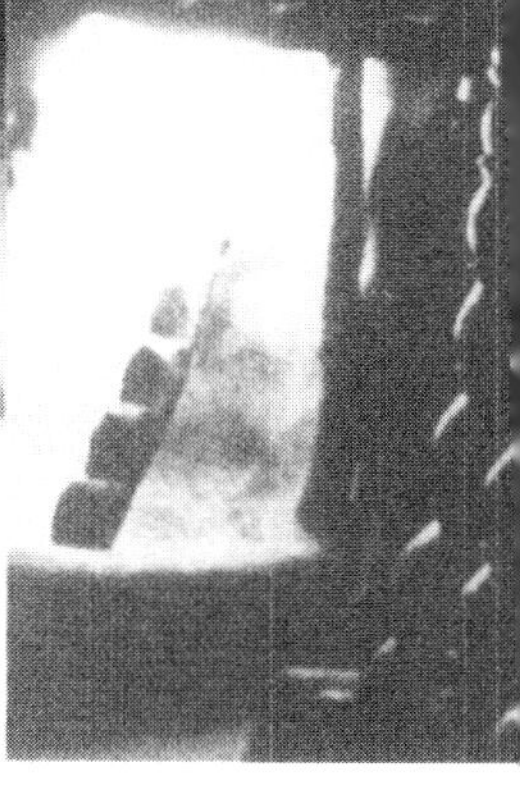

（吃りながら「人類学」と言う声）、じん……じんる……じんるいがく的ショット、つまり人々を人類へと変えるショット

祖先も子供も「屋敷を建てる者だ。」男が死ぬとその息子は、羊を生贄として捧げ、死んだ男にこう頼む。家を正しく見守ってくれている父祖たちの仲間に加わるように、と。男に子がいない時には、笑ってこう言われる。「おまえはどうするのだ。死んだら、家を壊されて、土地にタバコを植えられてしまうぞ。」

（V・アボヤ、ラトレイによる）

影のない光は抑制のきかない感情を生む

（R・バルト）

愛を交わす時のように、出たり入ったりする。
扉は開かれたままだ。扉が閉ざされている家は不毛な家だから。

真昼の〈太陽〉の光は、「家の穴」を通して内部に射し込み、家族を見ながら話しかける。家族はその穴を囲んで食事をする。調理ないしは食事中にこぼした食べ物は、〈太陽〉への供えものにする。女たちは、太陽の恵みをわがものにすべく、〈太陽〉の下で子を産む。

家は、女と同じく、欲望を起こさせる秘密の部分をもたねばならない

子宮としての家のイメージ
曲線に備わる巣のような力

この暗い空間に浮遊するのは、粘土、大地、麦のかすかな匂い

「他人の家の暗い隅をすべて見尽くそうなどと考えてはならない」と格言は言う。

「光が空間の生命としての血だとすれば、闇は空間の魂と呼ぶことにしよう」

色は何よりもまず感覚

「家の目。それは女のように注意深く外を見る。」

男は東向きに埋められ、女は西向きに埋められる。


「男は東を向く。いつ起床し、狩りに行くべきかを知るために。女は西を向く。夫の食事をいつ用意すべきかを知るために」

（V・アボヤ、ラトレイによる）

（ビサ）

世界は円い

あなたはそれを見ているか？　聴いているか？　映しているか？

装飾のない彼女は欲望を起こさせない。装飾が愛情を刺激する。装飾と愛のあいだに結びつきがあるとすれば、それは、女にとっての最初の装飾が天空へと通じる穀物倉の中心に置かれた甕に施されたものだからだ。
だから甕は世界の子宮の象徴となる

（オゴテメリによる）

大地は逆さにされた瓢箪だ。男ないしは女が死ぬと、僧侶は瓢箪の穴から土を取り出し、家の周囲をぐるりとまわりながら、死者のために空に向かって土をばらまく。

ここでは忍耐が最初に教えるべきものの一つ

オレンジとブルー、暖かさと冷たさ、輝きと存在感。
色の補正が自然光と人工照明をつなぐ働きをする。

地球はオレンジのように青い

あなたはそれを手にすることもできないし、失うこともできない

だから煙を漂わせて、種子を外皮の部分だけ破壊せよ

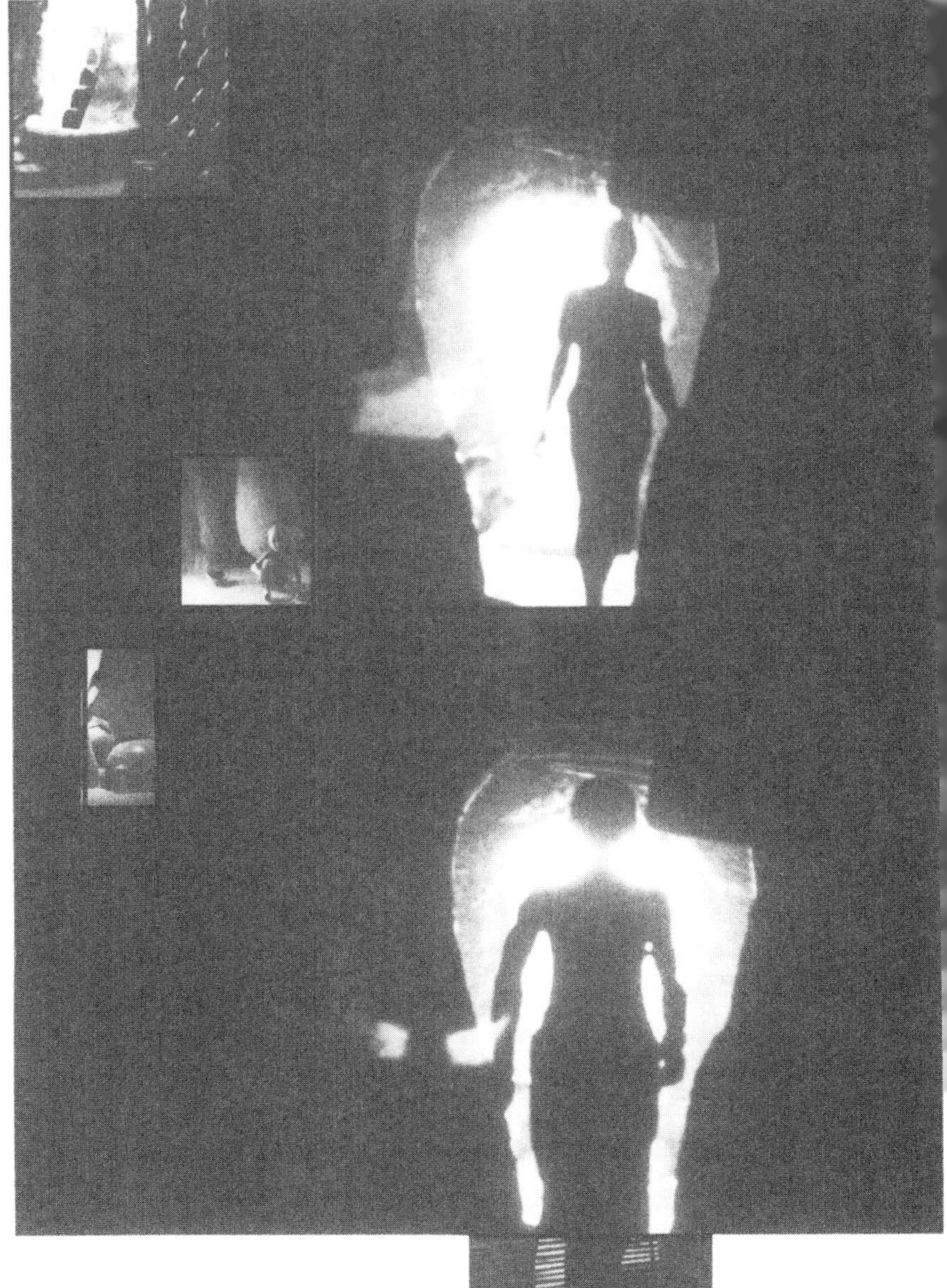

NS

私自身に対して他人たれ

それをどう名づけようとも、私たちは恋しく思うだろう
沢山の言葉の荷をおろして私たちは裸になった

彼女の周りの物体……空間に与えられた名前が空間の機能を指すことは滅多にない。
代わりにそれらの名前が指すのは人体の様々な部分。

家は人体のように構成されている。大地または土が肉、水が血、石が骨、漆喰の壁面が皮膚

空間を運行する太陽
「回転しながらほどけてゆく糸巻きは、空間を運行する太陽だ。」
（S・P・ブライアーによる）

（ベニン）

（フォン）

彼らはそれを贈与と呼ぶ。私たちはそれを自己満足と呼ぶ。**自己満足。**
彼らはそれをギヴ・アンド・テイクと呼ぶ。私たちはそれをテイク・アンド・テイクと呼ぶ。**テイク・アン**

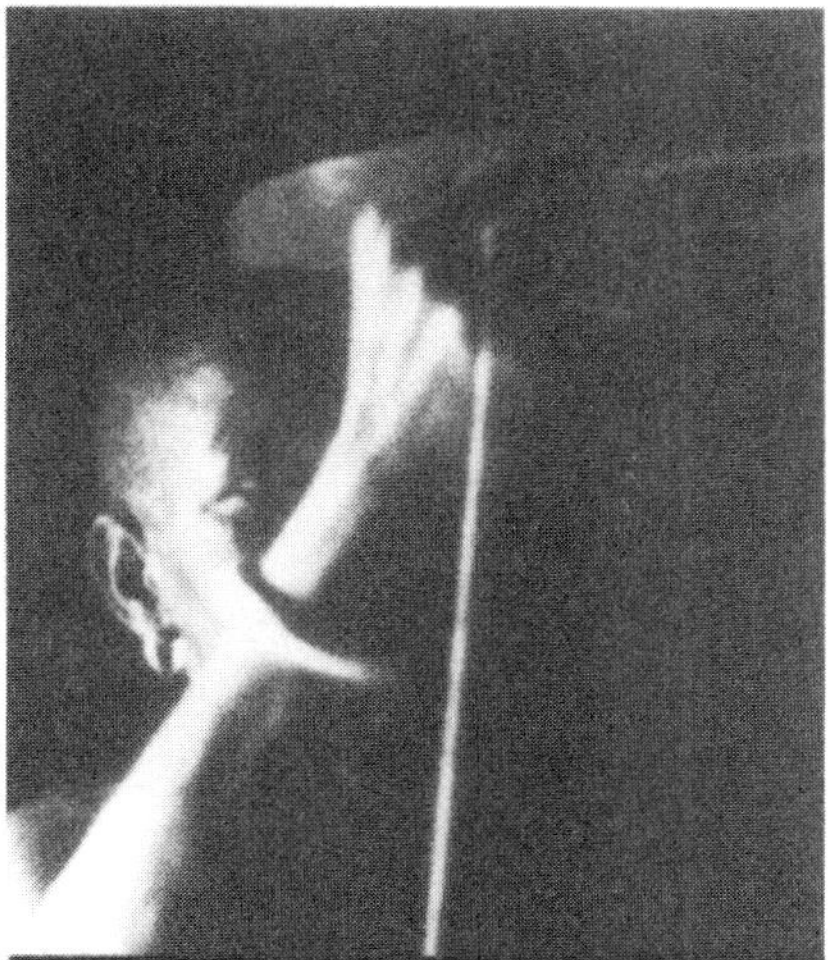

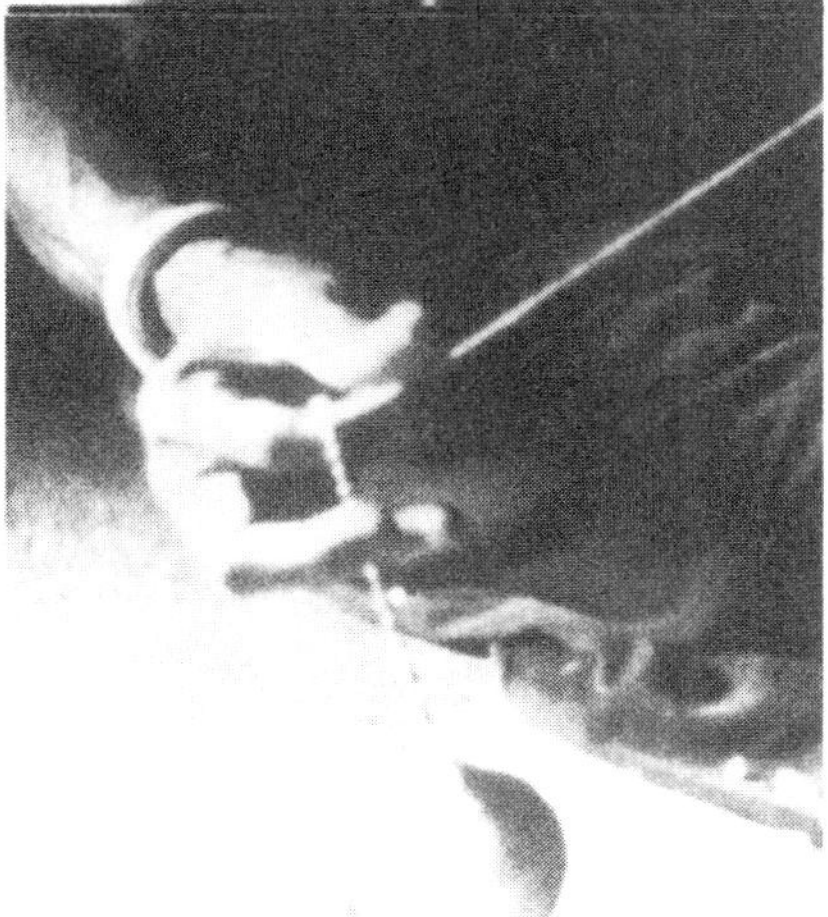

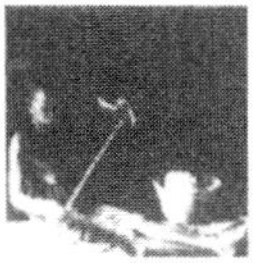

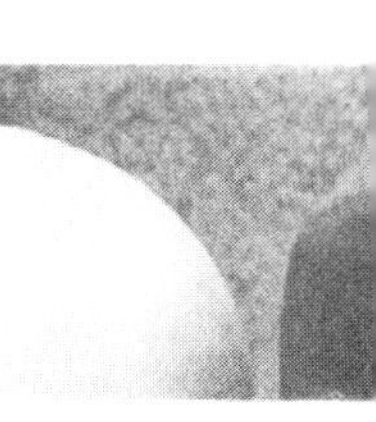

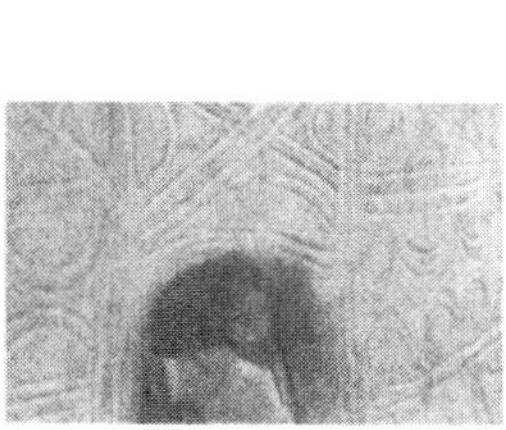

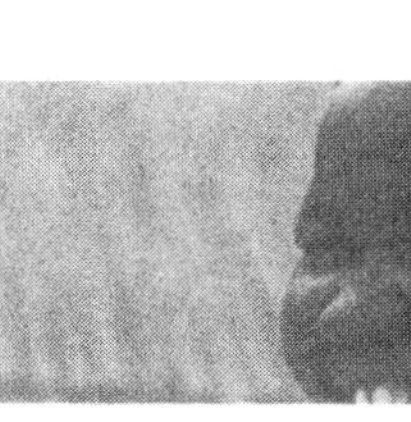

ド・テイク。
彼らはそれを寛大さと呼ぶ。私たちはそれを条件付けること／乞食の精神と呼ぶ。
私たちはそれを乞食の精神を条件付けることと呼ぶ
今日、貧しさを生き延びようとする者にとっては、受け入れを拒むことなどほとんど不可能
彼らはもう何も与えることはできないと言う
私たちが恩知らずだからだと
恩知らずの受け手／期待する与え手
私たちが恩知らずだからもう何も与えることはできないと彼らは言う
私たちはじっと考える。果たして与え手という人種は生き残れるのか？

期待を希望の代用品となす私たちは、期待に「達しない」とか「及ばない」とか容易に言ってしまう。
亀裂や不正確さなどの戦略は、風通しよくさせるべきだ

押し寄せてくる能弁な警戒心／恐れ
砂糖漬けされた私自身から／生じることの恐れ

期待というものは不安感をもたらす、平和への期待でさえも

問いと答え――互いに欺き合うこと

水上生活
家に歩いて戻っても、堅固で安全な地面に触れることなど絶えてない
つねに浮遊し、流動する家
水と空のあいだで宙づりにされた家

彼らが寛大さと名付けるもの／傲慢さ
互いに欺き合うこと

あなたは単純な心で受け入れるべきだ／単純に受け入れる
私たち、つまり、権威の源でも本物らしさの印章でもない私たちの手から

彼らは生命を見ない／たとえ何かを見るにしても
対象となるものしか見ない

死者たちは死んではいない

返そうとはせず受け入れる、という控え目さ

私自身にとって他人たれ
そしてその一滴が海

NS

地球はオレンジのように青い

一瞬の凍結
直接的に生きたという経験をもつために
沈黙。互いに信じ合う人々

無はつねにそれ自体を固いもので満たすという能力をもつ。
そして私は見る
私の内面という湖面全体に無数のものが映し出されているのを
私はそれを消し去ることができない
尽きない渇き

それが裸の状態で放つ魅力は、後退と拡大に対する私たち自身の欲望を白日のもとにさらす
空間がからの状態にあればあるほど、私のイマジネーションに火がつく

オレンジのように青い
そしてオレンジは青くない
〈地球〉は〈太陽〉になり
〈太陽〉は〈水〉になり

〈水〉は〈空〉になり
そして、青はオレンジになる、〈地球〉のように

（セネガル）

（プル）

円は永遠に動く精神

与える時、与えるという気持ちをもたない
受け入れる時、受け入れるという気持ちをもたない
「奪いとる贈り物　そんなものがあると誰が思うか」

（H・シクスー）

論理の彼方に行く、小さなもののなかの大きなものを体験すべく、
その単純さ、明晰さ、還元しえない複雑さ

住まうという状況から組み立ててゆく
哲学者はこう述べている。「人が家をもたないということは、家がないという状況に真の窮状を感じなくなってこそ成り立つ」

（M・ハイデガー）

私たちは到底詩的とは言えない状態で居住している。だがそもそも居住するという状態そのものが本質的に詩的であり、だからこそ、詩的でないということもありえるのだ

（M・ハイデガー）

子供の顔のなかにこんな眼差しを見たことがあるか？　こんな眼差しを？
その笑顔はあなたの眼に太陽のような輝きを射し入れる

永遠の動きのなかの精神

多くの外国人観察者から見ると、その土地の人々には私的な庭という考えは存在しないように映る。それはさほど驚くべきことではない。地面を塀で囲んでわがものにするなど、彼らには無意味だから。一歩外に出れば、どの景色もわがものと感じとられるように、彼らの家は建てられている。

大地は逆さにされた瓢箪

（ジョラ）

彼らが手にしているのは
女性性、水、花

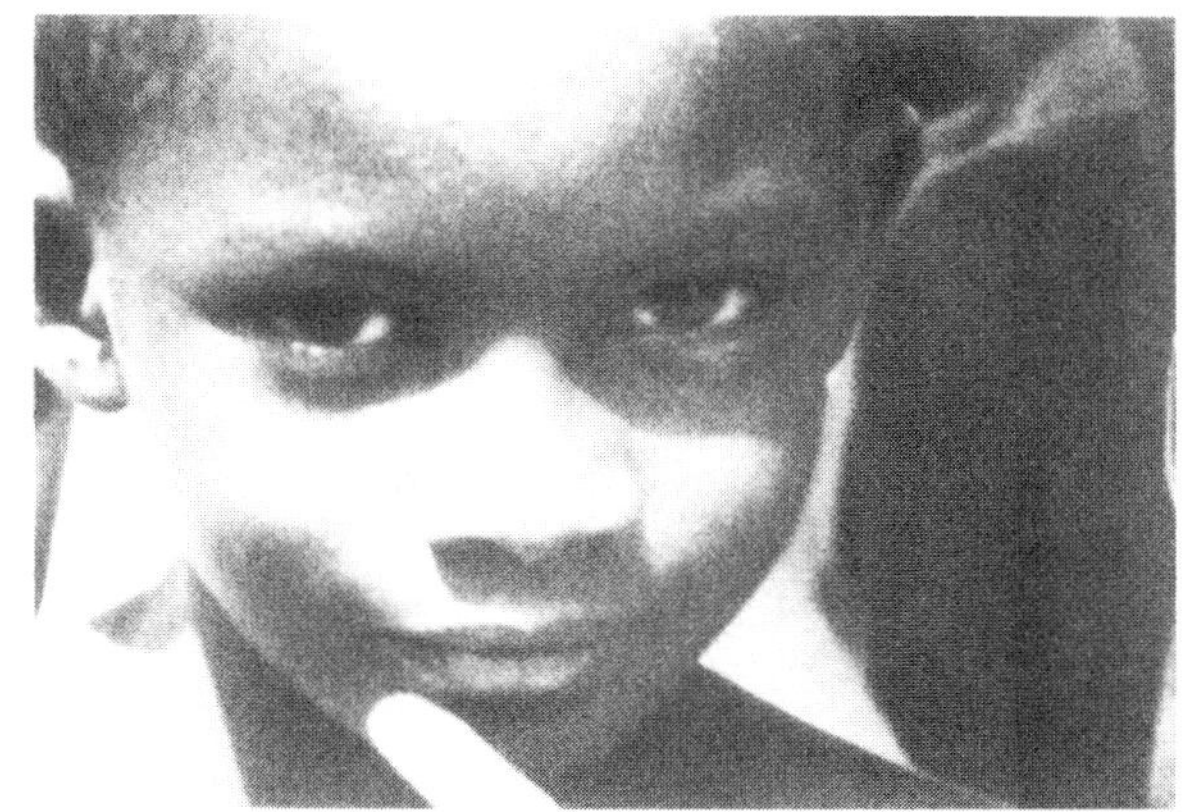

NS

大地の人々

静謐な理解と単純な精神を併せもつこれらの人々は、より大きな人々の目からは絶望の対象

二匹の鹿が連れ立って歩くのは、互いの目から埃を取り除き合わねばならないから（諺）

「舞踏は独自のリズムとサイクルをもつ生命で、生そのものが舞踏なのだ」

（オポカ・J・F・シェルノフによる）

ジョラの人々――今世紀初めにフランスの植民地行政当局に激しい武装蜂起を行ったことで知られる。

セネガルの穏やかな緑地帯であるカザマンスは、旅行者ばかりでなく、研究者や観光客にとっても、夢の土地だ。だが、ほんの二、三〇年前にはそこを武装軍の保護なしに旅する外国人などいなかったなどということは想像しにくい。

光、大気、大地、女性、椰子の葉、埃、子供たち

空間はつねに私を黙らせてきた

彼らは言った。本当はそれを買う余裕などない、と

けれどもとりあえずそれを買って
アフリカへと飛行機で飛び
ドキドキしながら待ち受けた
金銭と引き換えに得られるエキゾティシズムの衝撃を

ジョラの諺はこう言っている。「自分の裸身を誇る者は、ひとたび服を着ると尊大になる」

これは事実ではない

光、大気、人々、音

雨水を溜めるための貯水池。中庭を取り囲むように建てられた家。屋根全体が中庭に向かって傾斜している。
その家を誰かが「雨水のための貯水池」と呼んだ
そこを「セネガルのフロリダ」と呼ぶ人もいる。熱帯の冒険に飢えた訪問客たちの理想郷
生命を生み出す力

「柵のない家は家ではない」と老人は言う

観光案内書によれば、土の城

集会場／共有すること
太陽の礼拝堂

彼らは順に太陽に語りかけた。夜明けから日暮れまで太陽に触れられながら。「死者たちはしばしば自分たちの部屋に埋葬される。永久に鍵のかかった墓場としてのその部屋は、時とともに朽ちてゆく」

裸の状態では無限に安全／無限という状態からくる不安

傷ついた家は傷ついた家族。家族と家はしばしば同じ名前を背負っている。

女性性、　水、　光
中庭
時計／太陽の礼拝堂
大気と光と水を貯蔵するところ

女のおのおのが自分の食事を用意する。円形の覆いを被せられた回廊の下の中庭には家族おのおのの炉が据え付けられている。

穴

NS

雨水を溜める貯水池
再会の場
休息と会話の場

音楽は闇と光の調和に依存する

あらゆる宗教は嘘という手法に基づいている
あらゆる手段は嘘と見なされるかもしれない
それはよくいって状況を作り出すだけ

リズムはエネルギーの貯蔵庫を生む

その土地にしかないような答えを求めて、人々にこう聞きまわる者がいた。「音楽とは何か?」人々は、まるで奇妙でおかしなことを言われように、彼を見つめた。そして笑いながらこう言った。「知らないの?」

「多くの村人や遠来の外国人を惹きつけないような踊りは、よくない踊りとされる。精霊が参加していない踊りと見なされるからだ。」

踊りが生き生きしていれば、精霊の存在の証となる。踊りと音楽は、動きと音との対話を成り立たせる。音楽を聴く者は、踊りとともに音楽を理解する。踊り手たちは、耳にした音楽を真似たり、表現したりはしない。音楽と会話し、音楽の裂け目に向かって踊りつづける。印づけられた拍子と印づけられていない拍子。

NS

様々に異なる拍子。そこにないのに、感じとったり、和したりできるように、付け加えられる拍子。あなた自身の拍子。あなた自身の動き。あなた自身の読み。

通常停止のための合図として用いられている笛は、風の楽器としては長く忘れ去られていた

ここでの笛は変化を求める音楽的な合図

演劇的動きを活気づけるのが、打楽器のアンサンブルには入れられないフルート、ホルン、笛の奏者たちだ。彼らはそれらの楽器で幾つかの調べを吹いたり、叩いたりしながら、踊り手たちの周囲を回ることで、踊り手たちを鼓舞しつづける

ある太鼓奏者はこう説明する。演奏中に激しく息をすべきではない。決まったリズムから逸れたり、疲れを早く感じたりしてしまうからだ。踊りと踊りのあいだごとに十分空気を吸っておくべきだ。

あらゆる病は音楽の問題

「私の手の動きは速い。」これは太鼓奏者の手のことを言っているのではない。人がリズムをとる時、語っているのは心で、その心を手が吸収し、演奏する。だから心を平静に保たない限り、太鼓は長つづきしない。心が平静であれば、腕の動きも穏やかになる。たとえ力が入ったとしても、距離を置くことができる。そうした時にこそ、ドラムはよく鳴る……巧みな打ち方を知る者が太鼓を叩くと、音は広がり、大地の内部で振動するのが聴こえてくる。けれども、心が高鳴り、拍子が激しい時には、太鼓は響かない。

「太鼓を打つ行為には終わりがない」と太鼓奏者が言った。「太鼓を打つことについてすべてを知る者などいない。それぞれの範囲内で知ることができるだけだ。仮にすべてを知ったとしたら、何をなすべきか?」……太鼓を叩く際、誰も人のやり方を責めない。たとえ太鼓の叩き方を知らない者がいても、「こいつはわかっていない」などとは言わない。自分を貶めるだけだから。たとえ自分は知っていると主張する者がいても、彼よりよく知る別の誰かがいるはずだから。実際、人が他人の尻の穴を覗き込もうと屈んでも、別の誰かがその人物の尻の穴を覗き込もうと屈むだけだから。」（シェルノフによる、I・アブドュライの言葉）

NS

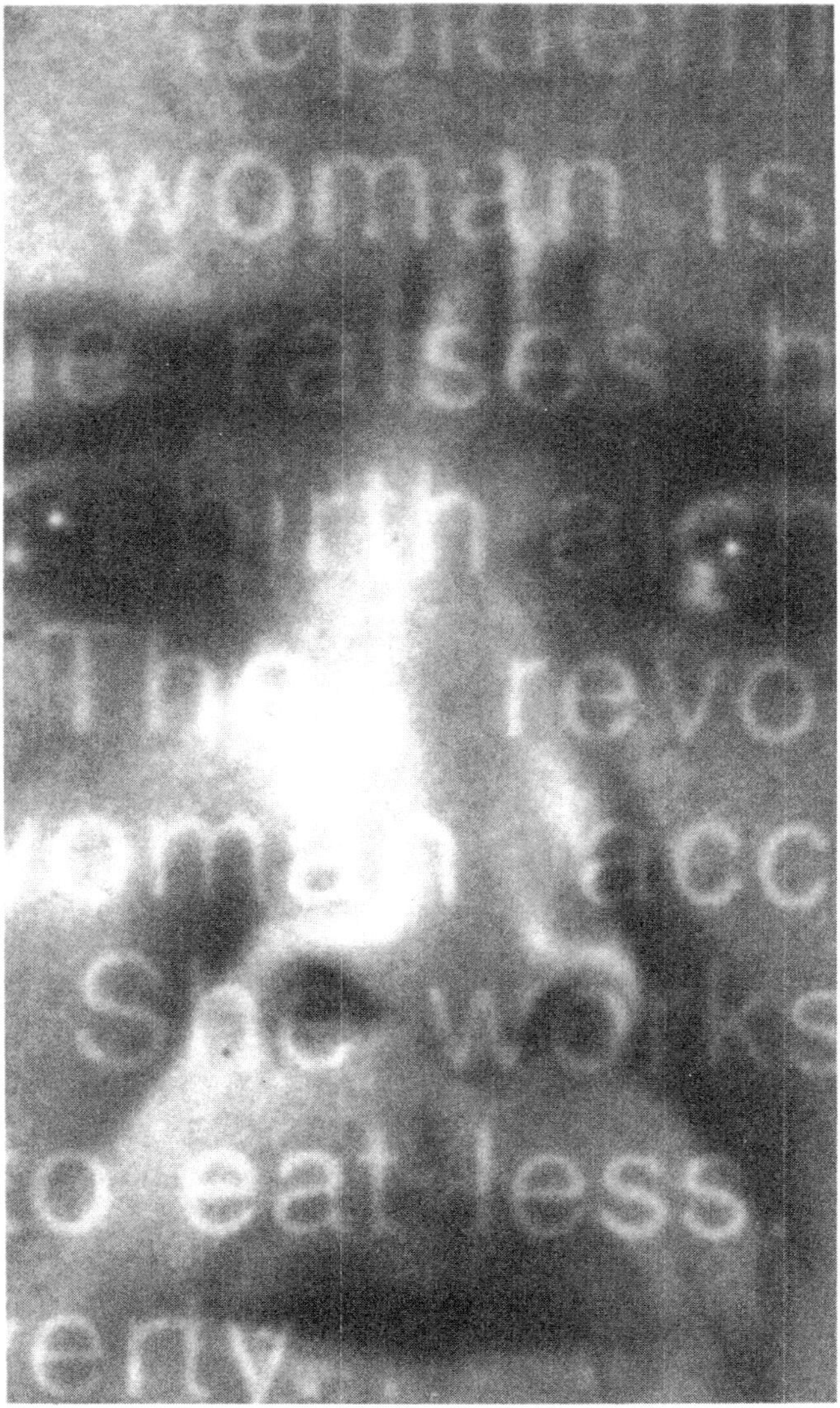

woman is

revo

o eat less

第二章　姓はヴェト、名はナム

一九八九年。一〇八分、カラー及び白黒映画。

監督、脚本、編集：トリン・T・ミンハ

舞台装置、ライティング・デザイン、共同プロデューサー：ジャン＝ポール・ブルディエ

撮影：キャサリーン・ビーラー

ナレーター：ラン・トリン、トリン・T・ミンハ、キエン・ライ、ゴー・キム・ヌイ、トラン・ティ・ビッチ・イェン、トラン・ティ・ヒエン、ラン・トリン、スー・ウィットフィールド

配給：ウィメン・メイク・ムーヴィーズ（ニューヨーク）、近代美術館（ニューヨーク）、シネノヴァ（ロンドン）、イデラ（ヴァンクーヴァー）、イメージ・フォーラム（東京）、ライブラリー・オヴ・オーストラリア（キャンベラ）

この映画で、女たちは五つの場所から語る。ここではそれを異なる書体で表わした。英語のナレーションが二つ〔教科書体と明朝体〕。第三の声は、ヴェトナム語の格言や諺、詩を歌う〔ゴシック体〕。ヴェトナム語のインタヴューには英語の字幕がつき、英語のインタヴューは映像と同期する〔段落が下げられ、書体は明朝体と教科書体〕。

わたしはまるで　ひとひらの絹
市場のまんなか　ひらひら　浮かび
誰の手のなか　落ちてゆくやら

国が　大嵐に遭い
わが子も　大嵐に遭う
この　かぼそい　からだで
わが子を守りたい
でも　大地は　ぐらぐら
赤ちゃんの揺りかごも　ぐらぐら

（スクリーンに引用）

（シスター・フオン「子守唄(一)」）

原則的に言って、外国人というだけでスパイです……社会主義者であっても……あなたでもね。私たちは疑心暗鬼のなかで生きています。信頼しあうことなどありません。

リー、三七歳、勤め人、ヴェトナム、一九八二年

〔ヴェトナムで行われたインタヴュー（ここではリー、トゥー・ヴァン、キャット・ティエン、アンのもの）はすべてマイ・トゥー・ヴァン著『ヴェトナム――一つの民族・多数の声』（パリ、ピエール・オレイ、一九八三年）から抜粋・翻訳したものである。これらのインタヴューが映画で再演されている。トラン・ティ・ヒエンはリー（役）とヒエン（彼女自身の声）を演じ、キエン・ライはトゥー・ヴァンとキエンを、ゴー・キム・ヌイはキャット・ティエンとキムを、トラン・ティ・イェンはアンとイェンを演じた。〕

（ヴォイス・オフ）「ふたりの給料を合わせても、もう足りません。夜は、協同組合のために裁縫の仕事をしています」

（同期）「時々、外国に住む兄弟が荷物を送ってくれます。グルタミン酸ソーダ二キロに、毛糸が三キロ。自由市場にもっていって売り、そのお金で必要なものを買うのです。割のいい交換です！　どの家もだいたい似たようなものです……他にどうしようもないでしょう。母が同居しています。父は亡くなりました。六人家族が狭い二間に暮らしているのです。母は六〇歳ですが、まだ丈夫で元気だから、家事や食事の世話をしてくれます。それで少し時間があくので、裁縫ができるのです。」

「まぁ、私の仕事は（他の人と比べれば）いい方です。レストランで接客の仕事をしています。たまに歓迎会や晩餐会があると、大使館に行くこともあります。そういうときは、ひとりぼっちだと思わなく

てすみます……外国の人が出たり入ったりして……〔でも〕そういう人たちと親しくなることはできません。」

「原則的に言って、外国人というだけでスパイです……社会主義者であっても……あなたでもね（リー、微笑む）。私たちは疑心暗鬼のなかを生きています。夫婦も、親子も……どこもかしこも、疑い合うばかり。信頼し合うことなどありません。」

「外国人が何かくれる時は、純粋に同情してくれるのかもしれませんが、何かそれ以上のものを私たちからとろうとしている、と思われることが多いです……。体制の心臓部に入っていく時は、気を引き締めないとね。」

「私の子供たちは肉も魚も全然食べられないっていうのに、外国人がそういう食べ物を粗末にしているのを見ると、腹が立つことがあります。でもヴェトナムでは、外国の外交官や政府要人には、手に入る限りの最高のものを提供します。あの人たち、見にくればいいんだわ、一度くらい、ヴェトナムの家庭でどんなものを食べてるか！」

（リーへのインタヴュー）

池に浮かぶ蓮より美しいものは？……
黄の雄蕊、白い花びら、緑の葉
いつも泥の近くにいながら、決して泥臭くない。

（グエン・ゴック・ビック訳）

彼は彼女を抱き締めた。「逃げようったって、離しませんよ。お嬢さん、あなたはもう結婚しているのですか。」

彼女は答えて、「落ちついてください、若いお方、お米がこぼれてしまいます。はい、夫がおります。夫の姓はヴェト、名はナムと申します。」

（ヴォイス・オフ）「〔初めて南の女性と会った時〕おたがいに敵意とは言わないまでも、疑いのまなざしを向け合いました。少しずつ、話をするようになりました。不信から対話に至ったのです。これが、私の政治理解を根本から変えることになりました。それまで政治の授業で習ったのは、資本主義とは人間の人間による搾取である、マル、ということでしたから。」（トゥー・ヴァン）

（スクリーンに引用）

「国民に単一の思考、人生を理解する単一の方法を押しつける社会は、人間の社会とは言えません」

トゥー・ヴァン、三五歳、医療技術系幹部、ヴェトナム、一九八二年

（同期）「〔私たちの〕社会主義社会では、やっかいな問題は投げ出して、かかずらわないようにします。恐怖と不信を植えつけることの方を好むのです……国民に単一の思考、人生を理解する単一の方法を押しつける社会は、人間の社会とは言えません。」

「資本主義社会がいかに機能するか、その病については、考えないようにしています。（トゥー・ヴァン、微笑む）……人間の人間による搾取の二つの形式のあいだで、選択することは難しい！　抵抗と革命に

長い月日を費やしたにもかかわらず、同じようなヒエラルキー的原理が存在するのです。中国の遺産を否定することはできません……。」

「私たちは中国と袂を分かったにもかかわらず、彼らの習慣や政治理念は至る所に残っています。再教育キャンプが一つの例です。人間を動物に貶めたところで、人間の信念を殺すことはできません。」

「以前は、自分の考えをはっきり口にする勇気がありませんでした。でも、いまは状況が違います。〔私は深い反抗心をいだき、〕その意識が、恐怖を闘争に変えたのです……。失うものといって、私にあるのはこのばかばかしい稼ぎと配給券だけですから。」

「若い人たちは私と同じ意見です。私は一人ぼっちじゃないのです。若者は箸をもつように銃をもつことにうんざりしています。革命とは、生きて人間の条件を前進させる義務を負うことでもあります。女たちはもう一度女性性を発見したい、喜んでもらいたい……欲望を、美を、いま一度呼び覚ましたいと思っています。愛を、色彩を求めているのです……私を見てください……もう胸もお尻もない……栄養不足で肌はがさがさ。もう女になんて見えません。男も私たちを求めない。男同士カフェでつるんで、酒を飲んだり、煙草を吸ったりしています。」

（トゥー・ヴァンへのインタヴュー）

歴史の切れ目を見定め、「これはそこで始まった」とか「これはここで終わった」などと言いがちだが、変化そのものが変わらずにあるように、同じ場面がくり返し起こる。

Ly 37 years old employee Viet

I have 3 children, that's quite e
~~years~~. Our two salaries are no
end of the day ~~to meet~~ for our mont
I do some sewing in the evenin
in the evening. [~~With much wil~~
We receive, from time to time, a
us 2 kilos of MSG, 3 kilos of woo
whatever we need [~~with the mo~~
~~situation for almost all families~~
My father is departed. ~~Six of us~~ We are
is still strong and in good healt
This leaves me some free time to

Let's say that my job is ~~less repe~~ bette
Sometimes I go to the embassies
isolated. We do see the foreign
relationship with them.

In principle, a foreigner is alre
We live in constant suspicion b
children. Suspicion is everyw
~~work~~. There is no mutual trust.
~~so as not to betray our intimate~~

When a foreigner gives us some
it is often thought that they wa
~~emphasis is laid on mutual suve~~
to be admitted in the heart of th

Sometimes I revolt against the f
whereas the foreigners can sne
supposedly because the meat is
the international diplomats and
once what a meal in a Vietname

cutting
green onions
liseron
carotts etc...

stops cutting to arrange pant on right leg.

Ly takes a vegetable from an adjacent place on her left

looks upward toward the of the camera and below level. Her gaze is very and becomes a bit dead wards while she looks slight- the right as if talking herself.

finishes cutting and es some of the cut-up etables in 2-3 bowls ward the end of the aragraph)

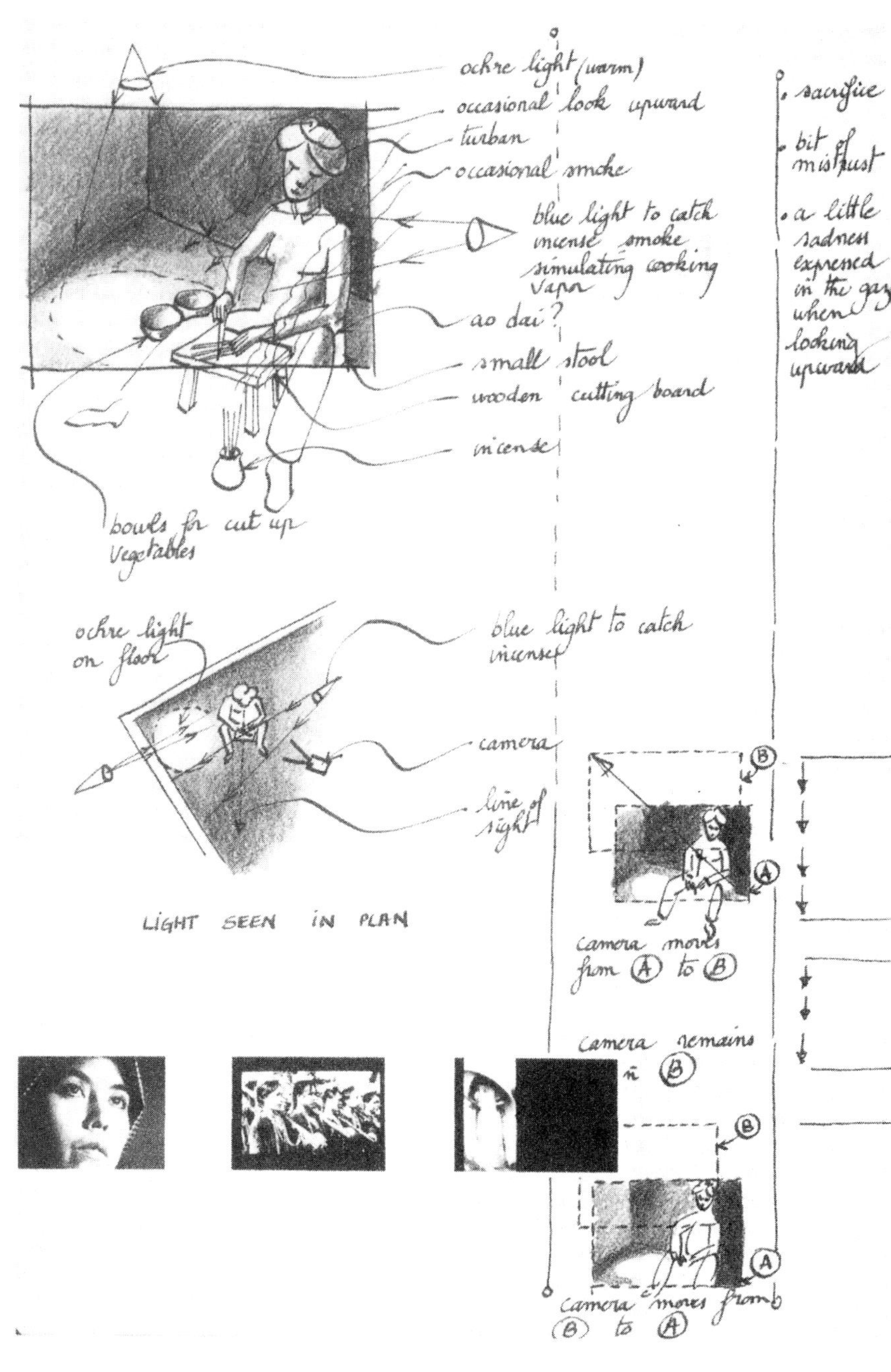

ochre light (warm)
occasional look upward
turban
occasional smoke
blue light to catch incense smoke simulating cooking vapor
ao dai?
small stool
wooden cutting board
incense
bowls for cut up vegetables
• sacrifice
• bit of mistrust
• a little sadness expressed in the gaze when looking upward
ochre light on floor
blue light to catch incense
camera
line of sight
LIGHT SEEN IN PLAN
camera moves from A to B
camera remains in B
camera moves from B to A

10

t each other with distrust, if
lking to each other,
distrust, we have come to
my political understanding
was the exploitation of man by
~~is limited to an ideological~~

ects so that we don't have to
f fear and of suspicion .... A
ting, a single way of

ignore how a capitalist society
ween two modes of explotation

n, the same hierachical
d. We cannot deny this
~~cy in our elders' mind~~ ..and
ss bathed in their customs
n example. One cannot kill

t. But today, the situation has
awareness has turned fear into
salary and some rations tickets
~~who were 10 years old at the~~
~~s to the leaders.~~

~~soldier's cloths.~~ They are tired 
~~, image of heroic~~
vance human

ire, beauty. They
have any breast, any hip... My
shment. I no longer look like a
time among themselves in

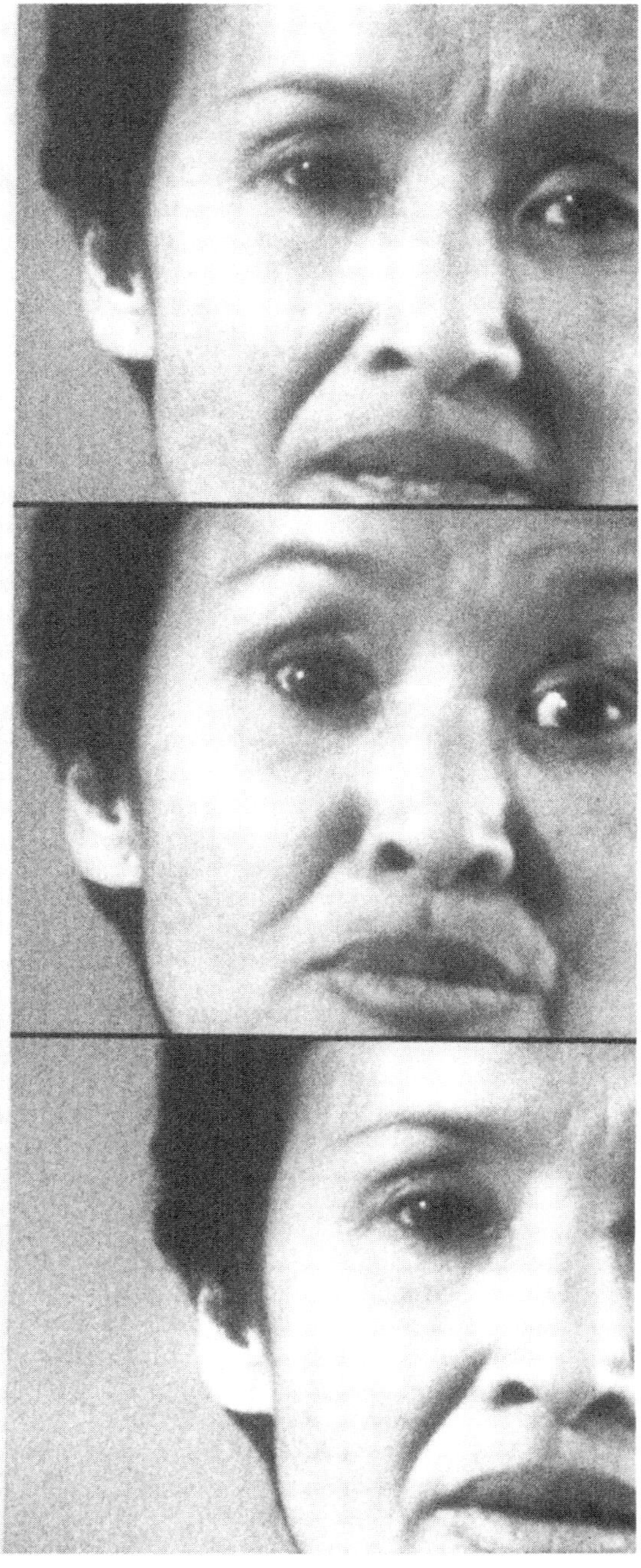

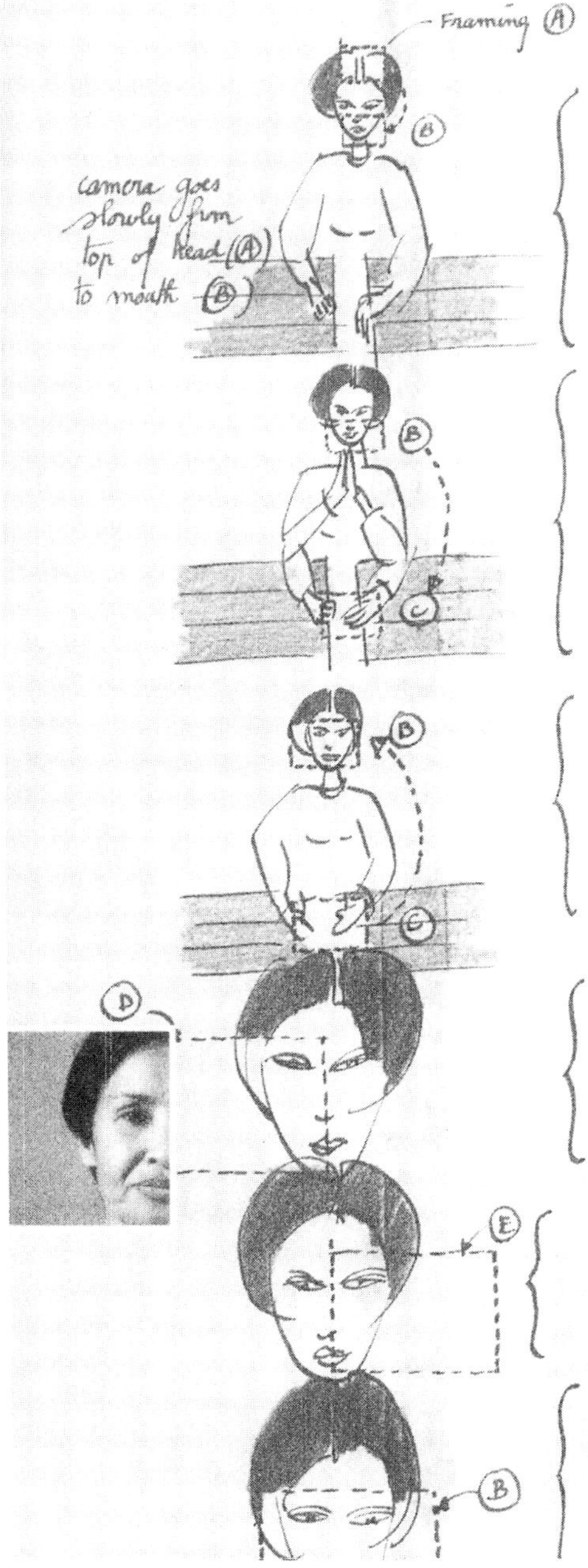

Framing (A)

camera goes slowly from top of head (A) to mouth (B)

****

[When I first met the women of the South
not with hostility. Slowly the frost broke.
~~exchanging our~~ ideas and our lived exper
dialogue. And this was a radical turn that
Before, I learnt in the political courses th
man. Period. ~~The role of the unions in soc~~
~~control~~.

In [our] socialist society, we discard all dis
deal with them. We prefer to cultivate an a
society that imposes on its people a single
perceiving life, cannot be a human society
I ~~don't have any immediate answer~~ [to the
functions, I ignore its ill deeds. *(Thu Van*
of man by man, it is difficult for me to cho

...In spite of all the years of resistance and
principles, the same divisions of privilege

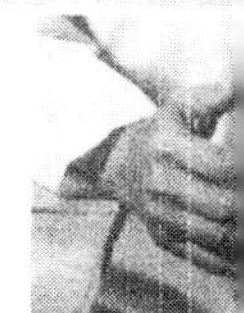

Before, I would not dare speak up to say wh
slightly changed. [I am profoundly rebelle
fight... I have nothing to lose other than th
The young people think like me. I am not a
~~time of liberation will ask other more cutti~~

The young people ~~want to be other than th~~
to hold the gun as one holds chopsticks. ~~Th~~
~~Vietnam~~, but the revolution is also the obli
condition

Girls want to rediscover their femininity, t
call for love, and for colors... Look at me... I
skin has shriveled up, dried up because of u
woman. Our men no longer desire us. They
cafes, to drink and to smoke

人生はふいにはかなく、もろいものに思える……過去が浮かび上がり、忘れかけていたものが廃墟から顔を覗かせる。

本当のところは誰にもわからない、と人は言う。ホー・スアン・フオンは実在したのか、それとも名前だけの存在なのか。彼女は一九世紀の初めに詩を書いた。だが、その詩はスキャンダルを巻き起こしたため悪名高く、今日に至るまで、女らしく正しい言葉遣いや良いマナーの原則に刃向かいつづけている。だから男のなかには、彼女の名で書かれた詩は彼女の作ではないのではないかと言う者もいる。無論、男が書いたのだ！ それでは誰なのか、と私たちは問おう。女であることを歌った詩が時の男性詩人から激しく攻撃され、こき下ろされたこの女性的な男とは誰なのか。自由恋愛について、シングル・マザーについて、小陰唇と大陰唇の欲望についてのフェミニズム詩を書き、一夫多妻制と道徳の二重規準を攻撃し、男の権威と信仰心の空虚さを揶揄し、儒教的父権制のあらゆる規範に挑んだ、この女性的な男とは誰なのか。

彼が拍手するのは、彼女が楽しませる時
彼女が拍手するのは、彼が重要な貢献をした時――村に、町に、国に
父なる国、と彼らがいま呼ぶところのものに

一つの命が　もう一つの命を救うため
もはや　自尊心はない　誇りも　自己もない
彼女は跪き　慈悲を請う　息子であり　夫であり　父である彼のために

（スクリーンに引用）

初めは、〔病院の〕仕事がうまくまわるように努力しました。でも少しずつ、周りの雰囲気が不信感に満ち、さらには疑いに満ちていることに気づいたのです！　私は自分の仕事を黙々とこなしました。傷が屈辱によって癒えることはありません。

キャット・ティエン、五〇歳、医師、ヴェトナム、一九八二年

「私は医師です。二〇年近い経験があります……夫も医師です。街の軍事病院に勤めていました〔一九七五年四月三〇日、サイゴン陥落の時〕。私たちは最も穏健な部類の人間でした。共産主義者ではなかったけれど、りっぱなヴェトナム人で、愛国主義者でした。〔あの日の〕記憶は胸に刻まれていて、決して消えることはないでしょう。〔完全な〕パニック状態でした。友達がみんな電話してきて、逃げた方がいいと言いました……夫と私はどうしたらいいのかわかりませんでした……〔夫は〕言いました。「僕らに責めはない。犯罪者じゃないんだ。僕らは南の出身だ。国が二分されたからって、それは僕らのせいじゃない！」もちろん、夫は制服を着ていました。でも望んでのことではありません……政府というものは、どこも国民をいいように利用するのです。」

「私の一日は午前七時半に始まり、午後四時半に終わりました。あいだに一時間のお昼休みが入ります。そのあと、市民政治教育講座に出なければなりませんでした……一週間おきに、自分の半生をまとめて提出するのです……私は彼らよりお利口さんでした（笑）。最初に出したものの写しを取っておいたのです。毎回まったく同じように書き写しました、句読点に至るまでね……。初めは、〔病院の〕仕事がうまくまわるように努力しました。でも少しずつ、周りの雰囲気が不信感に満ち、さらには疑いに満ち

ているこ とに気づいたのです！　私は自分の仕事を黙々とこなしました。

「二年間勤めました。もっとつづけていたでしょう、夫が逮捕されなければ……実を言うと、なぜ逮捕されたのか、本当の理由はわからずじまいでした。」

（次の詩はヴォイス・オフで、インタヴューと同時に聞こえる）
夜の半分は　夫を愛し
残りの半分は　夜が明ける前　売り物を市場に運ぶ

娘の結婚が遅くなればなるほど、親は胸を痛める

結婚した女は　翼をもつ龍のごとく
夫のない女は　軸の壊れた精米機のごとし

「今では、権力と能力の問題だったのだと思います。患者は向こうより私たちの方を好んでくれます。南の人間のあいだには、共犯関係のようなものがありました……新体制の医師が病院を引き継いだ時点では、すべてのサービスが機能していました。それが二年後には目も当てられないありさまで、機材は止まり、薬は切れ、建物も荒れ放題……私たちのように、病院の年のいったスタッフは、扱いにくい存在になりました。ある意味で、私たちは勝利の敗北を後押ししたのです。」

「一週間というもの、夫の消息は途絶えました。微妙な沈黙の壁に取り囲まれたようでした。」

（詩はインタヴューと同時に聞こえる）
……わたしたちは　風に吹かれる　ちっぽけな　花びら
はかなく　つれない　世界を　漂う
若く　春の四肢もつ　緑さえ
白い毛茸（もうじ）のヴェール越しに　死を見据える

グエン・ビン・キエム

河べりで　疲れ果て
夫の所まで米を運ぶ道すがら　かなしげに啼く　コウノトリ
どうか　帰ってきて　子供たちに食べさせておくれ
そうすれば　私は　カオ・バンの山河をめざす

「同僚は挨拶はしてくれても、夫の失踪について聞いてくることはありませんでした……誰もが沈黙に沈み込み……沈黙の世界で生きるのはつらいことでした。慣れっこになることなどありませんでした。それからというもの、恐怖につきまとわれました……恐怖を発見したのです……時には息もできなかった。自分がこわくて。自分の心臓の音を聞くのもいやでした……絶望が私のなかに住みついたのです。あらゆる形の抵抗を諦めました。三カ月間あの雰囲気のなかで過ごしてから、仕事を辞める決心をしました。夫については、相変わらず何の知らせもありませんでした。なぜ逮捕されたのか、自分で理由を突きとめなければなりませんでした……くり返し胸をよぎる疑問は、なぜ二年もしてから夫をあの再教育キャンプに送り込んだのか、ということでした。」

「……できれば忘れてしまいたいのが、囚人服姿の夫を見た瞬間のことです。打ちのめされた、絶望的な顔をしていました。つらい記憶です。」

「……二五カ月ですよ！　二五カ月の地獄。神経がぼろぼろになりました……子供たちの世話をする余裕もなかったから、孤児も同然でした。唯一の理に叶った解決法は、あの仕事を辞めること、そして配給券を失い、不安定な生活に甘んじることでした。月に八〇ドン稼ぎました。屈辱にまみれてようやく手にする、雀の涙ほどの稼ぎ。」

（キャット・ティエンへのインタヴュー）

（ヴォイス・オフ）「ええ、まぁ……私は［インタヴューに］うってつけの人間とはいえないでしょうね……政治に熱中したことはありません。でもだからといって、興味がないわけではありません。」

（キャット・ティエン）

「キエウの人生は実に含蓄に富んだものですが、特殊なケースというわけではありません。何百、何千という女が、ああいう人生を歩んだのだと思います。」

（キム、ヴェトナム語で）

「女の運命とは何と悲劇的なのだろう」とグエン・ズーは書いた。ヴェトナムでは、金持ちであれ貧乏人であれほとんど誰もが、キム・ヴァン・キエウの詩を日常表現に取り入れる。『翹伝（キエウ）』としても知られる国民的叙事詩は、美しく才能あふれる女性、キエウの語りで、女たちの不幸を物語る。彼女の愛の人生は、ヴェトナムの運命の比喩としてくり返し用いられてきた。ヒロインは貞叔で信仰心に篤く、儒教的な女性の鑑のような人だったが、父と弟を不名誉と恥辱から救うため犠牲になり、娼婦に身を落とし、さらには妾、召使い、尼となり、最後にようやく初恋の人のもとに戻ることができた。『翹伝』は一九世紀初頭、庶民の言葉であるノムで書かれた。三二五四行という長編詩にもかかわらず人気を博し、出版から数十年後には、あらゆる階層の人に愛でられるようになった。字が読めない人も長く諳んじては、夜、人の集まりがあると朗唱した。それが愛されたのは、セクシュアリティへの異端的アプローチのためでもあった。キエウは美貌ゆえ数奇な運命を辿ることになるが、自由に恋人を選び、三人の男を激しく愛する。彼女の人生が呼びかけるのは、女のふるまいを縛ってきた儒教的貞操観念を解釈し直すことだ。

わが身を松明（たいまつ）と化し
闇を散らし
人々のあいだに愛を
ヴェトナムに平和を　もたらしたい

ニャット・チー・マイは全身にガソリンを浴び、マッチで火をつけた

「社会主義ヴェトナムは母と妻を崇め奉ります。女は存在しません。ただの労働者に過ぎないのです。女性解放は、ここでは二重の搾取として理解されます。」

「……男は既得権を手放そうとしません。男が権力の中枢にいて、女はおこぼれをもらうだけ……政局に女はただの一人もいない……男だけで私たちの問題を議論しているのです。」

「〔女性組合や〕義母組合について言えば、私たちをヒロイックな労働者、徳高き女に仕立て上げたのです。私たちは良妻賢母にして英雄的闘士というわけです……女のお化けです、人間らしさのかけらもない！　私たちをショーウィンドウに並べて、外国人観光客が私たちの生活を見物にくる、まるで私たちがおとなしい動物か何かのように。」

「女のイメージは聖人のごとく崇められています！……私たちはただの人間なのです。なぜ認めようとしないのでしょう、私たち女は、戦争や貧困、伝染病やいろんな病気に子供たちが曝されるのを見るのは、もうたくさんだと。英雄主義という考え方がそもそも怪物的なのです！」

「女は孤独です。一人で暮らし、一人で子供を育てる。子供を産むのも一人。孤独の海です！　革命のおかげで、労働界に参入できるようにはなりました。働くことで、さらに搾取され、食べられなくなる。女は貧しさに慣れなければならないのです。」

「愛……（トゥー・ヴァン、微笑む）若い頃は作家になりたいと思っていました。両親に言われたものです。「心で書かなきゃいけないよ。でも忘れちゃならないのは、おまえの心は党のものだってことさ」それでいったい、どうやって書けというのでしょう。だから作家になるのはやめて、もっと科学的な仕事に就いたのです。」

「愛……個人的には、この言葉は私の語彙から消し去りました。もう覚えていません。完全な空虚のなかを生きています。周りにあるのも、たぶん内面も……。」

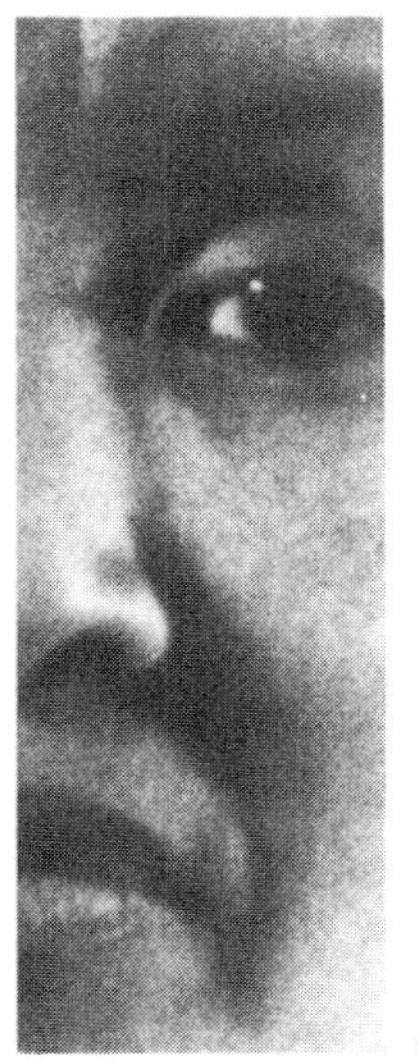

SV

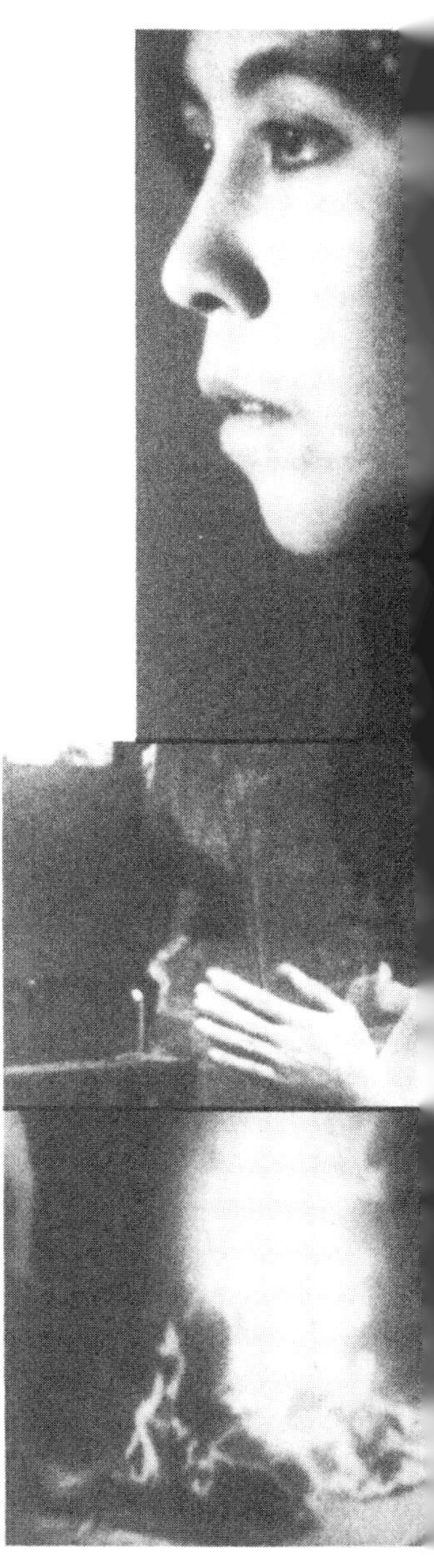

「ええ、愛のために生きなきゃいけません。それは男たちの支配を逃れる感情で、肉体のなかで起きる、きわめて個人的な親密さですから……結局私は、自転車を愛するようになりました！　古いタイヤの、古い自転車。心から愛おしく思っています。だって、疲れた時に助けてくれるんですから。忠実な仲間です。孤独な朝の友となり、憂鬱な夜は家に連れて帰ってくれる。私の行動の唯一の証人です……」

（トゥー・ヴァンへのインタヴュー）

（スクリーンに引用）

社会主義ヴェトナムは母と妻を崇め奉ります。女は存在しません。ただの労働者に過ぎないのです。女性解放は、ここでは二重の搾取として理解されます……。英雄主義という考え方がそもそも怪物的なのです！

（スクリーンに引用）

……人生は何ごともなく進んでいったことでしょう。南が解放され、南北統一があり、私がサイゴンに移動させられることがなければ……向きあうのはつらいことです、本当に。

トゥー・ヴァン、三五歳、医療技術系幹部、ヴェトナム、一九八二年

「お話しするのはかまいませんよ。でも、私の言うことを信じてもらわないとね。女のイメージと現実というものがあって、時にこの二つはそりが合わないのです！」

「私は三五歳、抵抗運動と革命の世代です！　平和な社会がどんなものかなんて知りません！　子供の頃は苦難の連続でした。私は党の子供です。両親は高官で、小さい頃からずっと、革命の言説を叩き込まれてきました。子供の頃は守られていました、甘やかされ、かわいがられて。私の質問にはいつも適切な答えが用意されていました。首に赤いスカーフを巻いて学校に行きました。一六歳の時、大役を任されました。大学の〔若者組織の〕リーダーになったのです……規律と厳格さを教え込まれました！」

「……人生は何ごともなく進んでいったことでしょう。南が解放され、南北統一があり、私がサイゴンに移動させられることがなければ……向きあうのはつらいことです、本当に。」

（トゥー・ヴァンへのインタヴュー）

「……西洋に住むあなたまでが賞賛され、好かれるのだとしたら、それは私たちヴェトナム女性の努力の賜で、あなたのイメージが美しいものになるのです。私たちのおかげで、世界がヴェトナム女性に敬意を払うのです。」

――アイ・チャン、ヴェトナム出身

チュン・チャクとチュン・ニは、ヴェトナム抵抗史の初期を彩る姉妹で、中国の支配に抗して反乱を率い、ヴェトナムの誇りとして記憶される。毎年春、陰暦二月の六〇日目になると、若きチュン姉妹が象に乗り、ロサンゼルスのヴェトナム人街を練り歩く姿が見られる。伝説によれば、女の軍隊を打ち負かすために中国兵が最後にたどりついた作戦は、すっぱだかになって、恥も外聞もなく自分の「モノ」を敵の女に曝すことだった。女戦士たちは嫌悪も露わに撤退し、チュン姉妹は自殺した。

ヴェトナム史を彩る愛されしヒロインたちの物語が伝えるのは、女たちの夢であり、彼女たちと闘った、またはその話を聞かされた男たちの恐怖だ。チュン姉妹の容姿としてよく言われるのは、チエウ・ティ・チンのそれと紛らわしいほど似通っていることが多い。彼女はヴェトナム人なら忘れられないもう一人の人物で、三〇もの対中国戦を率いた若き農婦だ。言い伝えによれば、身の丈は三メートルに手が届くほど、胸も恐ろしいことに三メートルに達し、彼女が象に乗ると肩の上をたなびいたという。みずからの軍が敗れ、農奴に戻ることを潔しとしなかった彼女もまた、自殺を選んだのだった。

私が求めるのはただ、風に乗り、波を渡り、東海の巨鯨を倒し、荒野を一掃し、人々を溺死から救うこと。なぜ私が他の者たちを真似て頭(こうべ)を垂れ、身をかがめ、男の奴隷とならねばならないのか。

（チエウ・ティ・チン）

私たちは彼女をチエウ・ティ・チンと呼ぶ。しかし、チエウ・チン・ヴォンとも、チエウ－チン、チエウ－アウ、バー・チエウとも呼ぶ。

市場は女の都市でありつづける。「それは日常生活の中心であり、情報が交換され、噂話が広まる場所だ」その国で本当に愛されている料理が味わえるのもまた、市場なのだ。

ろくでなし亭主は　日がな　博打にうつつを抜かす
でも　世間に言えば　二人で恥をかく……
笑わないでちょうだい　ほんとなんだから　わたしは娘

儒教の家に生まれた　芸術品
馬鹿な田舎者に売られた　それがわたし
濁った池で泳ぐ　黄金（きん）の龍！

彼女たちは売り物をいっぱいに入れた籠を舗道に広げ、忍耐強くじっと待つ。

〔夫の家に〕生きては身を委ね、死しては骨を委ねる

「歴史からはみだした女たちの人生についてお話ししましょう。何千といる、経済的に恵まれない女たちです。売れるものは何でも売ります、肉体も含めてね。家族を養うためです。生き延びるためには誇りもかなぐり捨て、社会主義社会で娼婦になるのです。」

（彼女はインタヴュアーをまじまじと見て、皮肉っぽく言う）

「『彼女たちを支援する社会サービスがあるかですって？』夢でも見ているのでしょう！……南の女たちのドラマは、そんなものじゃありません！　私たちは戦火をくぐり抜けてきました。同志の女たちはみんなそうです。この戦争は私たちの同意なしにつづけられたのです。竜巻にさらわれるようなものでした。機構に押し潰され、でも誰にもくい止めることはできなかった。」

「今日、多くの女が自分を貶めなければならないのは、他に選択肢がないからです。経済的な必要に迫

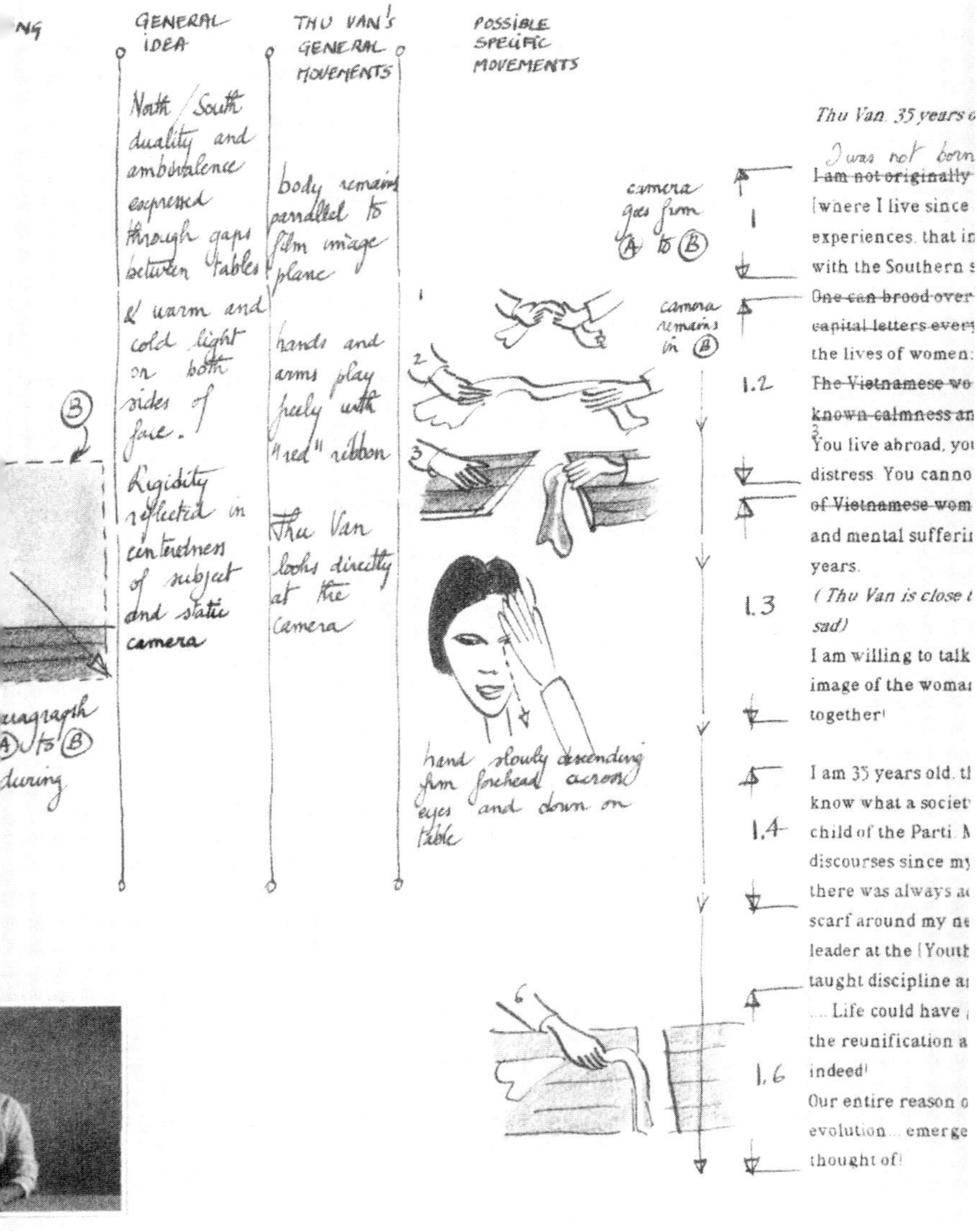
GENERAL IDEA
THU VAN'S GENERAL MOVEMENTS
POSSIBLE SPECIFIC MOVEMENTS
North / South duality and ambivalence expressed through gaps between tables
& warm and cold light on both sides of face.
Rigidity reflected in centredness of subject and static camera
body remains parallel to film image plane
hands and arms play freely with "red" ribbon
Thu Van looks directly at the camera
camera goes from A to B
camera remains in B
hand slowly descending from forehead across eyes and down on table
Thu Van. 35 years
I was not born
I am not originally
[where I live since
experiences. that
with the Southern
One can brood over
capital letters every
the lives of women:
The Vietnamese
known calmness
You live abroad.
distress. You
of Vietnamese
and mental
years.
(Thu Van is close
sad)
I am willing to talk
image of the
together!
I am 35 years old.
know what a
child of the Parti.
discourses since
there was always
scarf around my
leader at the [Youth
taught discipline
.... Life could have
the reunification
indeed!
Our entire reason
evolution... emerge
thought of!
1
1.2
1.3
1.4
1.6
paragraph
A to B
during

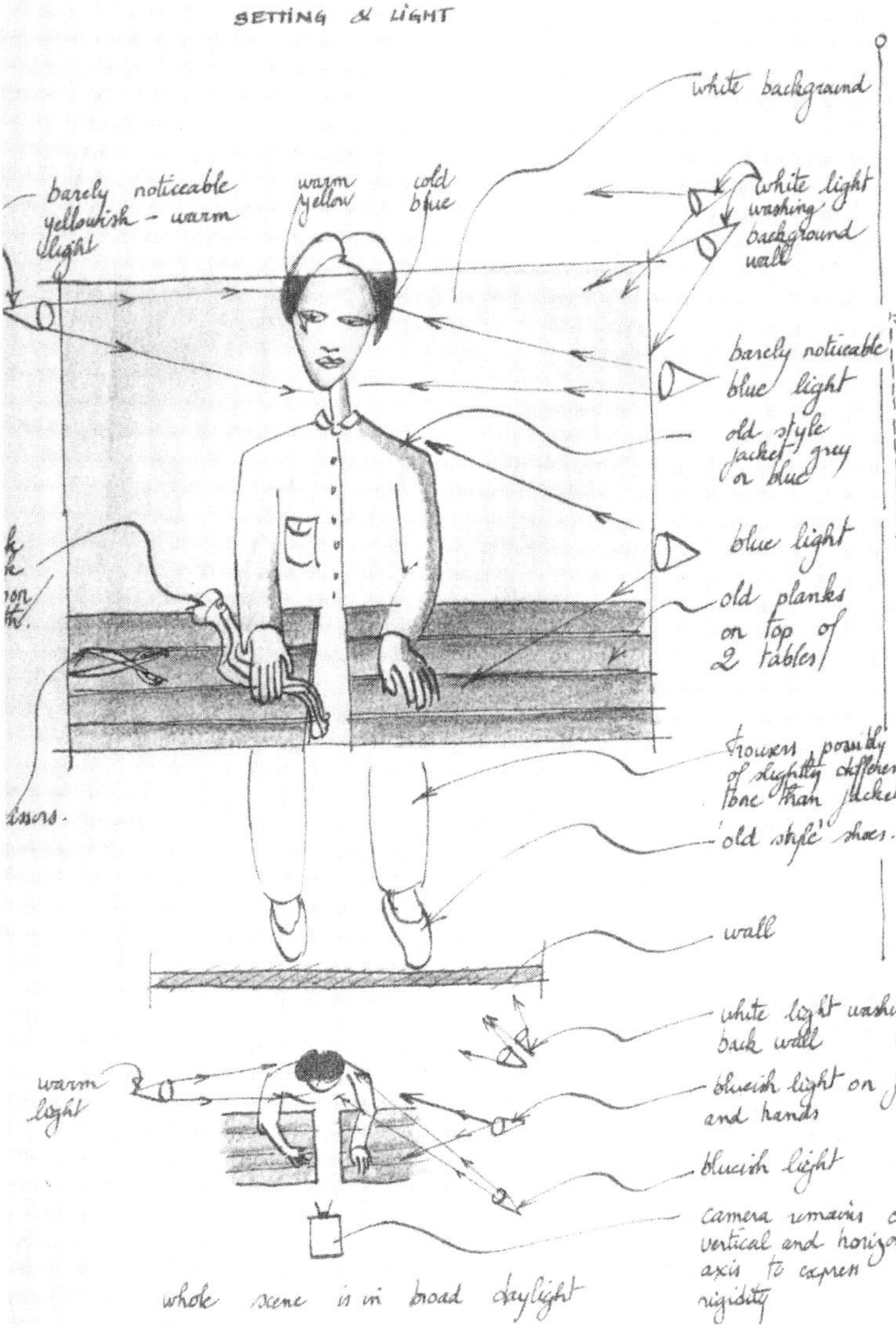
SETTING & LIGHT
white background
barely noticeable yellowish - warm light
warm yellow
cold blue
white light washing background wall
barely noticeable blue light
old style jacket grey or blue
blue light
old planks on top of 2 tables
trousers possibly of slightly different tone than jacket
'old style' shoes.
wall
white light washing back wall
warm light
bluish light on face and hands
bluish light
camera remains on vertical and horizontal axis to express rigidity
whole scene is in broad daylight

られ、幹部と暮らすことに甘んじる女もいます。そうして、保護と配給券を手に入れる……良かれと思ってそうすることもあります。夫を解放してもらえるかもしれないと思うのです。時は過ぎ、何も起こらない。時に女は妊娠していることに気づき、それでも駐屯地に、夫の面会に行く。そこで夫の前に立ち、屈辱の証である膨れた腹を曝すのです。夫はうなだれ、押し黙る。再教育キャンプができて以来、多くの女がくぐり抜けた最も悲惨なドラマについては、言わないでおきましょう。」

（キャット・ティエンへのインタヴュー）

かぐわしい花は　すでに雄蕊を失った
なぜなおも求める？　もはや香ることもないのに

（ニュース映画の音）「煙が晴れると、決まって捕虜が一網打尽にされます。重傷を負った者も多く、女の捕虜も大勢います。昔から、敵は女を使って弾薬を運ばせ、村に潜入させて、情報を収集してきたのです。」

「捕虜の心につきまとって離れない恐怖は、証人のないまま証人自らが死に、〈歴史〉が生命の小爆発から成り、リレーなき死から成る時代が来るのではないかということだ。」

「証人は生きつづけ、耐えがたきものの証人でありつづける。」

頼りないこと　顎紐のない帽子のごとく
舵のない船のごとし　それは夫のない女

結婚した女は首に軛をされる
だが　夫のない女は　釘のはずれたベッドのようなもの

どれだけ水を注いでも　川が満ちることはなく
どれだけ女を集めても　若い男を満足させられはしない

肉体を売ることは、いまも商売として盛んに行われている。ヴェトナムの女性ジャーナリストは言った。「私たちの血に流れているのは性病だけです……女は快楽のために娼婦になるのではありません。彼女たちはわが国の歴史の揺り返しを蒙っているのです……フランスによる植民地化、アメリカの存在、長年にわたる戦争で社会は崩壊……今日私たちに残されているのは、よりよい社会への約束だけです。それでも太陽は毎朝、苦悩と不安の上に昇り、夜ごと、家族を養えないのではないかという恐怖とともに沈むのです。」

わたしの……母はわたしを子供に嫁がせた
(青年がいなかったわけじゃないのは、神様が御存じ)
いま　彼の下手くそな愛撫だけが　わたしの得る愛……
彼は眠ると　朝まで高いびき
お訊ねします　いったいこれはどんな春なのでしょう
姉妹たちよ　花は何度　咲くことができるのでしょう

ホー・スアン・フオン

一人は毛布でぬくぬく丸くなり、もう一人は寒さに震える
忌まわしい　夫を共有する　この運命！
来てくれるだけ　ありがたいと思わなきゃ
でも　せいぜい　月に二度　来てくれるかどうか
ああ――闘って――あげくにこのざま！
召使いも同然　無給の女中！
知っていたら独りのままでいた

（スクリーンに引用）

まじまじとわが〔身を〕眺めたら、同じ服、同じ木靴を、もうどれだけ着ているかわからないのに気づきました。違う世界が存在するなんて、思いもしなかったのです。魂の奥底まで掻きむしられるような激しい苦しみに、頭が混乱してしまいました。自分自身の存在を意識したのです！

アン、六〇歳、医師、ヴェトナム、一九八二年

（ヴォイス・オフ、次の同期テクストと同時に）

「妹は南で暮らしています……統一後、会いに行きました……二〇年以上の不在と……苦悩と、別離。でも、妹は亡命を選ばなかった。私たちは家族の絆がとても強いのです。一言も言葉が出てきませんでした。

（同期） 黙ったまま、ずっと見つめ合いました。涙がこみあげてきて、胸がいっぱいになりました。二〇年以上離ればなれになっていた私たちが、奇跡のようにめぐり合い、また向き合っていたのです……。」

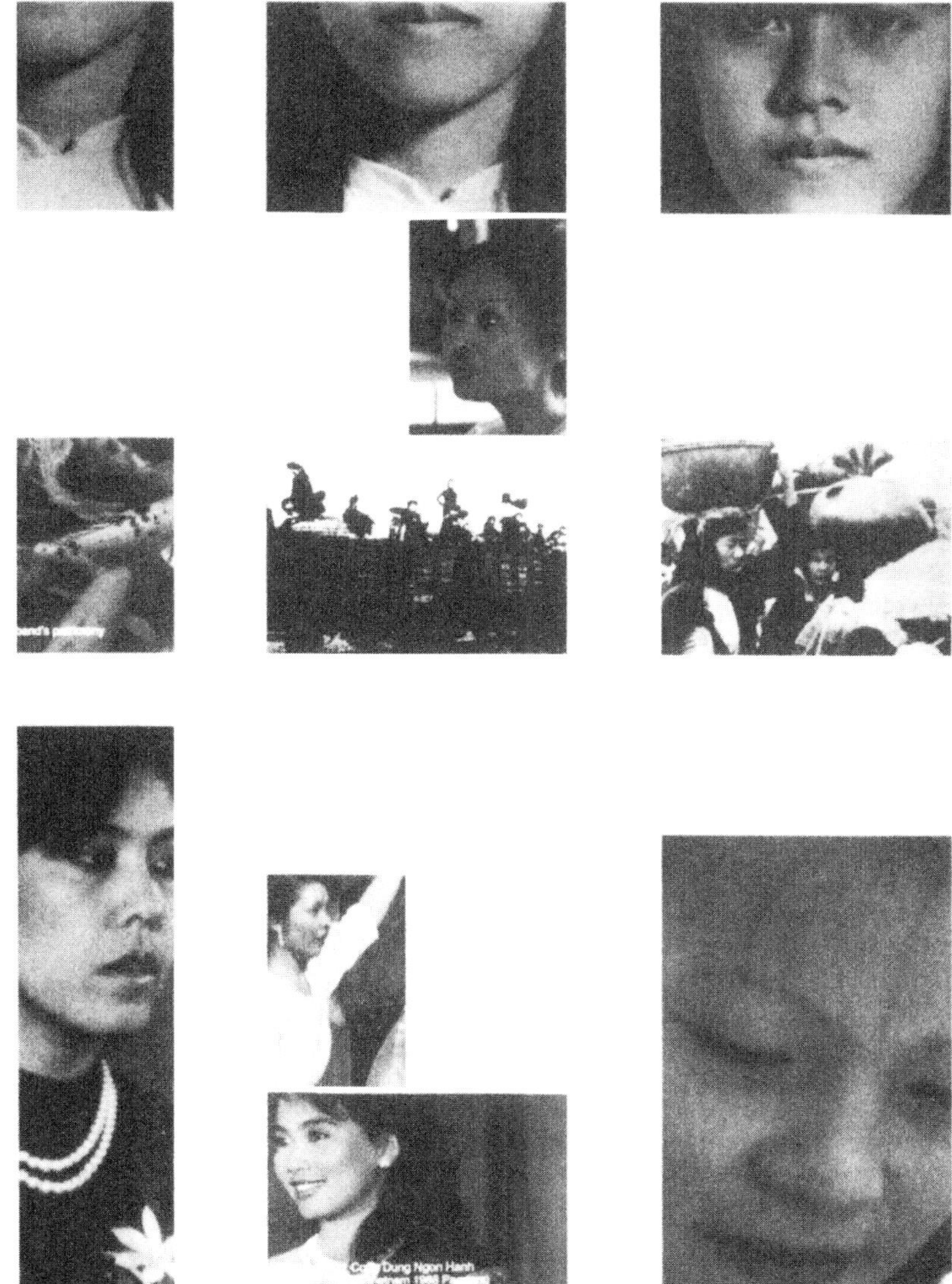
Dung Ngon Hanh

「妹はじっと座っていました。私のことを宇宙人か何かのように見つめていた。瞳にかすかに嫌悪が宿るのがわかりました。突然、妹の冷たく低い声がしたかと思うと、「あなた、姉さん……社会主義の医者よ！……」椅子から立ち上がると私の手をとり、鏡の所まで連れて行きました。「せめて一度でも、自分の姿をご覧なさい！」確かに、何年も鏡など見ていませんでした。目に映ったのは、年をとり、疲れ果てた女……まじまじとわが身を眺め、同じ服、同じ木靴を、もうどれだけ着ているかわからないのに気づきました。違う世界が存在するなんて、思いもしなかったのです。魂の奥底まで掻きむしられるような激しい苦しみに、頭が混乱してしまいました。自分自身の存在を意識したのです！……」

「平和が回復して、私たちの問題は増え、職場の人間関係は悪化しました。男女平等の問題は今も綱領に掲げられていますが、女同士の関係の方が厄介です。担当の役人は女性です。［でも］医者ではありません。彼女の職務は何といっても政治的なもので、医者という職業のイデオロギー的側面をコントロールするためにいるのです。埋めようのない対立が、彼女と医療系幹部のあいだに起きました。力の問題です――政治的権力対職業的能力の！……」

「女は他の女を押しのけても男を喜ばせるもの、と私たちは思い込まされてきました。女が女を信頼できれば、その時初めて、革命の話ができるでしょう。」

（アンへのインタヴュー）

（スクリーンに引用）

男たちは歴史の本を読み直してみたらいい。そうしたら、イデオロギーのための殺し合いに国民を送り込もうなどと思わないはずです。ヴェトナム人は支配の軛を振り払うために闘ったのです。主義主張のために闘ったのではありません。これはきわめて重要な、決して忘れてはならないことです。

アン、六〇歳、医師、ヴェトナム、一九八二年

親愛なる妹へ、あの頃私たち、つまり女友達と私が何より好きだったのは、ちょっとしたお菓子を買っては、授業中にこっそりまわし合うことでした。梅の砂糖漬け（オー・マイ／シー・ムオイ）、小豆ぜんざい（チェー・ダウ・ドー）、白豆ぜんざい（チェー・ダウ・チャン）、これをどうやって英語に訳します？　一つ一つ名前を挙げるだけで、うきうきしてきます！　本当に楽しみに味わったものでした、ガーロン学校の前に出ていた屋台や、家からほど近いガー・サウの屋台で――あそこは薬膳ぜんざい（チェー・サム・ボー・ルオン）が名物でしたね！　あの頃私は家庭教師をしていたから、少しお小遣いがあったのです。いつもお母さんに買い食いをしないようにと言われていたから、なおさらわくわくして、珍しい物を見つけては味わってみるのでした。いま思えば、何ということのない物ばかりですが、禁じられているからこそ格別の味だったのです！

中央出身の友人によると、フエでは、帽子に白いアオザイ姿の学校帰りの女の子で、チュオン・ティエン橋は毎日午後になるとごったがえし、彼女たちのドレスが風のなかで蝶のように優しく揺れたそうです。青年は誰しもある時期、足繁くそこを訪れては、ただ眺めてもの想いに耽るのだとか。青年が少女を左から追いかけると、少女は帽子を顔の左側に下げ、彼が右にまわれば、右側を下げて顔を隠しながら、自分は好きなだけちらちら眺める。あそこでは大半の人が詩を書くし、詩心があるのですが、それはもしかしたら、一目見たら忘れがたい風景に恵まれているからかもしれませんね。北の風景のことは、私たちも両親からさんざん聞かされたものですが。

そっと竹を揺らす風が

ティエン・ムー塔(パゴダ)の鐘や　トー・スオン村の鶏の声と混ざりあう

「ヴェトナム女性がもつ二つの徳を、私はいつもすばらしいと思ってきました。つまり、自己犠牲と忍耐の能力です。」

（イェン、ヴェトナム語で）

「……ここでは何もかも公になってしまいます。患者を迎えるのも冷たい大ホールで、担当の役人が同席しています。信頼関係を築くのはきわめて困難です。守秘義務を守るためのプライバシーさえないというのに、女が胸の奥に秘めた苦しみを打ち明けるでしょうか。医師と患者のあいだにわかり合い通じ合うものがなければ、人の痛みや苦しみに共感することは不可能です……。」

「女性が自分の身体や衛生面、避妊について何も知らないまま私の所に来て、恥ずかしそうに囁くのです……ヴェトナムの女はたやすく胸の内を人に打ち明けません。偏見や抑圧、タブーに囚われているのです。古い社会では肉体は名のない場所、存在することも語られることもない場所です。女が体調を崩すと、すぐに規範外の性関係をもったとみなされる……今日でも、この精神構造は私たちの社会で盛んに見られます……無知が女を沈黙に追いやるのです。」

（アンへのインタヴュー）

結婚して子をもつ、何て凡庸な！
でも、夫の助けなく妊娠することに、何のメリットが！

ホー・スアン・フオン

頭上には　神棚
知事の神殿
おや　まぁ　わたしが男なら
もっとましなこと　するけどねぇ！

ホー・スアン・フオン

医師、すなわち、女を解放する女

おとぎ話のように、「花はわたしの唇からこぼれ落ちると、蛙に姿を変えるのです。」

彼女は助け　彼は指示する
彼女が指示すれば　彼は支配する

「人が貧困にも適応すると考えるのは、人間の努力への侮辱です！　海外に住む私たちの同胞でさえ、時に同じ発想をすることがあります。里帰りして親戚に会い、しばしわらわらと交流しては、去っていく。ちょっとした英雄主義的な努力をして、不慣れな環境にも適応してみせるというわけです。」

「でも、私たちこの国に残る者は、この生活を喜ぶでもなく、誇りに思うでもなく、つづけていかなければならないのです。私たちを勇敢で英雄的な人間と言ってくれるのは、革命に敬意を表することです。でも私たちを美化するのは、ある意味で、私たちの人間的限界を否定することになります。」

（アンへのインタヴュー）

ビンディンの女を見においで
鞭さばきも　ボクシングの稽古も　お手のもの

悪名高い二重の日が記憶に甦る。女は経済生産活動の立派な単位として働き、なおかつ無償の家事労働と子育てを一手に引き受ける。人口に膾炙した警句は、女が人生の三段階を経て犠牲になるさまを言い当てている――結婚前は淑女、結婚しては女中、長く結婚しては猿。

「理想の女性像というものを脱神話化しなければなりません。そんなものは、天下国家の必要に迫られて作られ、強化されたものに過ぎないのです。彼らが女の自負心をくすぐるのも、女の搾取を隠蔽しようとするからにほかなりません。道路清掃婦を例にとりましょう。こういう女性たちがしている仕事は、嫌な、本当に嫌なものです……そのなかのほんの数人を選んで、議会や会議の壇上に乗せる。男たちが急いででっちあげた政治的言説を読み上げさせ、それでトリックは成功というわけです。女たちはしばし清掃婦であることを忘れ、一人前の市民であるような幻想を抱くのです。」

（トゥー・ヴァンへのインタヴュー）

「二つの世界のあいだで、私は身動きがとれません……」

（トゥー・ヴァン）

――ですから、この点がよくわからないので、確認したいのです。翻訳されたインタヴューとは、書かれたものですか、語られたものですか。

上司は男が多くて、女は補佐役です……平等と言ったって、所詮この程度なのです！　権利を求めてどんなに互角に闘っても、勝つのはいつも男と決まっている。時には少し譲歩してくることもあります。数では私たちの方が勝っていますから。会議で女が立ち上がり、主張したり要求したりすることはありません。発言はしても、女性的な精神がつきまとう……〔つまり〕よろこんでもらいたいという気持ちです。上司によろこんでもらう。率直に「私たちはこう思う」「私たちはこうしたい」とは言えない……そういう意見なり誓願なりを申し上げるだけです。女は耳を傾け、小指を上げる。力をもたない人間が自由にものを言うのは、きわめて難しいのです。

「〔女性組合の幹部は〕私たちの義理の母です。男が書いたものを読み上げ、女を労働市場に送る……」

（リー）

「……闘わなければ……より公平な社会を求めて。官僚主義との闘いに勝ち、無能な幹部を一掃して初めて、革命へ向けた第一歩を踏み出すことになるのです。そしてこの任務もまた、女が担うべきものです。」

（トゥー・ヴァン）

「女はいつも、自分を犠牲にするように教育されてきました。女には、夫にひどい扱いを受けていると口に出す勇気もないのです……。

会議では、反対意見や異なる意見は最少限に抑えられます。私生活について打ち明ける余地などあるわけがありません……。

私たちの社会を見る時は、注意しないといけませんよ。形式があって、実質がある。真実はいつも目に見えるわけではありません……私たちの現実は、何も言わずに涙を流す、忍び泣きのなかにあるのです……女性解放ですって？　またご冗談を。」

（リー）

インタヴューとは、ドキュメンタリーの古びた手法。真実は選択され、更新され、置換されて、言葉はつねに巧まれる。

それで、インタヴューは全部でいくつ？
誰を選ぶのですか？

ある時は、映画のために一五〇もインタヴューをしたことがある。最終的な編集で残ったのは、五つだった。

基準は何？

年齢、職業、経済状況、文化的地域——北か、南か、中央か——批評能力、人間としての相性。

語られ、書きとられ、翻訳される
聞くことから記録することへ、話し言葉から書き言葉へ
あなたは話す。私たちはカットし、刈り込み、整える

そのゲームがしばしば要求するのは、内容への反応であり、内容がいかに枠取られるかということへの反応であることは稀だ

語られ、そして読まれる

内面の言葉と、ひたすら表面的な言葉のあいだ

親愛なる妹へ、ヴェトナムでのとりわけ楽しい思い出は、アイスクリーム屋さんに行って、飲み物を楽しむことでした。こちらでは、そんなうきうきした気持ちになることもありません。アイスクリーム屋さんといっても、全然雰囲気がないのです。そういう楽しみをまた味わいたいと思えば、テキサスのヒューストンかカリフォルニアのサンタ・アナまで、はるばる足を運ばなければなりません。そういう所では、ヴェトナム人共同体が町や村を作っているのです。何だか、年をとって時代遅れになってしまったみたい。

ポーズはつねに存在するし、映画で起きるアクシデントは、「コントロールされたアクシデント」と呼ばれる。

親密な調子であればあるほど、インタヴューは成功。

彼女と私が考えた質問は、どこかで聞いたことがあるようなものばかりだった。オリジナルな表現も、聞き覚えのある、使い古されてすり切れた言葉に聞こえた。

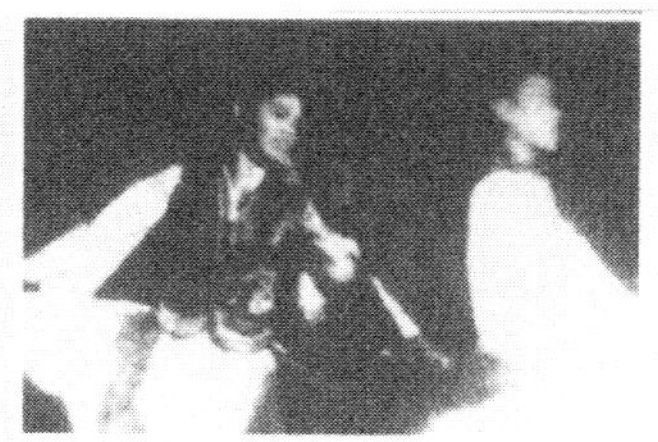

It is only to better
exploitation that they fi
conceit. Let us take the ex
the street sweepers. Thes
are doing a repellent, very
job... They select a few of
they put them on the platfo
a congress or a meeting. T
them read political

e has to demystify the image of the ideal woman mac
significant moments. It is only to better hide her ex
ceit. Let us take the example of the street sweepers
ellent, very repellent work... They select a few of t
tform during a congress or a meeting. They make t
ckly put together by men, and the trick meets with
a while that they are sweepers, and have the illusi

ckly put togeth
trick meets with
women forget for a while
sweepers, and have the
being full citizens. I a
between two worlds: this
which I reject and the
which I do not know. I am
with no society model.

rsonally, I know I will never reach the shore of soc
rlds: this socialism which I reject and the capitalism
vivor with no society model. ~~Traditional Vietnames~~
mantled...There are too many contradictions. My mi
as not to ask too many questions, so as not to drown

~~e politics of the arbitrary has led the best elements~~
dividuals do not let themselves be impressed by ideo
We must fight for... a more equitable society. When
ainst bureaucracy, swept away the incompetent cad
st step toward revolution. And this task also devolve

SETTING

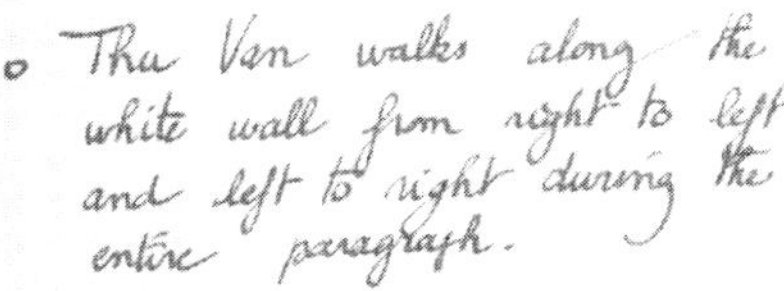

- Thu Van walks along the white wall from right to left and left to right during the entire paragraph.
- She is pacing the room as if talking to herself
- Thu Van turns her face toward the camera at: "and have the illusion"

CAMERA FRAMING

camera moves right to left and vice versa but does not follow Thu Van pacing

Example in plan:

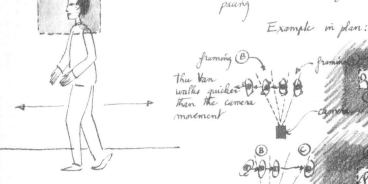

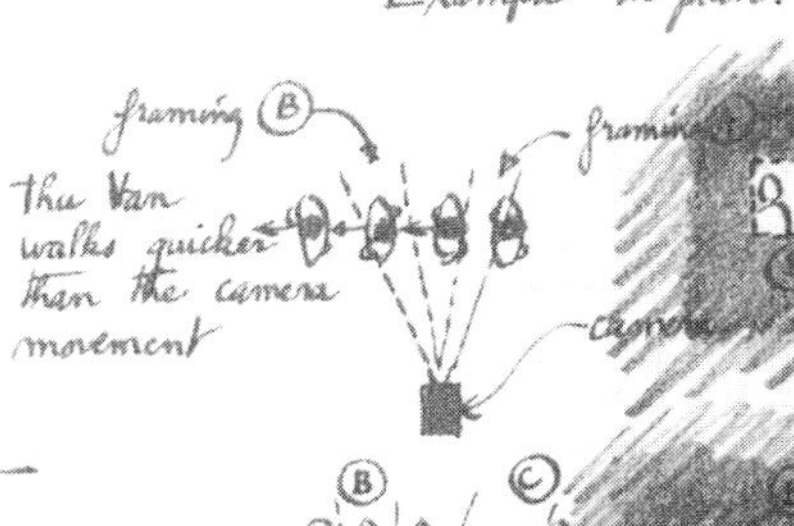

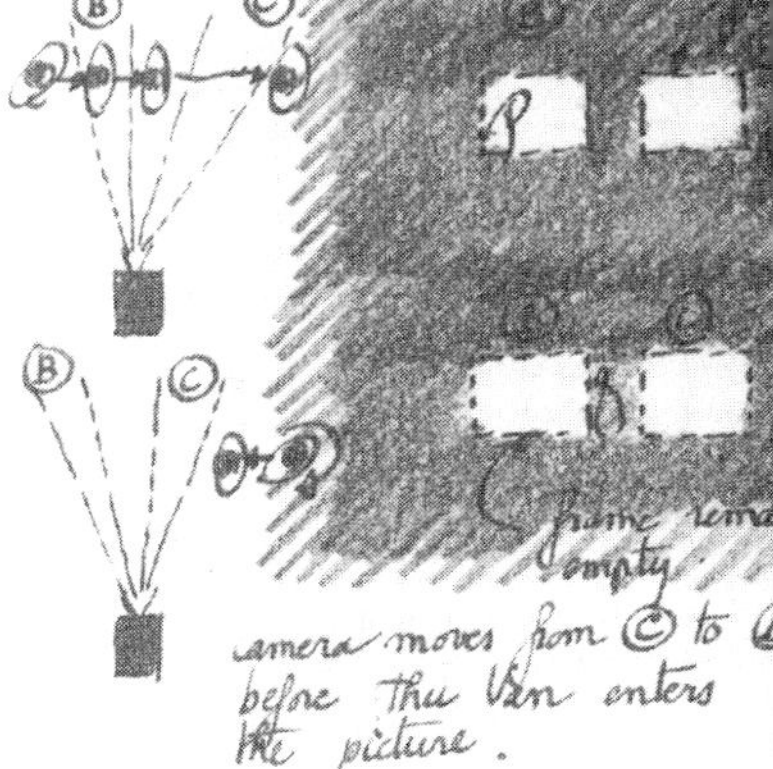

camera moves from C to B before Thu Van enters the picture.

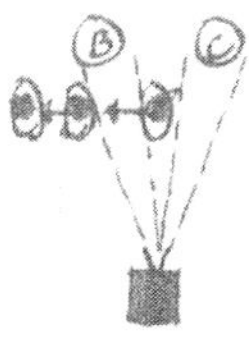

camera goes back to C contrary to Thu Van's main pacing direction

idea is that camera does not always on object; surrounding space is as im as object itself; empty space to engage in projecting ... etc..

Our bosses are often men, women assi
~~not always easy~~. we fight very tightly
win over. Sometimes they may make
in number. In meetings, women neve
but only in a feminine spirit ... [I mea
They can't simply say "we think" or '
~~such sollicitation~~. They listen and th
speak freely when one does not have

hand
gest
raised

[The cadres of the Women's Union] a
texts written by men and put women
family interests or battered women...
suffering. The old customs prevail, w
by their husbands. They are ashame

ains
place/
ements
may
the

~~In meetings, first we talk about diffi~~
~~other problems encountered in daily~~
are the places where ~~adverse or~~ diffi
~~room for confidences on our intimat~~

They talk a lot about equality and co
together, then the Vietnamese socie

Today we can say that the woman ha
she will speak after the men, she wi
always been educated to sacrifice th
through this... Even if the laws on s
change our ancestors' mentalities in

You have to be careful when you loo
the context. Truth is not always foun
silent tears and sobs.

[Women's Liberation!] You are still i

SETTING & LIGHT

CAMERA FRAMING

Framing (A)

camera remains static in (A)

camera (A)

camera (B)

light warm othre light slightly above camera field

camera in (B):

broom

camera goes upward very slowly and stops on face at the final sentence or slightly before

GENERAL IDEA

light to the left/... 'hope'

GEN... MOU...

speak... some... off... left... the... on broom...

声にし、記録する、最も直接的で内発的な形式を選ぶと、私はフィクションに近づく。

(ヒエンが小学校で行ったアオザイのプレゼンテーションを書き起こしたもの)

ヒエン 「おはようございます、先生、みなさん。私はヒエン・トランと言います。ヴィンセントのママです。今日はヴェトナム女性のドレス、アオザイについてお話する機会をいただきました。アオザイって言うんですよ。ヴェトナムには、四〇〇〇年以上の歴史があります。もともと、ヴェトナム女性のドレスは三つの部分からできていました。後ろに一つと、前に二つ。前の二つの部分を結びます。一七四四年、ヴェトナムの王様、ヴォ(VOと書きます)からすべてのヴェトナム女性に、パンツ、こういうパンツを着るようにとお達しがあったのです。」

(二人のアメリカ人の子供が民族衣装のモデルになる)

キエン 「トランさんからお話があったように、マダム・ヌーがデザインしたアオザイをみなさんに見ていただきたいと思います。」

(昼食の時の会話を書き起こしたもの)

キエン 「まぁ聞いてくださいよ。生まれて初めて、水をかついで運べないと思いましたね。あれ〔竿〕が肩に食い込んじゃって。でも、やるしかなかった。芝居はほんとにうまいんです。三月(みつき)もしたらもうサイゴンの街っ子じゃなくて、「田舎娘」になったと思われました。だっていつも見張られてるんですから、毎日、四六時中ね。お昼時まで。ドアを開けて、キッチンにづかづか入り込んでくるんです——何を食べてるか見張ろうっていうのよ！　でも何てことはない、卵少々と庭でとれた野菜（卵野菜（ラウ・サオ・チュン）炒め）を食べてるだけだっていうのに。」

「英語は少し話します。夫もそうです。」

「……ええ。私は言います。いいえ、やめてください、いいえ、逃げたくありません。逃げたければとっくに逃げています、最初にサイゴンが陥落した時に。港に行けば——船はたくさん——船に乗って逃げればいいんです。でもできない、国を愛していますから。夫が政府の再教育を受けてからは、国を愛しています。だからどうか、撃たないでください。やめて。彼は言いました。「それは本当か？」私は言った、誓います！」

「でも、ほら、夫が再教育キャンプで持っていた本を読んだのです。だからどう話せばいいかはわかる。だから言いました。私は政府を信じます、私は委員長を信じます、私たちは解放されました！　なぜ逃げたいなどと思うでしょう。私はヴェトナム人です。英語もできない。私は彼を説得し、彼は言いました。「なぁ、チー・トゥー」——彼は私をチー・トゥーと呼びました。私は名前を変えたのです。キエンと呼ばれたくなかったから——「おまえの教育はどうだ、どの程度なんだ」私は言いました、そうですね——よく喋るだけ——教育はありませんと言いました。」

（日本庭園で、小さい男の子を連れたキエンの映像）

キエン（ヴォイス・オーヴァー）「一五分ですよ。一五日間待って、彼に会えたのはたったの一五分だけ。そのあとサイゴンに戻らなきゃならなかった。夫の話を聞いて、家に帰り、すべて売り払いました——テレビ、ラジオ、家具、いい服も、何もかも蚤の市行き。それから私は物売り女になりました。道で、街で。物を買い、売り直しその儲けで子供を食べさせるのです。」

（キエンとヒエンが人混みのなかで座ってショーを見ている映像に、昼食時のキエンの映像が挿入される）

キエン（ヴォイス・オフ、のちに同期）「一九七六年でした。ヒルズカンパニーで働く一二年後です。火の係にされました。あいつだ、彼女を使おう、と言うのです。火のことは知っていました。上司と話しました。私は言った。「やめてください、お願いです。」彼は言いました、どうしたっていうんだ？私は言いました、火を見るたびに悪夢が甦り、ヴェトナムにいた頃のこと、爆弾のことを考えるのです。彼は言いました、キエン、落ちつくんだ（彼は私の上司で、隣人でもありました）。彼は言いました、おまえの話では、ずいぶん苦労してきたそうじゃないか、火が何だっていうんだ。おまえならできる。やるんだキエン、諦めちゃだめだ！　彼は少し元気をくれました。だから私は言った、ええ、もちろん。それから、それで、私はやります。私は小さ過ぎた。でも火はこんなに高く燃える。だから、ポールに手を伸ばして開けようとするたび、こんなふうに飛び上がらなきゃいけない。ときどき髪の毛が燃えたり、まつげが燃えることもありました。知らなかったのです。ただ働いてお金を稼いで、子供を育てようとしただけ。すると同僚が、彼女が言ったのです。キエン、あなた髪が燃えちゃってるわよ。私は言った、そう？　髪に触りました——ビーフンみたいで、臭い。まつげに触ったら、ちりちりでした。」

「他の人に仕事を代わってもらうことはできなかったのですか。」

「いいえ——そのために私が雇われたんですから。私は小さいけど、とても、とても、ここが［**こめかみを叩き**］強いのを、あの人たちは知っているのです。」（会話を書き起こしたもの）

目で翻訳するのですか、それとも耳でするのですか。

翻訳は忠実さと正確さを求めながら、最終的にはつねに、テクストの意味、精神、あるいは美学を裏切ることになる。

「オリジナルのテクストは、つねにすでに不可能な翻訳の産物であり、翻訳を不可能にする。」

（バーバラ・ジョンソン）

夫がいては　どこにも行けぬ
子供がいては　心がいっときも安まらぬ
子供がいると　困難に耐えなければならない
夫がいると　夫の父権に耐えなければならない

亡命者。「でも、私が根無し草なら、どうして根のことでこんなに苦しまなければならないのでしょう。」

他の生存者とともに、黙々と走る。心臓の鼓動が足音に重なる。アメリカの将校に連れられて辿り着いたのは、しんと静まりかえった大講堂だった。ドアを開けると、突然、何千という声なき者たちの一員となる――もの音一つたてず、講堂を埋め尽くす人の群れが、離陸の順番を待っている。

場合によっては、状況の蒙を解く唯一の方法が、焼身自殺ということもある。

グアムの難民キャンプに滞在中、最も記憶に残っていることを書いてほしいとのことですね。あそこを出た日のことは決して忘れないでしょう。ひどい胃痛で医者に行こうとしたら、アメリカ人将校が来て、五分で出発しろと言うのです。御存じの通り、父はあの時点では国を出ないことにしていたので、私たちは母と娘の女四人でした。空港に着いた私たちは、荷物といっても粗末な布包みが幾つか、人々が大小様々なスーツケースを携えているのにショックを受けました。母は戦争を足で逃れた経験がありましたから、荷物は最小限に、服は身につけるのももっていくのも暗色に限り、女としての私たちに注目が集まらないようにすべきだと、固く信じていました。アメリカ人はがさつで下品で、牛か豚の群れみたいに私たちに怒鳴るのです。グアムでは、限られた数のテントと折りたたみベッドが群れに放り投げられました。人々はパニックを起こし、誰もが泣き叫んでいました。ジャングルの法が定める通り、肉体的に最も野蛮で攻撃的な者だけが、それらを手に入れることができました。私たちは男にかなうはずもなかった。夜まで待って、ようやく追加のベッドとテントが運び込まれました。私たち全員、何週間もよく眠れませんでした。特に母は、他人とテントを共有するのをひどく嫌がりましたが、それは盗みを恐れたのではなく、レイプを恐れたのです。何より耐えがたかったのは、共同の洗面場とトイレで、にわか普請の木造の建物にありました。トイレは地面に穴を掘っただけのもので、溢れ出す便を汲み取る作業はつねに追いつかず、遙かかなたからも臭うのでした。私はこれが強迫観念になってしまい、いまでも国立公園に行って困るのは、トイレを使わざるをえない時で、それはまさに試練です。どれだけ遠い記憶になっても、あの木造小屋の光景と臭いは耐えられません。

（ランとスー、昼間）

ラン「……ここに座って、ママのことを考える。信じられないのは、あたしたちがここに来てから、ママがどれだけの変化をくぐり抜けたかっていうこと……一つの文化から別の文化へ、大変な移行を経験したのね。ほら覚えてる？　あなたがあたしに買ってくれたスパンデックスのパンツ、ヘビ柄のやつ。大晦日に家（うち）にもって帰って、着てみたら合うセーターがないから、黒かグレーのセーターもってるってママに訊いたの。そしたら、ほらってこのセーターくれたんだけど、あたしはママに見つからないようにこっそりドアから出ていこうとしたのに、ママが出てきて、そのパンツ見せてって――」

スー「信じられない――」

ラン「あたしはママが大騒ぎすると思ったの、ほら、ぴちぴちだとかね。それがママったら、あら、すごく似合うじゃないって！　あたしのことちらっと見て言うのよ、数カ月前のあなたなら太って見えたでしょうけど、ちょうどよく痩せたから似合うわ、デザインがいいじゃないって。」

スー（笑）「サイコー」

ラン「ママのクローゼットでセーター探してたら、ヒョウ柄のてらてらしたシャツなんかもってるのよ、あたしが着れそうなやつ。信じられなかった――ママがワイルドになっていく……でもそれはほんの一例に過ぎなくて。少しずつママやママの価値観が変わっていくのを、たくさん目にするの。」

スー「まぁ、あなたのおかげもあるわよね。」

ラン「おかげっていうか——無理やりね！」

スー「あなたが高校を卒業して初めて家を出た時のこと、覚えてる？——あれが大きかったわね。」

ラン「そう……ドラマチックね。」

（会話から書き起こしたもの）

たとえば　わたしは　樹になるパラミツ
味わいたければ　新鮮なうちに　さっと引き抜いて
皮はざらざら　果肉は厚い　そう
でも　ああ　触れない方がいい
豊かな果汁がどっと溢れて　手が汚れてしまうでしょう。

ホー・スアン・フオン

若い娘の七つの大罪。一、どこにでも座る。二、柱にもたれる。三、サツマイモを食べる。四、ごちそうを食べる。五、仕事をさぼる。六、すぐ横になる。七、いとこのお菓子をがつがつ食べる

親愛なるミンハ、「本が出版されてからというもの、自分の一部を失ったような気がしています。ヴェトナムの女がヴェトナムの女たちについて書くのは、とても難しいことです。少なくともフランスでは、女性解放運動（ムーヴマン・ド・リベラシオン・ド・ラ・ファム）にもかかわらず、母性主義はいまも支配的イデオロギーの基盤にありますから。すべてをあるべき形にするには、シモーヌ・ド・ボーヴォワールの序文を受け入れるべきでした……出版社が望んだように。」

（マイ・トゥー・ヴァン）

無数のヴェトナム人が、地球（グローブ）に散らばった。傷が癒えるには、一世代以上かかるだろう。

もちろん、イメージはそれが語ることを証明することはできないし、なぜそれが語るに値するかを証明することもできない。証拠は無力であり、証言し、記憶し、記録し、再読しても、一片の真実を明らかにすることもできない。

私が立ち去ろうとすると、彼女は雑誌に手を伸ばし、難民、特に山岳民族について聞いたり読んだりしたことはあるか、と訊ねた。彼らは睡眠中に息絶え、心臓発作その他、認めうる病気の痕跡をいっさい残さないという。「記者はこれを、例によって、神秘的かつ不可解な東洋的現象の一つと説明しています。でも、彼らは激しい哀しみゆえに死んだのだと思います。」ブオン・トイ・ルオト、はらわたが腐るほど哀しい、と私たちが言い習わすように。

（ヴェトナム語で、一九八八年、ミス・ヴェトナムのパレードより）「候補者のH――P――さん、アメリカ社会において、われわれはヴェトナム社会のどういう特質を維持すべきでしょうか。」「女性に関しては、ヴェトナムの伝統と四徳――功容言行――を守るべきだと思います。」

若い娘は、誰しも四徳をよく実行し、厳密に守らなければならない。すなわち、仕事において巧み、行いにおいてしとやか、言葉において優しく、道義において過たず

娘、彼女は父に従う
妻、彼女は夫に従う
未亡人、彼女は息子に従う

三綱五徳の道徳によると、
女はつねに男に依存しなければならない
子の時は父に従い
結婚しては夫に従い
未亡人になれば息子に従わねばならない
生涯、女は小さき者
男を車軸のように頼り
自らを統べることは決してできない

（キム、変電所のオフィスで――ヴォイス・オフと同期の声が同時にヴェトナム語で聞こえる）「ヴェトナムで、学校を辞めて結婚し、子供を産みました。ずっと家にいて、働きに出ることはありませんでした。でもアメリカに来たら、教会の支援者がこまごました仕事を見つけてくれました。例えば、ひと月

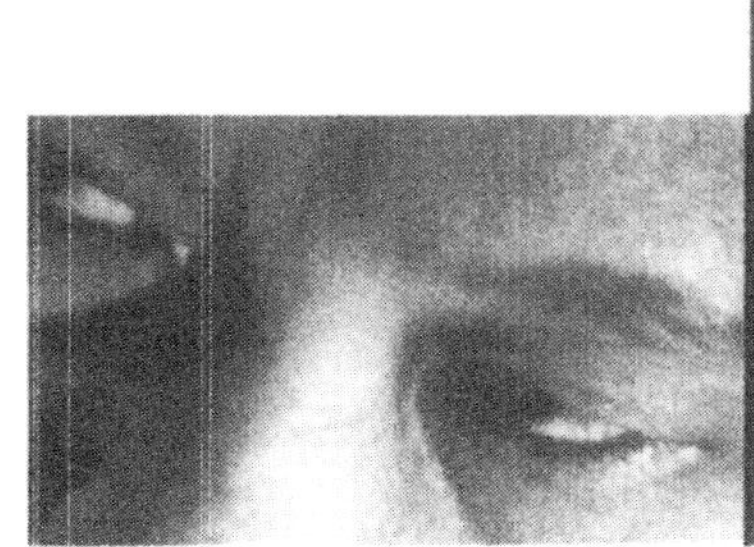

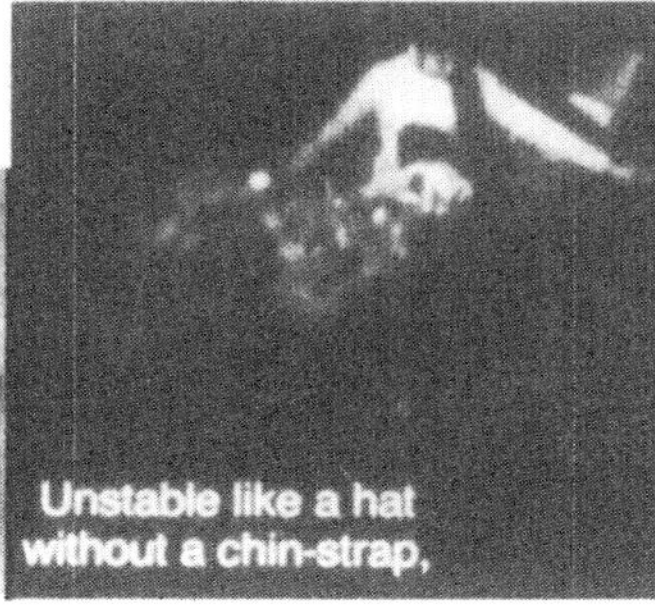
Unstable like a hat
without a chin-strap,

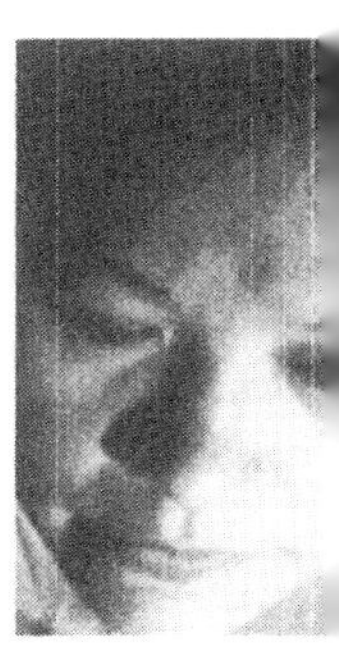

ベビーシッターをして、それから小学校でフランス語を三、四カ月教えたり。そのあと養老院で半年働いてから、電力会社に応募したのです。一九七六年からは、水力発電の会社で送電の仕事をしています。この仕事で女は私一人だけです。」

（キム、同期）「最初に参加してほしいと言われた時は、とても躊躇しました。でも、思ったんです。なぜ断るのだろう、私自身ヴェトナムの女で、映画で演じる役は、まだヴェトナムにいる女たちの、そしてアメリカに移住してきた女たちの真実を語っているというのに……特にこの映画は商業映画でもないし、ハリウッドスター主演のラヴストーリーでもないんだから、私が出てもおこがましいということにはならないだろう。あなたやあなたの映画について書かれたものも読んで、あなたがヴェトナムの女性映画作家であることを誇りに思います。」

（キム、ヴォイス・オフ）「ヴェトナム人好きの息子の友達に言われたんです。「あの役を引き受けて、ヴェトナムに住むお母さんや姉妹の抑圧された状況を訴えるべきですよ」。それで、ヴェトナム女性全体のことを思うから、この映画に関わりたいと思うのです。」「ヴェトナムにはまだ友達がたくさんいます。キャット・ティエン（私の役）と比べると、彼女たちの状況はずっとひどいです。かつて高い地位にいても、いまでは道端でお菓子を売ったり、子供たちと生き延びるために、ちょっとした商売をやってみたりする人もいます。」

（キム、同期）「夫に訊ねたら、悪いことなんか何もない、祖国のために最善を尽くせ、と励ましてくれました。そうでなければ、恥ずかしくてテレビに出るのも嫌だったと思います。まして映画なんて！」

（キム、ヴォイス・オーヴァー）「一般的に、ヴェトナムの娘や女はみな、四つの徳を実行しなければなりません。裁縫、料理、話し方、ふるまい方を知らなければならないのです。もちろん、三つの服従を強いられます。親、夫、それからこれはつねにというわけではありませんが、息子に対して。」

（キム、同期）「友達の一人は、私が映画に出ると聞いて目を丸くしました。「女優なんてやったこともないのに、どうやって女優のふりをするの？」夫の友人にはこう言ってからかわれました。「きみなら演れるって、あちらはわかってるのさ。だからふさわしい人を選んだんだよ。わからないぜ、抜群の演技力でアメリカ人に注目されて、ハリウッドスターの未来が待ってるかもしれないじゃないか。」」

（キム、ヴォイス・オフ）「たとえアメリカに移住しても、私たちの姓がヴェトなら、名はナム――ヴェトナム――であるべきだ、という気持ちに変わりはありません。ヴェトナムの女にとって、一番近しい家族は夫の親族です。母国については、誰もが愛しています、老いも若きも。私たちの姓はいつもヴェト、名はナムなのです。たとえ女がこちらで外国人と結婚しても、ヴェトナムの女であることに変わりはありません。だから、あなたの映画のタイトルはとても示唆に富んでいて……とても意味深いと思います。」

男は、獄中であるものを手放すことを学んだという。アイデンティティ――人や人種、文化や国家を、ただ一つの名で名づけることを。

ヴェトナム人は新しい生活に適応していく。エレベーターとエスカレーターの使い方を習得し、腕時計型の時間への正確さを学び、自動販売機を手なずけ、犬用の缶詰と人間用の缶詰を区別し、道でもホテルでもパジャマ姿でうろつくのは許されないと理解する。

(イェン、ヴェトナム語、同期)「この映画のお手伝いをさせていただくことにしたのは、テーマがあなたの言われたようにヴェトナム女性に関わるものだったからです。彼女たちが自分を犠牲にし、耐える能力はすばらしいといつも思っていたので、この機にはっきり発言しよう、と思ったのです。とはいえ、その時経験したプレッシャーや困難は、生半可なものではありませんでしたが。いったん役に取り組むとなれば、最善を尽くそうと思いました。なぜならそれは一個人の問題ではなくて、共同体全体に関わることだと思いますから。」

(ヴォイス・オフ)「女優や歌手は伝統的な社会では低く見られます。よく言ったものです、良家の子女は映画や歌の仕事はしないと。そういう女性を形容する差別的な表現がいろいろあります。でもこのごろは西洋の影響で、映画は芸術ということになり、女優はたいてい美人の役を演りたがりますから、私が六〇歳の女性の役を演ると聞いて、友達はみんなびっくり仰天していました。」

(同期)「毎朝八時に仕事に行き、家に帰るのは夜七時くらいです。それから急いで夫と息子のために料理をする。それが終わってようやく、この映画の稽古ができます。稽古が終わって夕飯を食べ、息子に明日の学校の準備をさせて、私も仕事に備えるのです。」

（ヴォイス・オフ）「アメリカに来て、一六年になります。電子機器の会社に一〇年近くいて、化学処理の仕事をしています。技術系の会社でエンジニアとして働くヴェトナム人は、日々増えています。八、九年前は三、四人しかいませんでしたが、一九七五年に移ってきた者の多くが卒業して、いまでは私の会社にも、三、四〇〇人のヴェトナム人エンジニアがいます。でもそのうち女性は、私を含めて二人だけです。」

「働き始めた頃は、いろいろな困難に直面しました。第一に私がアジア系だから、第二に女だからです。この二つの困難に打ち克つことが、本当に必要なのです。アメリカ人はつねにヴェトナムを二流国家として見下してきました。いまではわれわれヴェトナム人も専門職に参入し、彼らと競い合っています。だから、あからさまではなくても伝わってくることがあって、それは、博士号をもつアジア系の社員がますます増えているのが、彼らには耐えられないということです。ことに、博士の学位が必須の研究分野では、アジア系が多数派を形成していますからね。」

（同期）「弟の結婚式は、わが家の伝統として、長女である私が取り仕切らなければなりません。父は亡くなって、母も高齢ですから。それで、撮影のあった週はずいぶん心が引き裂かれていました。」

ヴェトナム人のお友達は、あなたが映画に出ると聞いてどう思ったのでしょう。

（イェン、ヴェトナム語、同期）「彼らの反応は、私が引き受けた理由とはずいぶん違っていました。みんな笑って、からかうのです。「きっと映画スターになってたくさん稼ぐようになるから、いずれ仕事も辞められるよ」って。」

(ヴォイス・オフ)「伝統的に、ヴェトナムの女は結婚すると多くの苦難に耐えなければなりません。自分のために生きるなどということはまずできません。実家にいるあいだは何もかも父親が決めます。結婚したら婚家に従う。いっさいの決定権は、夫と婚家が握っているのです。」

「姓はヴェト、名はナム。男が女に結婚しているかと訊ねる時、その問いが期待しているのは、彼女がヴェトナムの男と結婚し、ヴェトナムの伝統を守ることでしょう。おそらく彼女は、夫が愛国心をもつことを期待する。女は誰しも、夫が民族の英雄となることを望むのです。」

「テレビや新聞では北寄りの傾向が顕著です。南寄りのケースはごく稀です。でも、映画なり分析なりが真実を映し、中立の立場で南北を偏りなく描いているのには、出会ったことがありません。これはとても悲しいことです。なぜなら、私が心から望むのは、私たちが守っていくべき長所も、私たちのなかで変えていくべき欠点も、洗いざらい見ることですから。そうでなければ、新しいヴェトナム社会を築くことはできないでしょう。外国人はというと、もちろん彼らなりの見方でヴェトナムを見ます。どちらか一方の側だけに立った映画など、見たいとも思いません。ヴェトナムの真実を伝える本に出会いたい。だって何を読んでも褒めるか貶すか、それも、白黒はっきりさせずにおくものか、という感じなのです。絶対的なものなどないと思います。どちらの側にも、いい面もあれば悪い面もあるのです。」

一連の特撮としての戦争。あの戦争は、撮影される遙か以前に映画になっていた。映画は特撮の巨大な機械

でありつづけてきた。戦争が他の手段による政治の継続なら、メディア映像は他の手段による戦争の継続だ。機構に呑み込まれ、特撮の一部と化し、批評的な距離は皆無。ヴェトナム戦争と、それについてつくられた、またつくられつづけている大作映画を隔てるものはない。アメリカ人は一方で負けたとしても、こちらでは勝利したと言われる。

（ボードリヤールにインスパイアされて）

（キム、ヴェトナム語で）「こういう映像を見ると、戦争の下にあった国に人間として思いを馳せずにいられません。」

戦争に勝者はない。

（イェン、ヴェトナム語で）「こういう映像を見ると気持ちが動かされます。考え方まで変わります。例えば、母が子供を抱いて戦禍を逃れる映像を戦争を憎む人が見たら、感動して力になりたいと思うでしょう。こういう映像はとても痛ましいです。よくもち出されるのは、母の子への愛です。戦事、母はつねに子の安全を守ります。」

（ランとスー、炉端で）

ラン「ここバークレーは、そんなに悪くない——東洋人がすごく多いから、東洋文化の違いもわかってくれるでしょ、日本、中国、韓国、ヴェトナムっていうふうに。何度遭遇したかわからないのは、ほら、最初は私たち興味ありますみたいな感じで訊いてくるわけ、中国人ですか、それとも日本人ですかって。いいえ、ヴェトナム人です。そうしたら図々しくも言うのよね、ああ、同じような違いですねって。ほんとむかつくったらないわ。」

スー「そうよね。ばかみたい。」

ラン「あたしは最近まで気がつかなかったんだけど、あなた、話してくれたじゃない——何だっけ？——例のバスの……いかにお互いさまかっていう。どうしたんだっけ？」

スー「ああ、あれね。ほんと、おかしかったわ。台湾に住んでた時、バスに乗ったわけ——アメリカの白人はあたしだけ——で、その男がバスの端からあたしに目をつけた。もちろんギューギューに混んでて、誰もが人の脇の下に頭を突っ込み、命だけはなくすまいとしがみついている状態、何しろいかれたドライバーばっかりだから。そしたら、その男が後ろににじり寄ってくるの。ちょっと英語のレッスンをお願いしますっていうわけ。それはいいんだけど——勉強したい時が英語を話したい時ってね。でも、一日二四時間そんなことが起きてごらんなさい、英語ばかり喋ってることになるのよ。」

ラン「いらつくわね。」

スー「そのころは中国語もかなりできるようになってたわけ。で、そいつが近くに来て質問し始めるから、中国語で言ってやったの、私はアメリカ人ではありません、フランス人ですって。そしたらその人、だからどうしたというんです、あなたはヨーロッパ人です、何でも話す、そうでしょう？　だから言ったの、いいえフランス語しか話せません、英語はできませんって。彼曰く、そんなことありえない、あなたたちはみなヨーロッパ人です。そしたらついに彼、オーケーって言ってフランス語を話し始めたのよ（笑）。」

ラン「ああ実はわたくしドイツ人なんです。」

スー「ああ恥ずかしかった。スノッブなことしちゃったわ。」

ラン「だからここが好きなの。初めてあなたの所に遊びにいった時、あなたとジュリーのあいだに挟まれて歩いた、金髪碧眼の二人に挟まれてね。ジュリーは日本語を話して、あなたは中国語、ここにおりますわたくしはというと「ハーイ、ペンルヴェニア」って英語をね！　いい役割交換だったわ。」

（会話から書き起こしたもの）

何年も私たちは「われらが祖先ゴール人」について学んだ。「フランス領インドシナ」はアジアに位置し、高温で湿潤な気候であると学んだ。

複数の言語、文化、現実を、一つの肉体に接ぎ木する。翻訳の問題とはつまるところ、読みとアイデンティティの問題にほかならない。

ヴァン-ラン、ナム-ヴェト、ホアン・ヴェト、ダイ-ヴェト、アン-ナム（バク・キー――ル・トンキン、チュン・キー――アン・ナム、ナム・キー――コーチシナ）、フランス領インドシナ、（ヴェト-ナム、ナム）

「ヴェトナム」(アメリカ訛り)――彼らはそれをナムとも呼ぶ。

再教育キャンプ、更正キャンプ、強制収容所、絶滅収容所。文明の顕著な特徴が一挙に露呈する。スローガンはあい変わらず、「労働は解放する」「労働を通じた更正を」ここでは労働は、労働者がもはや権力を握ることのないプロセスだ。「なぜなら労働は彼の生き方であることをやめ、彼の死に方になったからだ。」(モーリス・ブランショ)労働は死と等価なのだ。

「グアムで、見覚えのある将校がいました。」と彼女は言った。「ヴェトナム一の金持ち連中の一人でした……ある朝キャンプで、女が大挙して彼のもとに押し寄せました。脱いだ……木靴で彼の頭を打ちつけ、叫び出したのです。「あんたのせいで、わが息子、兄弟、夫は置き去りにされたんだ。」」

(ウェンディ・ウィルダ・ラーセンとトラン・ツィー・ガー)

「世は一羽の蝶に似たり」と言ったのは、一七世紀日本の詩人である。

女は、ヴェトナムで獄中にいる父から最近届いた手紙の内容を告げる。詩人である彼は、恐ろしく頼りなげな様子で写真に収まり、長い銀髪をたなびかせている。政治的告発を受けるわが身を憂う手紙ではない。ただ、まさに仏陀の誕生日に逝った長女の死を嘆き哀しむ手紙だ。亡くなって四〇日後、彼の手紙によれば、娘は金の蝶に姿を変えて舞い戻り、日がな彼のまわりを飛んで、離れようとしなかったという。

巧容言行。これら四つの徳が女に厳しく課すものは何か。第一に、功。優れて巧みであること――料理、裁縫、家計、夫の世話、子供の教育について――これすべて、夫の顔を潰さないために。第二に、容。優雅でしとやかで、感じのいい外見を保つこと――何よりもまず、夫のために。第三に、言。礼儀正しく、穏やかに話し、決して声を荒げないこと――とりわけ、夫や夫の親族の前で。そして第四に、行。立場をわきまえ、目上を尊び、若い者と弱い者に従い――さらに夫に忠義を尽くし、犠牲を払うこと。

船は夢か、悪夢か、両方か。ない場所。「場所なき場所、独自に存在し、自らの上に閉じ、同時に無限の海に開かれている。」西洋文明にとって船とは、経済発展の偉大な道具であり、港から港をわたり、植民地をめぐり、宝と奴隷を求めてきたが、のみならずそれは、想像力の貯蔵庫でもあった。「船をもたない文明にあっては、夢は干上がり、スパイ活動が冒険に取って代わり、警察が海賊に取って代わる」（ミシェル・フーコー）のだという。

わたしはまるで　ひとひらの絹
市場のまんなか　ひらひら　浮かび　誰の手のなか　落ちてゆくやら
葦に腰かけ　杏の枝にもたれる
東の桃と　西の柳のあいだ
誰を　生涯の友とするのか

希望は生きている、船がある限り――たとえそれが小さな船でも。岸から岸へ、小舟は拒まれ、海に戻される。漂流民をつくる政策によって生まれたのが、特殊な階層の難民、「ビーチ・ピープル」だ。

時の政府により、キエウの解釈は異なる。政府が変われば、女のイメージを利用し占有する方法も変わる。キエウは無数の異なる文脈を生き延びてきた。初めは、抑圧的で腐敗した封建主義への告発として評価され、のちには、植民地支配に喘ぐヴェトナムの悲劇的運命へのアレゴリーとして読まれた。最近では、二〇〇周年を祝うに際し、政府の男性御用作家たちから絶賛された。アメリカ帝国主義との闘いという文脈において、自由と正義を求める革命的情熱が評価されたのだ。亡命ヴェトナム人にとって、キエウが呼びかけるのは出エジプトであり、もの言わぬ民衆の抵抗運動である。それは、国際社会に良心の問題を投げかけてやまない。

I am like a piece of silk
in the midst
of the market,
knowing not
into whose hands it will fall

SV

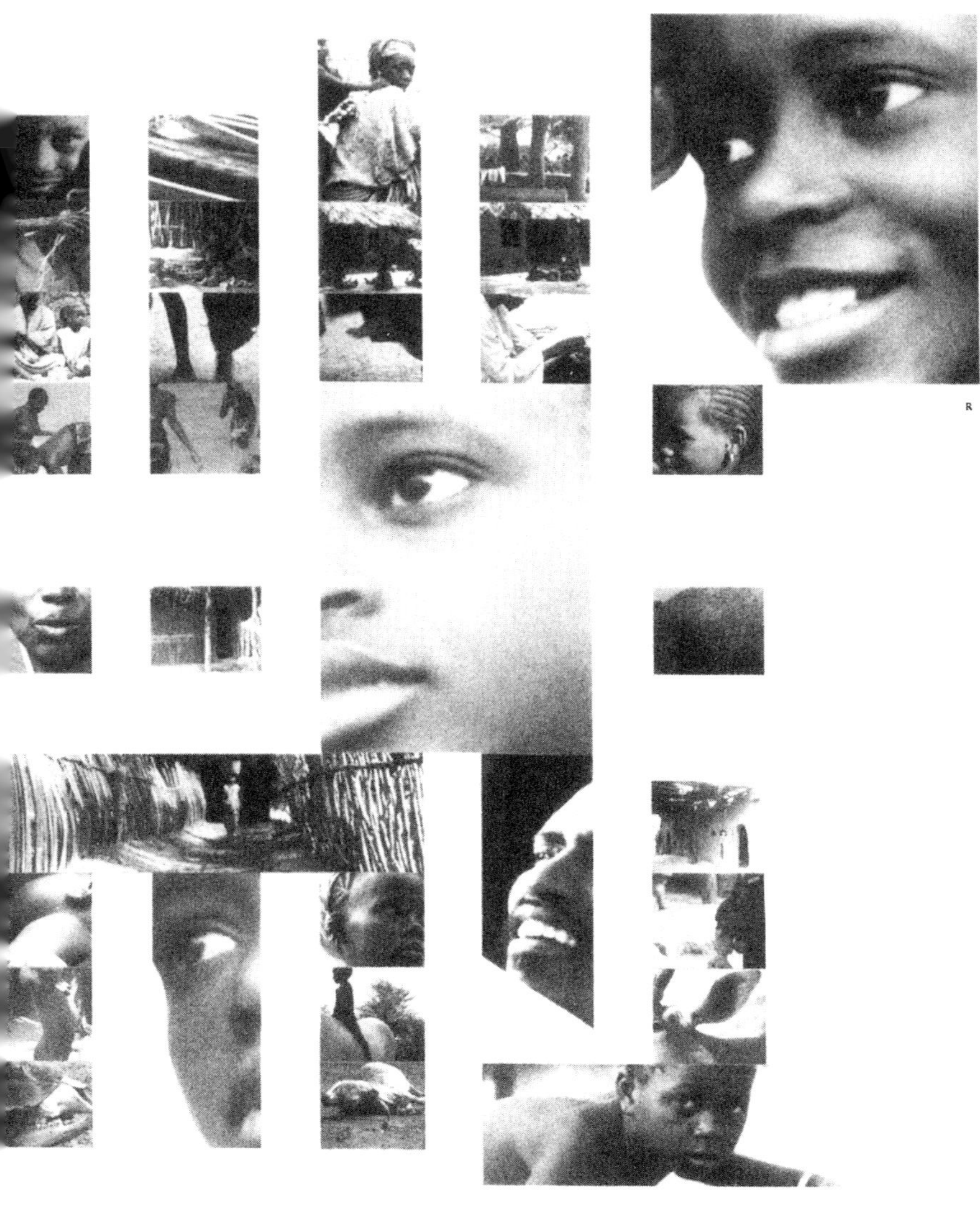

第三章　ルアッサンブラージュ

セネガル、一九八二年。四〇分、カラー映画。

製作：ジャン＝ポール・ブルディィエとトリン・T・ミンハ

監督、撮影、原作、編集：トリン・T・ミンハ

配給：ウィメン・メイク・ムーヴィーズ（ニューヨーク）、サード・ワールド・ニューズリール（ニューヨーク）、近代美術館（ニューヨーク）、シネノヴァ（ロンドン）、アイデラ（バンクーバー）、ライトコーン（パリ）、イメージフォーラム（東京）、オーストラリア国立図書館（キャンベラ）

初出：『カメラ・オブスキュラ』一三―一四号、一九八五年

（音楽：ジョラの太鼓の響き）
二〇億もの人々が自分たちを低開発国と称するようになるまで、ほとんど二〇年もかからなかった。

私は何かについて語るつもりはない
ただ傍らで語るだけ

カザマンス
太陽と椰子
観光客の施設で賑わうセネガルの一画
何についての映画？　友人たちが訊ねる
セネガルについての映画、でもセネガルの何について？

エナンポーに住む
アンドレ・マンガは自分の名前が観光案内書に載せられていると言う。
彼の家の入口の上には手書きでこう記されている
「三五〇フラン」
平板な人類学的事実

多くの物語のなかで
女は火を所有した者として描かれている
女だけが火の起こし方を知っていた
女は様々な場所に火を保っていた
例えば、地面を掘るのに用いた棒の先に
自分の爪や指にも

現実は繊細だ
そうでなければ、私の非現実（irriality）と想像は退屈なものになる

記号の一つ一つに意味を押し付ける習慣

女は様々な場所に火を保っていた

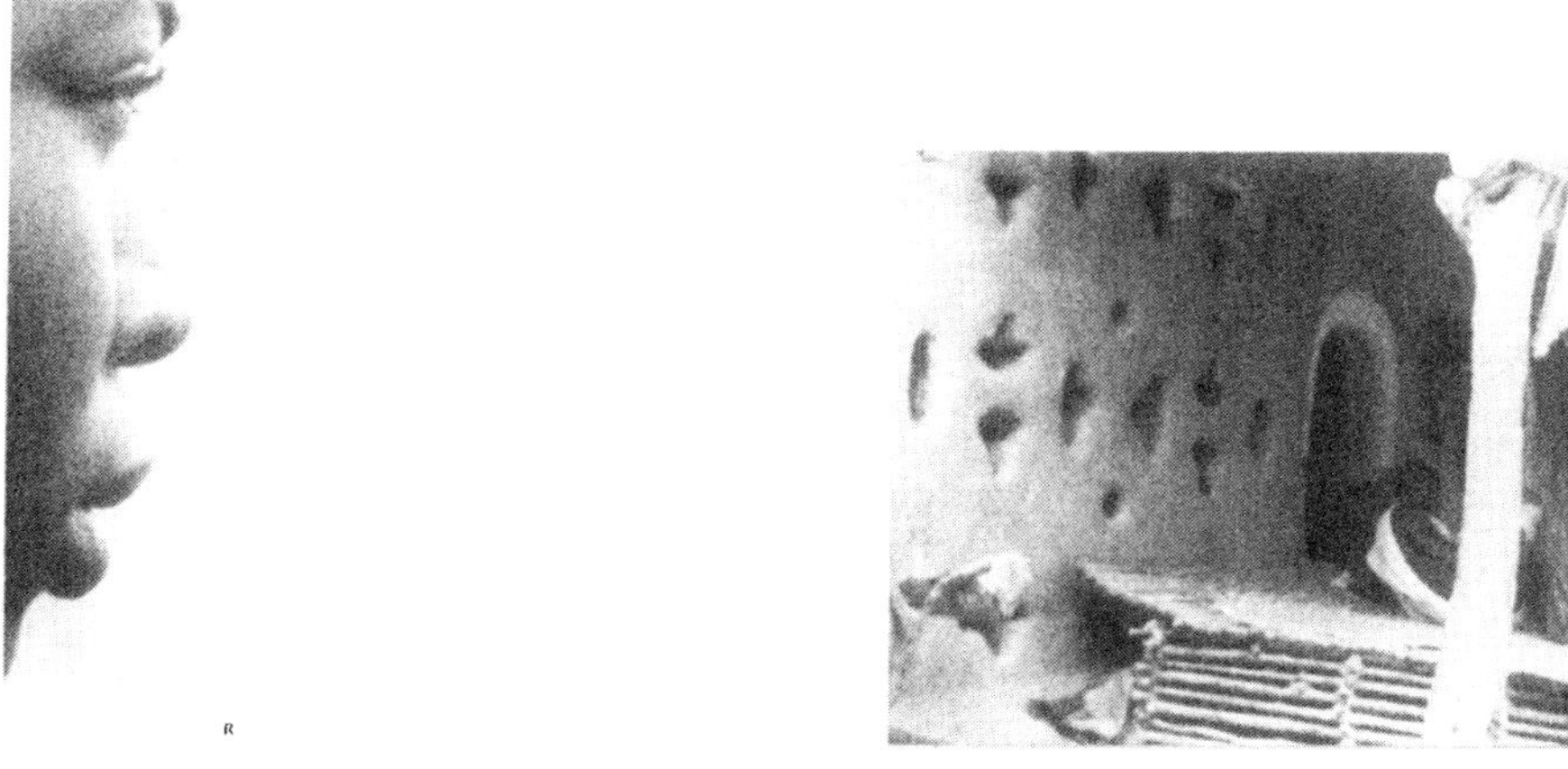

R

例えば、地面を掘るのに用いた棒の先に
自分の爪や指にも

まず窮乏を作りだし、次に援助をする
新築した自宅玄関から突き出た茅ぶき屋根の下に座っている平和部隊員が、話をしにやってきた村人たちに会釈している。村人たちも頭を下げてから、話を始めると、平和部隊員はぼんやりした笑みを浮かべる。耳にはヘッドフォンをつけ、膝にはソニーのウォークマンを置いて「ここでは園芸野菜の栽培法を教えている。ここの女たちが収入を得られるようにね。」そう言ってから彼は、少しためらったあと、こう締め括る。「いつも成功するとは限らないが、とにかく僕が園芸野菜の栽培法を初めてこの村に紹介したんだ。」

初めてこの村に紹介した
女は火を所有した者として描かれている。女だけが火の起こし方を知っていた

民族学から何を期待できるのか？

（複数の人々の声：セレール語の会話の断片とジュマロッグ、つまり、ブクム村のもの知り女の声）

セレール人の土地

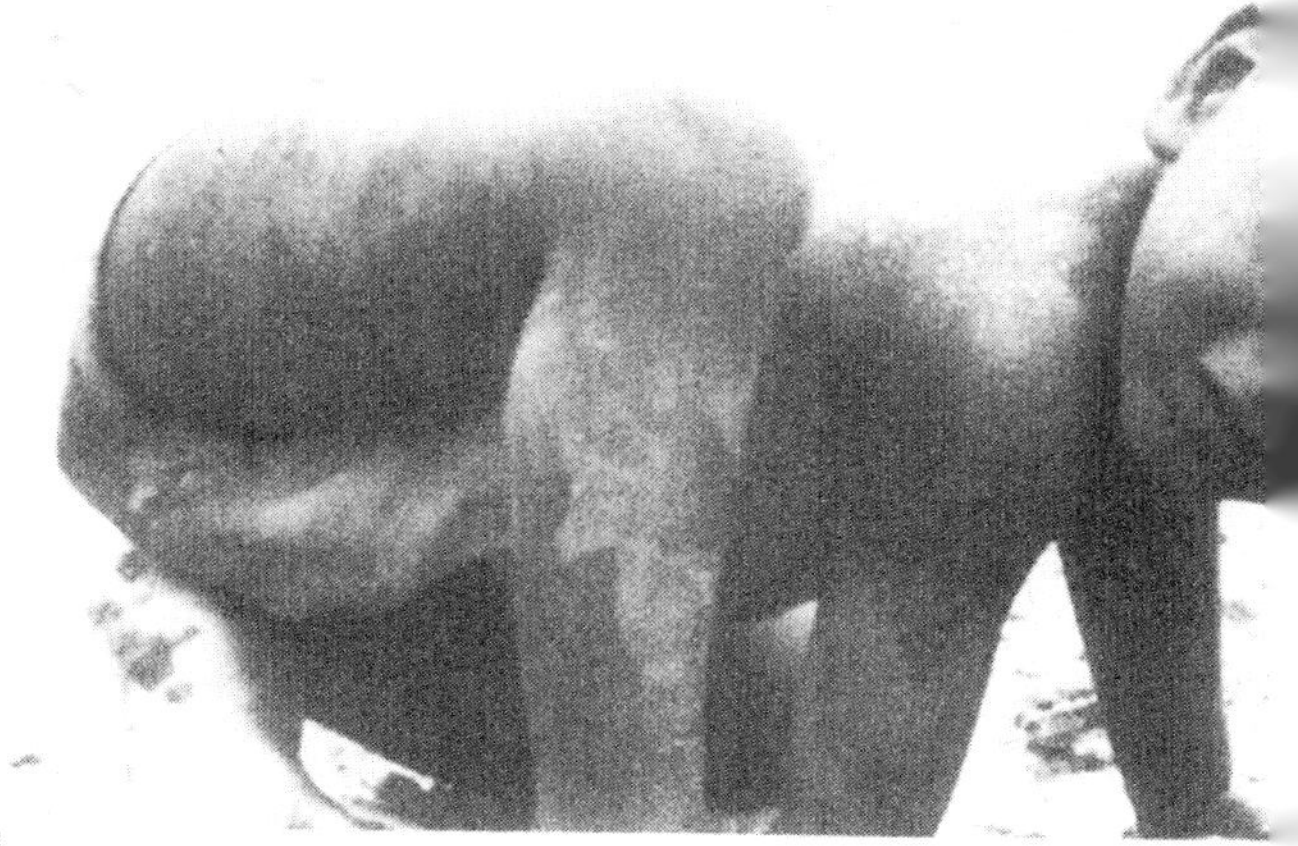

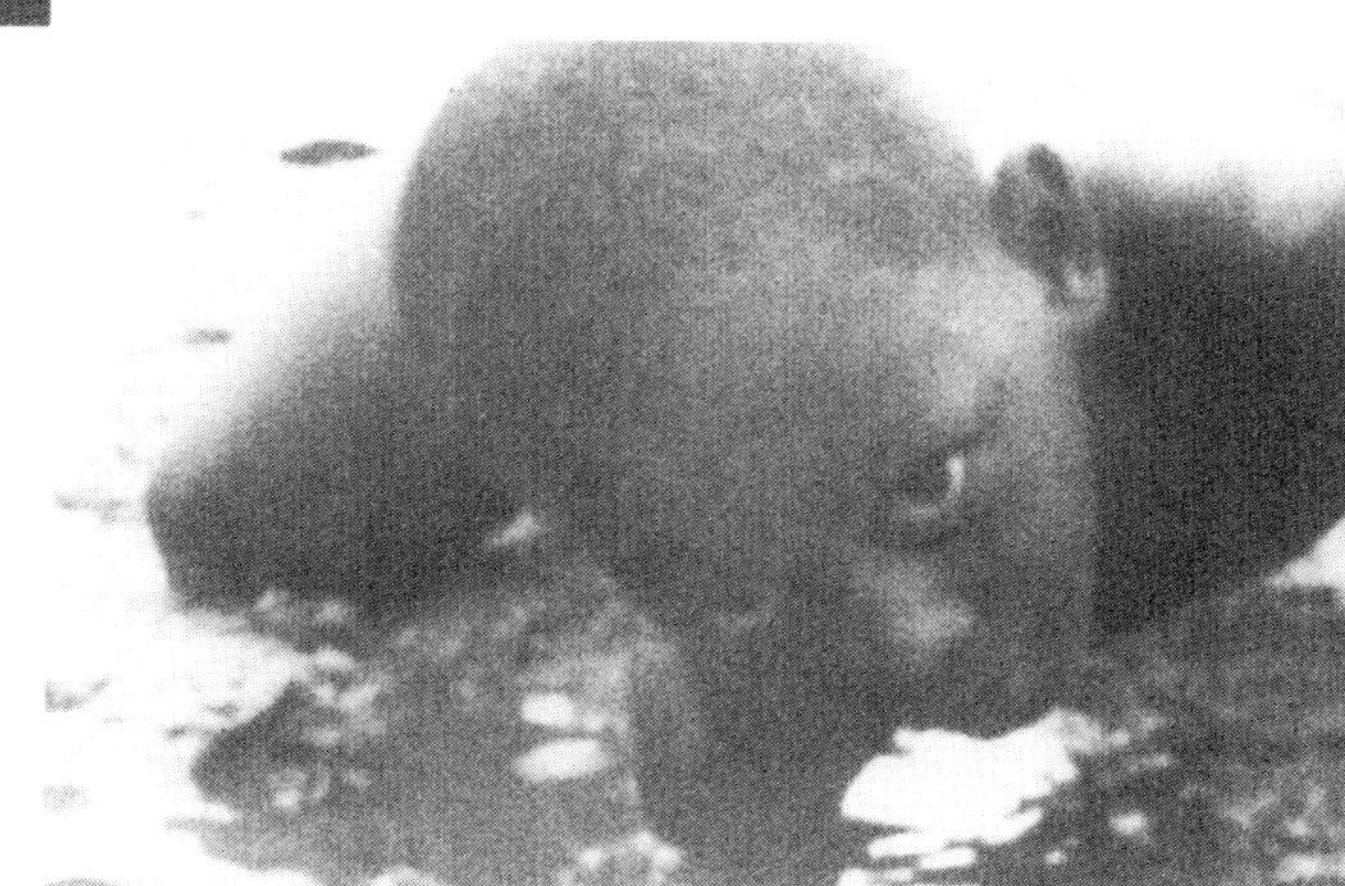

（女たちが打ちつける音：杵で臼を打つ音と笑い声）

マンディング人とプル人の土地

何についての映画？　友人たちが訊ねる
セネガルについての映画、でもセネガルの何について？

私は自己表現の必要をどんどん感じなくなっている
これは私が失くした別のもの？
私が失くした別のもの？

（複数の声：セレール語での同じ会話）

私たちの多くにとって、アフリカでの撮影が意味するのは
色彩豊かな映像、乳房をむき出しにした女たち、エキゾティックな踊りとおどろおどろしい儀式。
もの珍しさ

まず窮乏を作り出し、次に援助をする
民族学者は言葉を操るのと同じやり方でカメラを操る

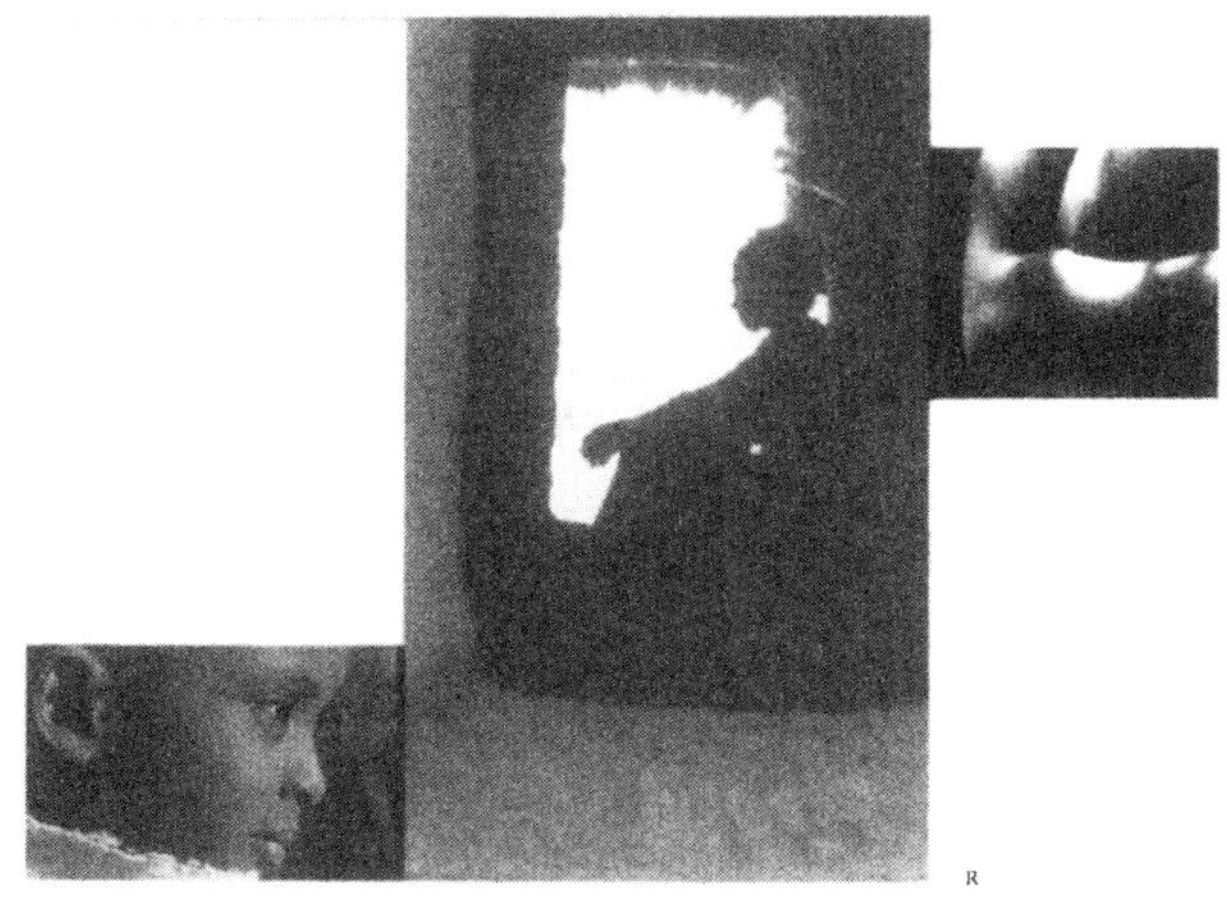

R

取り戻し、収集し、保存する
バムン人バサリ人ボボ人
今度は君の民族にはどんな呼び名を与えるんだい？　そう民族学者が学者仲間に訊ねる

多くの物語のなかで

いかなる犠牲を払ってでも多様化を実現する
かくして口承伝統が記述された物語の伝統と同じ地位をもつようになる

囲炉裏と女の顔
鍋は〈母〉や〈祖母〉の普遍的シンボルとして知られている
そして〈女神〉のシンボルとしても

裸体は隠されたものを
示さない
その不在を示している

アフリカに関するスライド上映会から戻った男が妻に対してすまなさそうに言う。「今夜、ポルノみたいなものを見てきたよ」

現実が現実自体の説明となるように構成されるのがドキュメンタリーだ

いかなる細部も記録しておかなければならない。画面の男が私たちに笑いかけるあいだ、男の首飾りや服のデザイン、座っている椅子への客観的なコメントが流される

それは記録するが、目をもたない

（コオロギの鳴き声）

「砂嵐がくると、細かい砂埃が身体を何重にも覆うんだよ。頭の先から爪先までね」と子供たちが言う。「顔をお母さんのスカーフで覆って、床に寝そべりながら、ただ待つんだ。砂嵐がおさまるまでね」

偏在する目。私が髪の毛に手を突っ込んだり、手で顔を洗ったりすると、そのおのおのがとても特別な行為になる

レンズ越しに彼女を見る。彼女が私になり、私のものとなる

唯一の現実としての多数の記号に入り込むと、私自身も記号の一つになる

（音楽：バサリ。繰り返される女のやじり声、太鼓の響き、男たちの歌声）

バサリ人とプル人の土地

早朝。バサリ式の家を模した石造りの小屋の横で膝の上に小さな娘を抱きかかえた男が座っている。白人のカトリック尼僧がやって来て、息せき切って言う。「まだ七時よ。その子はそんなに悪くないんでしょう。診療所は日曜が休みだって何度言ったらわかるの？ 月曜にまた戻って来なさい」

民族誌学者の男とその妻で産婦人科医の女が以前調査したことのある村に二週間の予定で来ている。自分は村でエスニック研究を行う際には、十分と言えるほど長く長く現地にいるタイプだと、民族誌学者が言う。時間、知識、安全。「一カ所に十分いないようなら、民族誌学者とは呼べないからな」と彼は言う同じ日の夜更けに、民族誌学者と産婦人科医の妻が滞在する家の玄関には、一群の男たちが車座をなしている

村人の一人が物語を語っているあいだ、別の一人は即席でリュート演奏をしている。だが、民族誌学者は居眠りをしている。隣に置いたカセットレコーダーに電源を入れたままで

彼は個人の価値観など捨ててしまおうと考えている。そうしようと努めている、あるいは、そうしていると信じている。だが彼はどうしたらフラニ人になれるのか？ それこそが客観的になるということなのだから

セネガル川沿いのサラクリ人とプル人の土地

R

（使用する音：女たちが打ちつける音、コオロギの鳴き声、バサリの女たちのやじり声）

気付かれずに撮ることができさえすれば、それまで見たこともないような珍しいものが撮れる、と考えてここに来た。けれどもいまはそれよりいい方法があると思っている。つまり、承諾を得て撮るということだ。カメラを手に撮影する私を見て、女たちが自宅に招いてくれる。それから、自分を撮ってほしいと頼んでくる

あらゆる記号を
押し付ける習慣

私たちの多くにとって中立的で客観的になるための最上の方法は、現実を細密に模写するということだ

について語る
について

映像とともに果てしなくつづく説明
観察者の客観性を強調しつつ
好奇の対象の周囲をぐるぐるまわる
異なるアングルからの異なる見方

写真術のａ、ｂ、ｃ……

創造性と客観性は葛藤に陥っているようだ。熱心な観察者はサンプル集めに忙しく、自分の用いるメディアについて考える余裕がない

二〇億もの人々が自分たちを低開発国と称するようになるまで、ほとんど二〇年もかからなかった

私が見ているのは、生が私を見ているということ

たくさんの視線でできた輪のなかのレンズという輪を通して私は見る

華氏一一五度。私が帽子をかぶると、後ろでどっと笑い声が起きる。ここでは女が帽子をかぶるのを見たことがない

贈り物を求める子供、女、男たちの群れが私のもとにやってくる
別の活発な子供たちの一団が舗装されない道を走ってくる小型ワゴン車を待ち構える
ワゴン車が木陰に止められているあいだ、一斉に「贈り物、贈り物」と叫ぶ子供たち
ワゴン車から降りるとすぐ、観光客の一団が、安物のキャンディを配り始める

ただ傍らで語るだけ

一夫多妻制について一人の女が感想を述べる。「男たちには都合がいいけれど……私たちにとってはそうでもない。周りの状況から我慢しているだけだから。あなたはどう？　夫を独り占めできるの？」

(映画の冒頭で耳にされたものと同じジョラの音楽の一節)

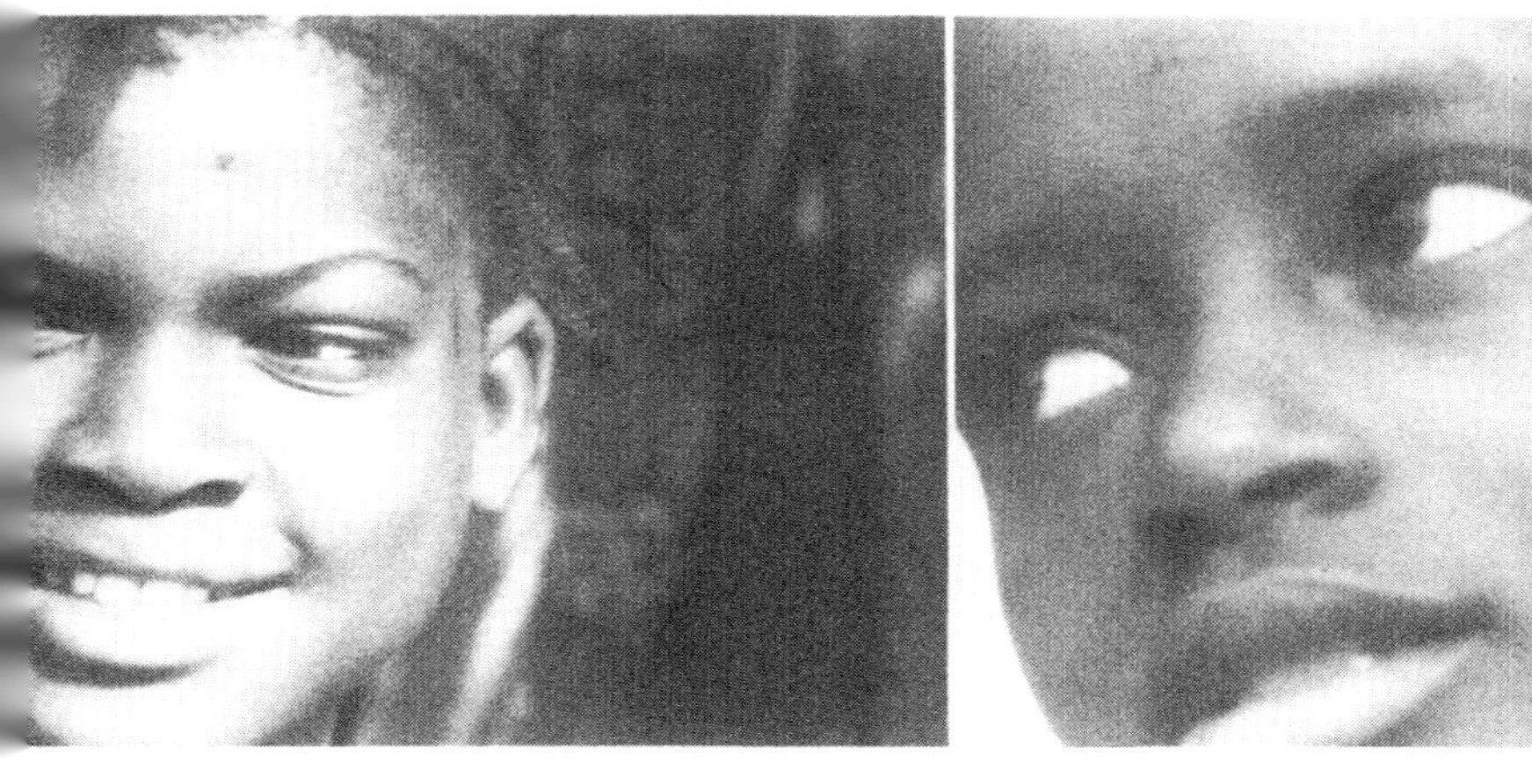

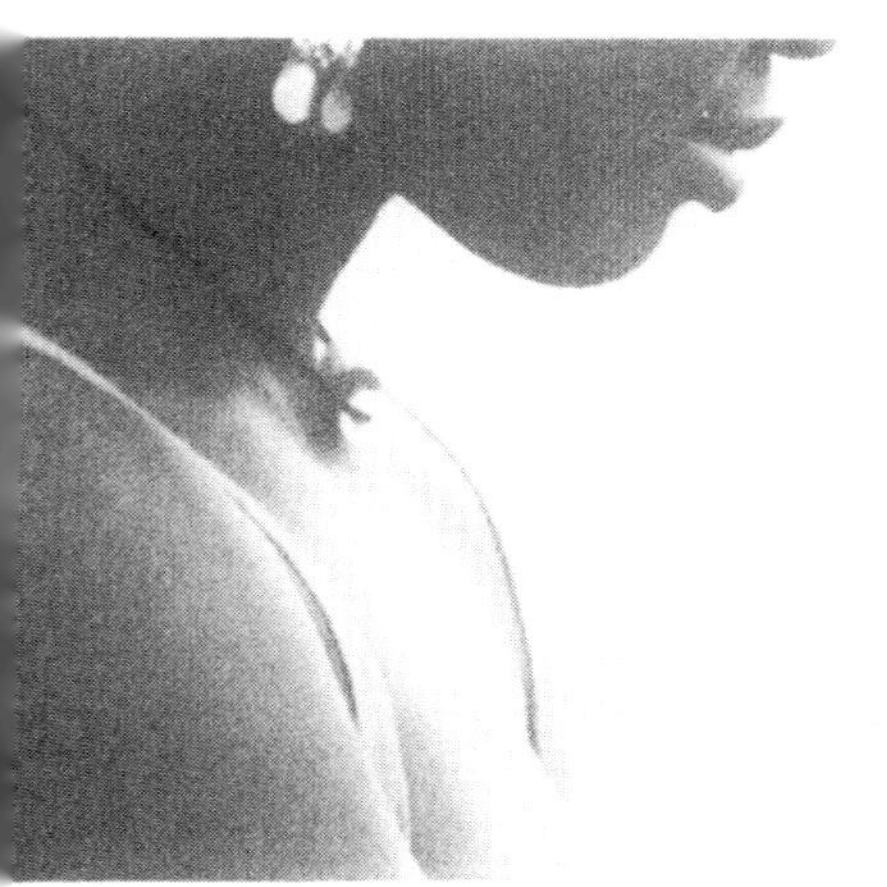

R

インタヴュー

第四章　翻訳としての映画——漁師のいない網

ジャヤマンとラザフォードとのインタヴューを除き、タイトルはすべて私が本書のために付け加えた。（トリン）

スコット・マクドナルドとの対話

スコット・マクドナルドによるインタヴューは、一九八九年一一月、『姓はヴェト、名はナム』がシラキューズ大学ユティカ校で上映された際に行われた。

——あなたがヴェトナムで育たれた頃、そこにはアメリカの存在がありました。あの時代についてこんなことを訊ねるのも変なものかもしれませんが、あなたは映画をよく観に行かれたのか、当時どんな映画を観ておられたのか、興味があります。

トリン　映画をよく観に行ったということはまったくありません。あのころ映画を観に行くのは、本当に贅沢なことでしたから。街で新しい映画がかかるといつも大変な混みようで、大騒ぎでした。アメリカに来るまでに私が観た映画はとても限られていますし、一九七〇年に国を出るまで、テレビもほとんど知りませんでした。実を言うと、英語を聴きとることを覚えたのも、テレビ放送が最初にヴェトナムで始まったときのことです。ここでも集合的な経験をすることになります。通りにみんなで並び、近所に数台しかないテレビの一つを食い入るように見つめたものです。学校で英語は勉強していましたが、実際に話される口語英語のスピードについていくのは、まったく別のことでした。

——学校でフランス映画は観ましたか？

トリン　いいえ。フランス映画も商業的にたくさん上映されていましたが、私がヴェトナムにいた最後の数年は、アメリカ映画の方が多かったです。私が映画文化を知るようになったのは、ごく最近のことなのです。

――『ルアッサンブラージュ』は、伝統的民族誌映画――『極北のナヌーク』『斧の闘い』『ハンター』への批評であるように思えます……民族誌映画製作全体の男性中心的な歴史を引き受けるという、意識的な決断をされたのでしょう。どの時点で、ドキュメンタリーの伝統を知るようになったのですか。『ルアッサンブラージュ』を作った時は、特定の映画を念頭に置いていらっしゃいましたか。

トリン　いいえ、そんなことはありません。人類学に通底する問題を意識するのに、映画通である必要はありません。とはいえ、使う道具やメディアによって問題が違ってくるのは確かです。例えば、書くことの限界という問題は、映画製作におけるそれとは非常に異なります。ですが、人を作家‐人類学者、または人類学的映画製作者たらしめる素材といかに関わるかということは、根源的に問われなければなりません。禅の言葉に「一粒の砂にすべての大地と海が宿る」というものがありますが、思うに、映画を観るにせよ、またはスライドショーに参加する、講演を聴く、人類学のエキスパートないし人類学的言説の権威にとらわれた人のフィールドワークを目撃するなどといったような時、どの場合でも、主体と権力関係をめぐる問題はすべて出揃っています。人類学の活動全般に通底する問題ですから。

『ルアッサンブラージュ』を作る前に、私はセネガルで三年間（一九七七―八一）暮らし、ダカールの国立芸術院で音楽を教えていました。つまり、人類学的言説の覇権主義については、何度も意識させられていたわけです。それはその地に住むアウトサイダーであれインサイダーであれ、観察対象となる文化を同定しようとする時、決まって発現するものです。『ルアッサンブラージュ』を撮ったのは一九八一年で、滞在してだいぶたってからのことです。それまでにかなりの数の映画を観て、西洋映画の歴史にも親しんでいましたが、それが決定的な要素だったと断言することはできません。それ以前にもスーパー八ミリ映画はたくさん、いろいろなテーマで撮っていますが、『ルアッサンブラージュ』は初めての一六ミリ映画でした。

――セネガルにいらっしゃる前に映画を観ていたとおっしゃいましたね。セネガルや他のアフリカ文化が映画でどう描かれているかを御覧になったのでしょうか。

トリン　いいえ、まったく観ていません。欧米の非主流映画に多く接していたとはいえ、当時の私は、映画産業の受動的消費者の一人だったと言わざるをえません。自分で映画をつくるようになって初めて、映画表象における権力と意味生産の問題がいかに猥褻か、実感するようになりました。実は私は、何かに影響されて仕事をするということはないのです。これまでを振り返っても、きれいな線を描いて――一瞬でも――私の旅路を遡ると、単一の起源にたどり着くということにはなりません。私が人生で受けた影響は、いつもきわめて奇妙で支離滅裂な形で起こりました。私がすることはすべて、ありとあらゆる方面に由来するもので、映画だけからということはありません。かなりはっきりしているのは、『ルアッサンブラージュ』は私が観た映画がもとになっているのではなくて、私がセネガルで学んだことがもとになっているということです。あの映画は、特に何かへの反応として生まれたというより、いまあえて言うなら、単純に何かを意味させないという欲望から生まれたのです。私にとってきわめて重要と思えるのは、変容を露わにすることですが、その変容が起きるのは、セネガル文化を構成するものを経験するというきわめて困難なことを、フィルムの上に、また、フレームとフレームのあいだに物質化しようとする時です。人類学への抵抗があの映画を作る動機となったわけではありません。それは他のもっと強い感情とともにやってきました。探求するテーマへの愛のような。

――では、文化を映像化する方法として、様式化されたものでない映画形式を見つけたというのは、偶然の……。

トリン　まったくの偶然というわけでもありません。自分の作品で再生産したくないと思うことは、たくさんありましたから。多くの映画に通底する全知性のようなもの、それはナレーションの語り方のせいばかりではなく、より一般的な構造、編集、映画撮影術（キネマトグラフィー）の問題であり、同様に、映像作家が消去されていて、彼らの非‐場所の政治学が見えないせいでもあります。ですが、私が拒絶し、継承したくないと思っていたものは、『ルアッサンブラージュ』の製作とともにやってきもしました。例えば、撮影していて、私自身が人類学的先入観に基づいて進めているのに気づく、ということがよくありました。ですから、単なる自己検閲によらずに、いかにそこから離脱するかが課題でした。

――しばしば『ルアッサンブラージュ』では、カメラが急に動いたり、場面の途中に唐突なカットがあったりします。普通の映画なら、場面が進行していって、その結果として完了に向かうという感覚をもたせるところです。私は実験映画製作の現場から来ているので、その種の戦略には馴染みがありますが。この国で「前衛映画」とか「実験映画」と呼ばれるものはずいぶん御覧になったのでしょうか。あなたをしつこく映画と結びつけようとしてしまって、申し訳ない！　お困りのようですね。

トリン　（笑）面白い問題だと思います。あなたは私を映画の伝統のどこかに位置づけようとなさる。一方、私の考える実験とは、作品のなかに飛び込み、映画を作るプロセスとともに育つ姿勢なのです。前に進みながら、重い荷を引きずり回さずにことを進める方法を、様々に探求する。ある映画が「前衛」というカテゴリーに「属する」、と分類するためのテクニックやボキャブラリーを「実験的」と呼ぶとすると、それは問題です。ご指摘のように、あの映画が前面に出す戦略が、実験映像作家にとって馴染みのものであることは確かです。ただ付け加えますと、『ルアッサンブラージュ』が世に出た当初、あの映画を認めようとしなかったという点では、実験／前衛映画界も他の映画界も同じでした。何十年も実験映画製作に関わってきたある男性は、「彼女は自分が何をしているかわかっていない」と言ったのです。

　ですから、テクニックの点で前衛映像作家にとって驚くべきものでないとしても、だからと言ってあの映画が完全に前衛映画製作の世界に属しているとも言えません。それが異質なのは、表象を超えようとするのでなく、表象の政治学を暴こうとするからかもしれません。前衛はえてして、前衛の〈芸術〉観の主たる構成要素としての幻想的たたずまいや即興性を讃えて、表象を超えようとするものですが。他にも異質である理由はあって、私が『ルアッサンブラージュ』でとった戦略はすべて、作品を定義づける素材と文脈から直接生まれたものだということです。一例として反復の使用がありますが、それはリズム的・構造的装置であるとともに、変容のための装置でもあります。あの映画を作ってから、多くの前衛映画を観ましたし、助成金の審査員も多く務めました。そこでくり返し実感したのは、映像作家のあいだで広く行われていることを刷新、または異化することが、いかに難しいかということです。例えば大変悲しむべきことに、「実験」映画の世界で反復の使用がいかに形骸化しているかを、私は目撃することになりました。だからといって、それはもはや使えないということではありません。使う際の課題がより重大なものになるということです。『ルアッサンブラージュ』における反復は、私が観てきた多くの映画におけるそれとはきわめて異なる機能を果たしていると、いまも思います。私にとっての反復は、単に断片化、または強調の効果のためのテクニックではありません。非常によくあるのは、サウンドトラックの何らかの言葉を、機械的に三度か四度くり返すことです。このルーピングのテクニックは、実験音楽でも実によく用いられています。でも、私はルーピングには特に興味はありません。私が興味をもつのは、セネガルを撮影旅行中に、いかに一定のリズムが私のもとに戻ってきたかであり、多様な地域言語の一つ一つが、そのイントネーションや抑揚でもって、いかに私がいまどこにいるかを教えてくれたかということです。例えば、あの映画はセレール語の音楽性を引き出していますが、それは村人の会話を訳さずに使い、一定の文を様々に反復することで実現しました。それぞれの言語には独自の音楽が備わっており、その実践を単なる意味伝達の機能に還元する必要はありません。ですから、私が用いた反復は様々なニュアンスと差異を宿しており、従って、ここでは反復は単に同一性の自動的な再生産ではなく、差異とともに、差異のなかにあって、同一性を生むことなのです。
――『ルアッサンブラージュ』をただ流さずに細部までじっくり観た時、はなはだ珍しいことに気づきました。ある対象に焦点を合わせる時、あなたは単一の面から見ようとはしない。そうではなくて、近く遠く、また左右にと、様々な位置に移動します。対象を見る視点を一つ選ぶのではなくて、様々な見方を探ろうとするのです。

トリン　『ルアッサンブラージュ』のなかで視線に起きている事柄を、みごとに表現して下さいました。でも、もう少し敷衍してみたいと思います。映像作家や写真家がよくやるのは、同じ物を複数回撮って、一つだけ――「最高の」ショット――を編集の段階で選ぶことです。その他、より多様な視点から対象を見せるために好まれるパターンは、全能のズームレンズを使うか、うねるような移動撮影でカメラを自在に操り、全体化の効果をもたらすことです。

ところが私の場合、観る者とカメラの限界がはっきり露わになっています。それは一つには、同じ主題を少しずつ異なる距離やアングルから撮って、撮影の複数性をくり返し取り込むこと（よって無数のジャンプ・カット効果）によりもたらされ、また、目に見えてためらいがちの、先ほどあなたがおっしゃったように、不完全で唐突で不安定なカメラワークによりもたらされます（『ルアッサンブラージュ』でも『ありのままの場所』でもズームは避けましたが、近作では様々な形で取り入れています）。探るようなカメラの動きを――構造的に言えばあの映画そのものを――「不穏」と表現する観客もいれば、「雑」ととらえる観客もいましたが、それは意図的なものでも無意識なものでもありません。それは（前衛的な）反美学のスタンスの結果ではなく、私の文脈においては、再帰的な肉体の書きもの（ボディー・ライティング）の一形式として生まれたのです。不安定でたどたどしい動きが、試練の状況に置かれた撮影主体の動きを物質化する。そこでは、セルロイド上にとらえるという欲望が非‐知の状態においていや増しになり、変‐容を経ずに「とらえ」うる現実などないと知ることになります。

——対象は自身の世界にとどまる一方、あなたは対象とあなたとの関係を探る。まさに「立場をとる」ことの逆で、様々な立場によって明らかになることを見るのですね。

トリン　その区別は有効ですね。

——あなたが生活空間に興味があることは『ルアッサンブラージュ』を観れば明らかですし、『ありのままの場所』ではさらに明らかです。生活空間についての本も出されましたよね。

トリン　はい、ブルキナファソで。ジャン＝ポール・ブルディエとのコラボレーションでした。

——生活空間への興味は映画を作る前からもっておられたのか、それとも映画を作ることで育まれたのでしょうか。

トリン　暮らしの詩学への興味は『ルアッサンブラージュ』以前からありました。ジャン＝ポールにインスパイアされたところが大きいですね。彼は土地に固有の建築が大好きで、西洋・非西洋の幾つかの文化で、精力的に田舎の家を調査してきました。私たちはいろいろなプロジェクトで、チームとして働いてきました。『ルアッサンブラージュ』はからっぽの主題をめぐって展開します。あらかじめどういう映画にしようかと考えていたわけではありませんし、セネガルについて語るための特別な主題を探していたわけでもありません。言い換えれば、あの映画に単一の中心はないのです——出来事であれ、共同体を代表する個人または集団、統一的なテーマ、あるいは興味の領域であれ、そうなのです。中心化のための単一のプロセスもありません。だからと言って、あの映画の経験がセネガル特有のものでないということにもなりません。それは徹頭徹尾セネガルについてのものです。ある観客に「サンフランシスコについて同じ映画を作れますか」と訊ねられたことがあります。「もちろんです。でも、まったく違う映画になるでしょう」と答えました。手法は、ある意味では、映画を構成する素材によって決定される面があります。それぞれの状況や文化的枠組みに固有の環境、文脈と切り離せないものですから。

知識や競争力、資格と結びついた権威の座を無化する過程で私が重視したのは、映画のなかに問いをいきいきと保つことでした。その問いとは、本を書いたり、この場合なら映画を撮ろうという時によく訊ねられるのですが、「セネガルについての映画、でもセネガルの何について?」というものです。「いきいきと保つ」とはつまり、文化をパッケージ化しないこと、そうすることによって単一の答えに落ち着くことがないようにすることです。とはいえ、どの作品にもそれなりの制約や限界はつきものですが。そういうわけで、『ルアッサンブラージュ』で見られるのは人々の日常的な活動です。特別なことは何も起きないし、「エキゾティック」なところもまるでない。人類学が文化にフェティッシュなアプローチをする時につきものの、観察の中心点を構成するものもない――いわゆる儀式に使う物や、信仰の対象となる人物、工芸品、または狭義の儀礼的なできごとや宗教的営為などです。このように、制度化された文化的印づけを否定することは、そうした印づけによって起きる問題と向き合う一つの方法に過ぎません。やり方は他にもあります。『ルアッサンブラージュ』を撮影中、村人の生活空間の豊かさに感動しながら、同時に意識せざるをえなかった難しさがあります。それは、私がこの映画でラディカルに拒絶したものと形を変えて再びまみえることなく、住まうことへの異質な姿勢が示唆されているのをスクリーンに引き出すことです。これが、もう一つの映画をつくろうと思うきっかけになりました。『ありのままの場所』の撮影はその三年後に、西アフリカの六つの国にわたって行いました。『ルアッサンブラージュ』は、セネガルの五つの地域で撮影したものです。

――『ルアッサンブラージュ』は個々の対象――人々、行為、物――を取り上げ、それらに対して多様な視点を提供します。『ありのままの場所』はより広い領域を扱いますが、同じ手続きをとっています。同様に、一般的なトピック――家庭の生活空間――を扱いながら、地域ごとにそれが独特の現れ方をするさまを追いかける。また、特定の空間を見る際の視野の範囲も広がっています。一つの空間を、様々な距離とアングルからパンで撮影しています（『ルアッサンブラージュ』ではカメラはおおむね動きません。とは言え、動かないまま、いくつかの異なる位置から撮影されています）。空間をあちこちに動くことで、それを何度も新しい文脈で再発見しようとしていますね。

トリン　最後におっしゃったことはとても鋭くて、『ありのままの場所』の撮映中に私が感じたことにとても近いです。言うなれば、手続きとしては（視点の複数性は保ちつつ）『ルアッサンブラージュ』とはむしろ逆ですが、直接知覚しうるのは、確かに範囲を拡大させているということです。物理的に言って、上映時間や、作品が横断する文化的地平の多様さのためもありますが、あなたのおっしゃるように、作品の視覚的処理のためでもあります。『ルアッサンブラージュ』では、ある明確な地点から別の地点に動くことを、映画撮影術として避けました。私は場所と取り組んではいたのですが、空間を描くことに腐心していたわけではありません。しかし、建築や周囲の空間を撮影するとなると、ますます意識せざるをえないのがカメラの限界です。流れるようなパンや『ルアッサンブラージュ』の断片的・静的映像では、空間における関係を示すことは到底できないということです。

私が選択したことの一つは、パンの多用でした。なめらかなパンではなく、フレームを通して見ていないかのような幻想を与える類いのものでもありません。どのパンも、フレームが描く長方形の線を浮き彫りにします。斜めに動いたりはしないのです、例えば。

――つねに水平に……。

トリン　または垂直に。

――そしてそれはつねに、カメラの背後にいる映像作家個人としてのあなたを再び暗示する。ヒッチコック的に空間を動いて、カメラがものすごい力をもっていると感じさせたりはしない。

トリン　他の人の空間を好き勝手にうろうろするなんて、私にはできません。カメラをもってうろつき回ることは、価値と無縁ではありません。それどころか、そうした技術がもつイデオロギーについて多くを語ることになります。

――もう一つ面白いことがあります。あなたのパンの仕方ではっきりわかるのですが、われわれがあなたという人について知りうるのは、あなたがこの場所に興味をもっているということだけです。手持ちカメラの撮影は、自伝的なものを暗示したり、情緒的な自己表現になりがちです。あなたの映画では、カメラの動きは自伝的ではなく、せいぜい明らかになるのは、あなたがこの場所にこれらの人々とともに一定の時間いたことと、あなたの文化にとって彼らが何を意味するかでなく、あなたが彼らに興味をもっていたということくらいです。

トリン　自伝的なものを扱うにも、いろいろなやり方があります。自伝的なものはしばしば非常に政治的でありえますが、といって、自伝的なものがすべて政治的というわけではありません。自伝の要素を使って、いろいろなことができるのです。けれども、あなたの区別のされ方はありがたいと思います。なぜかと言うと、遍在するメディア上の植民地化という状況において、私の映画は「個人的映画」「個人的ドキュメンタリー」「主観的ドキュメンタリー」と言われることがあまりに多いのです。私はそれらを受け入れはしますが、同時に問題化し、再定義し、敷衍することが本当に必要だと思っています。なぜなら、私の映画の文脈において個人的であることが意味するのは、個人的見解でもなければ、自己の前景化でもないからです。私が興味をもつのは、映画を「自己表現」の目的で使うことではなく、映画を観ることと作ることの媒介となる社会的自己（と複数の自己）を露わにすることです。

――「個人的」とか「主観的」とか言うと、何か非個人的で客観的なものがあるようですが、ばかげていますよね。

トリン　その通りです。実によくあることですが、主観性と客観性という二項対立のいい加減さが露呈す

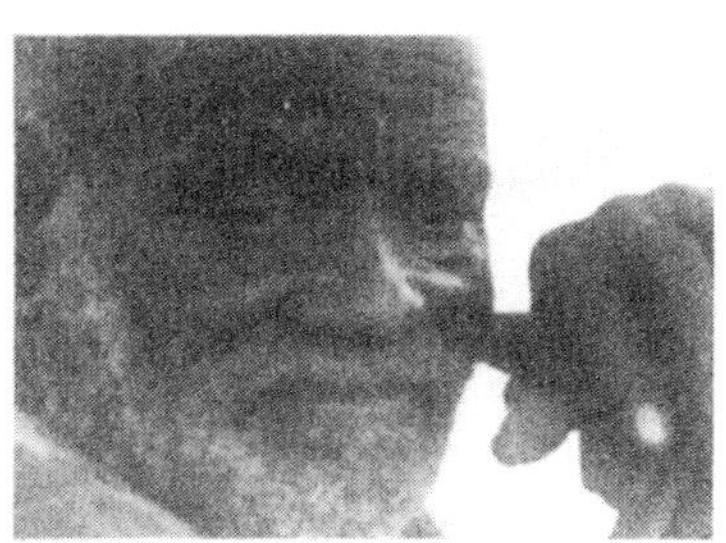

NS

るのは、主観的ドキュメンタリーを作るなどというもの言いで――まるで客観的なドキュメンタリーを作れる人がいるかのようです。客観的で本当に非個人的なものなど、映画製作にはありません。定型的な、お決まりのアプローチならありますが。大抵は、ドキュメンタリー行為の約束事をなぞっているだけです。異文化を記録する「客観的」方法などと言われるものですね。まるで、ドキュメンタリー製作と記録する主体の政治性を認めてはならないかのようですが、それは、規範の守護者にとって賭け金が高過ぎるからなのです。

――『ありのままの場所』で、私たちは住まいのなかにも外にもいます。実際、外部から内部、またその逆の運動が、映画の中心にあるように思えます。

トリン はい。アフリカの田舎家はたいていそうですが、外から中へ歩いていくと、とても明るい日ざしからとても暗い空間へ入ることになるので、一瞬、何も見えなくなります。室内の暗さに慣れるには少々時間がかかります。この経験が、一つには『ありのままの場所』のコンセプトの基礎になりました。自分自身の内部に入っていくために、人はあえて断続的に盲目にならねばならない。同様に、他者に向かっていくためにも、探求しているある瞬間に跳躍し、やみくもに前進することを受け入れなければならないのです。もし一瞬たりとも盲目でなく、人が外部または内部から変わらないままなら、突然すべてが停止するあの瞬間を突破することは期待できません。荷物をすっかりからにして、非‐知の状態を行く、そこでは「不気味なもの」「未知なるもの」との不穏な出会いが増幅し、新たに経験されるのです。

――テクノロジーとして、映画は光をとらえるものだから、およそ暗いものは見るに値しないというのが、伝統的な解釈でした。せいぜい、闇はロマンスや危険の背景になるくらいです。ドキュメンタリーにおいてさえ、ほの昏い空間を目にすることはないか、あったとしても人工照明が施されています。そうすれば、テクノロジーによって暗闇を記録することはできますが、そういう空間の本当の経験は歪められてしまいます。テクノロジーが決定するのです。あなたはそこから離脱する。室人が異文化の何を見ることができるかは、内空間を自然のままの低光量状態で記録することにより、さらに、そうした空間の美しさを明らかにすることにより。

トリン　こういう家を室内照明で撮影したらどうなるか、想像できるでしょう。徹底的に損なわれるのは、濃密な闇の質感であり、内部空間を貫く光の矢です。

――親密さ――というのがふさわしい言葉なら、ですが――は失われ、あの空間は、むき出しでからっぽになってしまうでしょう。

トリン　そうですね……映画と光の問題は『ありのままの場所』の要です。住居は物質的であると同時に、非物質的でもあります。量と形をもたらすとともに、宇宙観と生きた創造性のありようを映してもいる。言い換えれば、建築と関わることは、空間における光の概念と関わることです。空間における光の概念に関わることは色彩と関わることであり、色彩と関わることは音楽と関わることです。なぜなら、映画における光の問題はまた、何よりタイミングとリズムの問題だからです。日常生活の様々な要素が調和し合うさまは、映画に収めた建築環境にも、それが具現する生の多数でかつ一なるありようにも、際立っています。『ありのままの場所』には、色と色の補正について直接述べた言葉がたくさんあります（「色は生命、光が音楽になる」「オレンジとブルー、暖かさと冷たさ、輝きと存在感。色の補正は自然光と人工照明をつなぐ働きをする」）。映画がどのように見えるか、人々がいかに表象されるかは、色の補正にかかっています。私にとって、色の補正係と密に作業することはいつもとても重要でしたが、『ありのままの場所』ではことにそうでした。たいていは、アフリカで撮った映画が現像所に着くと、西洋文化のなかで撮映された映画と同様に処理されます。つまり白い肌の人に合わせて、色見本のブルー寄りに補正されるのです。従って、アフリカ人の肌の色は炭のような鈍い黒に仕上がります。これは私がこの目で見て記憶にとどめている、輝くような肌の色とは違います。だから、私は現像所で多くのエネルギーを費やし、補正係から「色の修正」について学び、共同作業を行いました。そして、然るべき時にはつねにオレンジと暖色を強くするよう主張し、失われた輝くような質感を取り戻そうとしたのです。

　私が取り組んだ色と光の関係は、私が明確に結びつけた、建築、音楽と映画の繋がりでもあります。映画の構造を決定するその繋がりは、私が関わった様々な民族の生活空間で経験したものです。生の円環性は、多くの家が円い形をしていることに文字通りはっきり現れていますが、それだけでなく、社会－文化活動全般に認められるものです。映画に出てくる様々な踊りや、女たちが一緒に働く様子にさえ。「家は完全な円を描き、空に向かって開かれる」という声が『ありのままの場所』で流れますし、映画のサブタイトルは「生きることは円い」です。

――音楽と建築のお話ですが、確かに、アフリカを描く両作品でことに異例なのが、サウンドトラックです。音楽や日常音や、様々な語りと沈黙のあいだを行きつ戻りつする。あなたの作曲については何も知りませんが、このように音と沈黙の糸を様々に織りあわせるのは、音楽に興味がおありだからでしょうね。

トリン　そう言えば先ほど、私が実はもちあわせていない映画の素養について質問されましたが、私の映画作法を音楽の素養と結びつけて答えられるかもしれません。私は実験音楽の世界とは相性がいいのです。おそらく、楽器編成においても、脱領土化空間という意味でも、文化的にハイブリッドで、何が音楽で何が音楽でないかという境界を問うやり方のためでしょう。本当にすばらしいと思いました。例えばジョン・ケージ、禅にインスパイアされた彼の作曲や演奏法は、芸術の全領域をがらりと変えました。彼の作品にとても惹かれたのは、私も模索しながら形にできずにいたものに、彼が触れていたからだと思います。ケージが沈黙と生活音の両方を、コンサートホールという聖域や公的討議の場にもち込んだのは、実に解放的なことでした。この文脈における「実験音楽」とは、音を音として絶えず探求することであり、何か他のもの、個人的感情とか心理状態といったものの代理にすることではありません。こうして、物語音楽はそのイデオロギー、閉鎖性、権力や知識との結託を暴かれることになります。

実は多くの観客は私の映画を、映画の伝統に存在するいかなる構造物より、楽譜のようなものとして機能していると考えたのです。それに、映画のモンタージュというのも、音楽の作曲とよく似ているのじゃないかと思います。さらに議論を発展させれば、詩のなかでもよく似たプロセスが言葉遊びとして起きている、とも言えるでしょう（ここで言うモンタージュとは、編集の段階に還元されるものではなく、着想や映画撮影の段階でも起きるものとご理解下さい）。私にとって、新しく複雑な主体性を探求し、現代理論のなかで主体を問題化することは、詩的言語を通して最もよく実現されます――もっとも、詩的言語が単なる審美化の道具にされたり、「主観的な」自己を打ち立てる場として実践されるようなことがなければ、の話ですが。詩の「私」は単に一個人を人称化するようなものでは断じてありません。おかしなことに、親戚や親しい友人が私の詩集を読むと、よくこんな反応が返ってきます。「まさかあなたが詩に書いてあるような人とは思いたくない！」彼らにしてみると、詩に描かれる感情や状況はすべて個人的な真実なのです。詩の語り手である「私」と直接結びつけて、「本当」だと思い込む。それは間違いではないけれど、正確とも言えません。詩的言語においては、「私」が私自身だけを表すことはありません。「私」はそこにいるし、いなければならない。でもそれは、他のすべての「私」が入り込み、切り結ぶ場としてあるのです。これこそ詩的言語の強靭さ、生命力の証であり、主体と権力、理論における言語と意味の関係を問う時、それがいかに根源的な貢献をなしうるかの一例です。理論が実践される際、往々にして起こりがちなのが、理論家は「安全な場所」に立ったまま、他者について理論化するという立ち位置にとどまることです。

――映画に関する理論的書きものについて、私が知っているのは微々たるものですが、同じように感じることは多いですね。私がなぜ書くかというと、一つには制度内に自分の立場を確立するためであり、一定の経済的・精神的安定を得るためです。理論家は、アーティストがいかに経済システムのなかに位置しているかを語りますが、市場活動としての理論という議論は、まず聞いたことがありません。

トリン　まさにその通りです。逆もまた真なりですが。

――『極北のナヌーク』と『斧の闘い』の次に『ルアッサンブラージュ』を上映したら、まさに動く映画理論ですね。あの三作品をたてつづに見たら、三作品について知りうる限りのことを知ることになるでしょう。スクリーンで起きていることを言葉でとらえるのは至難の業ですから、映画を並べておいて、おのずと明らかになることを観客に発見してもらう方が簡単です。

トリン　映画について理論化する時ありがちなのが、理論を一つの活動とみなし、映画製作は理論が言及するもう一つの活動と見なすことです。これは私にとって重大な問題です。なぜなら私は学校――大学の映画学科――でも理論を教えていますが、学生は主に映画製作を学んでいるのです。反理論の伝統は「製作側の人間」に根強くあります。私が映画理論を教える時は、「橋渡し」になるようなコースを薦めて、相互の課題が分かちがたくあることを強調するのですが、それは実は、マルクスの古い言葉がよく言い当てていることです。すなわち、理論は実践に根ざさなければ栄えず、実践は理論なしにみずからを解放しえない、と。映画について理論化し始めると、その分野に閉じこもりがちです。するとそれは専門家の分野になり、近づくためには、「古典的」映画と定められた作品群、および映画を読み、語る正統的な方法について、権威のお墨付きの知識が必要になる。そういうところが、理論について何とも不毛だと思う点です。私が肝に銘じているのは、映画について理論化することはできない、映画とともに理論化できるだけだ、ということです。そうすれば、領域を開いたものにしておけますから。

――この一〇年か一二年かそこいらに展開されてきた理論／実践問題のあれこれで腹立たしいのは、映画を撮るためには、自分の人生と資源を賭けなければならないということです。ハリウッド映画であれ自主映画であれ、仮に三万五〇〇〇ドルで映画を撮ろうとすれば、人生を再構築しなければならない。国の経済状況がどうあれ、そこで当事者として危険な役回りを演じなければならないのです。映画について書く時は――僕は理論は書きませんが、同じことだと思います――何も組み立て直す必要がない。制度の枠組みにちんまり収まって、給料ももらえる。批評するには生活スタイルを変える必要がないのです。自主映画の世界に行くと、進んで人生を賭けようとする人たちがどういう目に遭うかわかりますよ。理論もすばらしいし、啓蒙的なものだと思いますが、同じように人生が賭けられているとは思えない。

トリン　そうですね。理論への抵抗が大きいのは、理論が往々にしてきわめて安全な場所から展開されるからだと思います。私がいま言っているのは、アカデミックな体制内に見られる別種の抵抗とも違うのですが。アカデミズムでは理論が現状（ステータス・クオ）への脅威ともなりえるし、知的活動と業績作りの仕事は区別されます。でも私は、私自身としては、理論は人生を一変させる営みだと思います。なぜなら理論は意識に働きかけるからです。もちろん、理論が安全な場所から語る限り、それは実践の飾りものでしかないし、両者の関係が支配－服従と全体化のそれにとどまる限り、実践は理論の実例になるだけです。私にとっての理論とは、意識の枠組みを絶えず問うようなものを指します。例えば、映画製作という実践は理論によって教化されるのですが、その過程で理論と実践が互いに挑み合うという事態も生じます。したがって、理論はつねにもう一方の実践を「危険な」場所へと導く可能性、さらには蓋然性をももちえますし、その逆も言えます。私には二つを切り離すことができません。私自身もああいう映画を作っているので、経済的な面でご指摘されたような生活の再調整を余儀なくされます。でもそうした営みのなかで私自身も自分が何者かを絶えず問われるのです。つまり、映画作りを実践することで、私の世界のとらえ方も変わるというわけです。御存じの通り、歴史は理論のために死ぬ人で溢れています。

――私がこういうことを言う時念頭にあるのは、学問の世界で理論家と称して、自分のアカデミックな目的のために本当の理論家を利用しているだけの連中でしょうね。

『ありのままの場所』に話を戻しましょうか。各セクションの順序はどうやって決めたのですか。地図を見るまでは、円を描くように旅されたのだろうと思っていました。

トリン　映画の最後は、いま言われたようにオープニングのシーンに戻りますが、それを除けば、『ありのままの場所』は私が地理的に旅した順番通りにまとめられています。一つの国、一つの地域から、別の国、別の地域へと。各ロケ地を暗示するのは、人々の名前と国名がスクリーンに短く現れるところですが、それはいわば脚注のようなもので、名札や認証マーカーのようなものではありません。でも、サウンドトラックはもっと遊び心に満ちています。特定の集団の成員の発言が、別の地理的文脈でくり返されたりします。言うまでもなく、この手法はアフリカ文化の「エキスパート」や「リベラル」なメディアの専門家、文化的ドキュメンタリー作家の敵意を掻きたてずにおきませんでした。

どうやら「職業的な」観客のなかには、どこにいるかを示すためだけに存在する標識と、その視覚的配置によって、異なる機能もしくは複数の機能が作用することを暗示する標識の区別がつかない人もいるようです。使い方次第では、映像に文字を重ねることは様々な機能をもちえますが、メディアの定型に唯々諾々と従うだけの観客は、概してそういうことに鈍感です。私にとってスクリーンに現れる脚注または名前は、まさに非‐専門家の観客に向けたメッセージであり、あるソースが発したり、ある集団内で聞かれたいくつかの発言を選び、民族的特性の境界を横断して、くり返し使っていることに気づいてほしかったのです。つまり、名前は映画の戦略的戯れ――映像作家の操作と言った方がいいかもしれません――を確認する機能も果たすのです。

そうした周到な計算に基き、例えばドゴン人（マリ）が装飾と欲望、または女としての家について述べたことを、カビエ人（トーゴ）やビリフォル人（ブルキナファソ）の住居映像と並べることは、専門家のあいだではタブーなのです。なぜなら、一つの民族集団が語ることを他の集団で再生産することは決してできないからです。でも同じことは、あの映画で引用される西洋人の言葉、例えばポール・エリュアールの「地球はオレンジのように青い」にも言えるわけで、それはウアラタの人々（モーリタニア）やフォン人（ベニン）の映像に重ねて使っています。それに、似たような戦略は音楽でも使っているんですよ、『ありのままの場所』でも『ルアッサンブラージュ』でも。ある集団の音楽を、最初はまさにその集団とともに流し、そのあと他の複数の集団で、形を変えてくり返し流しています。観客はそうした境界の「侵犯」を、多様な形で意識することになります。

ここには大変面白い問題が関わっています。第三世界の民族は、これまで差異なき他者性において一括りにされてきました。これは西洋メディアの言説に遍く反映しています——ラジオ、書籍、写真、映画、テレビなど。例えばヴェトナムについての番組があっても、背景には中国音楽が流れつづけるわけです。今日でも、ヴェトナム経験を描く多くの主流映画でヴェトナム人を演じるのは、ヴェトナム語をほぼ一言も話せない、近隣東南アジア諸国の人々です。もちろん、多くのアメリカ人観客にとってはどうでもいいことです。アジア人はアジア人なのだから、フィリピンや韓国から誰か連れてきて演らせたっていいわけです。まぁ、そういう姿勢が蔓延しているからこそ、文化のエキスパートや人類学者が反発するのです。それは当然ですしね。けれども、〈主人〉の植民地主義的過ちを正すために、彼らは厳格なガイドラインやルールをつくっています。その一つは例えば、流す音楽の出典をつねに示すことであり、より一般的には、ある集団の音楽を他の集団の文脈でむやみに使わないといったことです。しかしそうした合理化もまた、正当性へのこだわりを示すものです。つまり、文化は「データ」と「証拠」によって客観化し、具体化できるというわけです。そこでは同期音の使用が義務となり、最も真実に近いドキュメント方法として、その有効性が疑われなくなるのです。

結構なことです、〈主人〉の子孫がいまや〈主人〉の過ちを正し、異文化への意識を高めようというのであれば。でも、誰が（非歴史的な）主体であるかにかかわらず、情況的で歴史に縛られた手法とテクニックがすべての映画の規範として正当化されたら、とても危険なことになります。またしても体制的思考の枠組み、表象の支配的システムが自明視され、唯一の真実で「正しい」方法とみなされるのです。確実に言えるのは、こうした「ルール」は第三世界の人々の問題である場合、とりわけ拘束力が強いということです。例えば白人アメリカ文化についての映画なら、どんなヨーロッパ起源のクラシック音楽を使ってもよくて、観客もほぼ注意を払いません。『ありのままの場所』においては、〈主人〉の過ちを再生産することも、正しい表象をめぐる〈主人〉の厳格な基準に従うことも、潔しとしませんでした。だからこそ、民族を名づけ、民族の境界を越えて文化的発言を運ぶ、周到な身ぶりを認識することが重要なのです。

――ということは、映像はある種の格子（グリッド）のようなもので、観る者はそれに照らして、あなたの音の操作に思いを致すというわけですね。

トリン　はい。サウンドトラックをもっと抑制し、映像を超文化的記号のなかに浮遊させることもできました。でも今回選んだのは、音に逸脱的な流動性をもたせることです。視覚には、以前議論したように、視覚ならではの批評的戦略というものがあります。いずれにせよ、境界線などきわめて恣意的なものです。国家間の境界はごく最近の現象です。村人自身は血縁の境界を話題にしますが、それは普通、民族集団の境界のことでもあります。そして、民族集団の編成は、地政学的境界を横断して行われるのです。

――この考え方をはっきり確認できる作業の一つに、穀物を打っているシーンがありますね。文化から文化へと、私たちはそれを目にすることになります。

トリン　朝五時に目覚めると、たいていの村であの音を耳にします。それは夜遅くまでつづきます。一日は、女たちが食事を用意するために穀物を打つ音で始まり、そして終わる。そう、それはアフリカ中の村で耳にする、集合的なバックグラウンドサウンドです。

――時々、聞こえてくるのが日々の労働の音か、音楽か、わからなくなりますね。

トリン　労働の音楽というだけでなく、集団労働に伴う肉体のリズムがあります。あの映画では、女たちが働きながら肉体的に関わり合うやり方が、とてもリズミカルで音楽的です。言い換えれば、人々の日々の触れ合いが音楽なのです。先ほど、サウンドトラックの様々な局面に言及されましたね――沈黙、コメント、環境音、声と楽器による音楽など。これらすべての要素が映画の音楽的次元を形成していますが、映像と映像のあいだ、また、映像のなかもリズム的に決定されています。老婆が綿を紡ぐ、母と娘がシンコペーションで動きながら穀物を打ち、叩き合う、家の前庭に漆喰を敷きながら女たちが歌い、踊る、または異なる文化が働きかけ合い、調和し合う、そのありよう。これらは日常のリズム、生活の音楽です。そういう環境にいると、現代社会がいかに分断――植民地主義の拡大がもたらした精神――の上に成り立っているかがわかります。

――サウンドトラックでアフリカについて語る言葉の提示法ですが、最も低い声は論じられている文化のなかから語っているようで、最も高い声は――あなた自身が『キネマトグラフ』誌掲載のテクスト（第三号、一九八八年、六五―七八頁）への序文で述べているように――「西洋の論理と主に西洋の思想家を引用し」、中音域の声（あなた自身のもの）は一人称で語り「個人的感情や観察を述べる」。しかし、語り手はいろいろでも、語る内容はしばしば重なります。あなたがおっしゃりたいのは、ある文化について文化のなかで耳にすることは、その文化が自らについて語ることと、他者から言われていると認識していることを合わせたものだということでしょうか。

トリン　そのように見ることもできますね、確かに。一部の観客に言われたのは、「もう少し声を虚構化してくれていたら（おそらく、声がただ「違う」だけでなく、正反対であってほしいということでしょう）、それぞれの声の役割がわかりやすかったのですが」ということでした。でも、声を区別するのに苦労した人が多かったということからは、学ぶことが多いです。声域も様々なら、訛りや語り口もまるで違うのに。私たちはメディアで、単一の声で語るナレーションを消費するのに慣れてしまっています。ですから、一度観ただけでは違いのわからない観客がいても、驚くほどのことではありません。ある観客の意見によると、難しいのは声が「肉体から遊離している」（つまりナレーターが画面に現れない）からだそうで、その通りなのかもしれません。でも、他の要素も関わっているはずです。当の観客が、テレビ番組で、「肉体から遊離した」全知のナレーションを聞くのを難しいとは思わないのかもしれない。これはすべて「人がいかに語るか」という問題です。

田舎の人や村人と長期にわたって交流したことがあれば——自分と同じ文化であれ、異文化であれ——彼らの文脈においてわかってもらうには、違う語り方を学ばなければならないとわかるはずです。だから、彼らと関わる時の自分の話し方を注意深く聴くと、彼らと同じ言語を話していても——そうでない場合は一層複雑ですが——違う話し方をしているのです。これはまったく凡庸な発言に聞こえるかもしれません。でも、村人の話を観客に伝え直したい、つまり翻訳したいという状況になったら、ことは違ってきます。翻訳とはイデオロギーによって説明されるもので、客観的だとか中立だとかいうことはありえませんが、ここでは語の広い意味で、意味構築の政治学としてとらえるべきです。ある言語を別の言語に翻訳するにせよ、他者から理解したことを自分の言葉で語るにせよ、この人物を「口頭証人」として直接スクリーンに登場させ、映画の方向性に貢献してもらうにせよ、いずれも文化の翻訳に関わることです。

例を挙げましょう。村人が自分の家の前庭を指さし、「カラバシュ、私たちは天空と呼びます」と言ったとします。地元の通訳なら、「カラバシュとは天空のことです」と言うかもしれません。でも、その文化のアウトサイダーがこれを故郷の観客に訳そうとするなら、「カラバシュとは天空のようなもの」または「天空を表す」ということになるでしょう。文化にはこういう小さい装置がいろいろあって、説明抜きに「これ、これ」とか「これはこれである」と言うのでなく、「説明する」のです。翻訳する時は、自分の言語の論理や習慣、または語り方に合わせて、人々が言うことを自動的に合理化します。この傾向は特にメディアではごく当たり前になっています。これに対して『ありのままの場所』では、イギリス訛りの目立つ（実は南アフリカの）女性（リンダ・ペッカム）の声に、説明的な論理とそれに伴う言語装置を担ってもらいました。私にとって実に難しくもやりがいがあったのは、翻訳のこうした微妙さを引き出しながら、三つの語り方の区別に忠実であることでした。さらに、映画のなかで何らかの権威（メディアや大学で制度化された権威でなく、インサイダーの承認）をもつと言えるのは、人々が間接的に語る声、村人の言葉やアフリカの作家を引用する低い声だけです。私の声は、ちょっとした逸話や個人的な気持ちを語ります。

　声の区別は厳密なものではなく、話す内容や話し方が重なることもあります。三つの声が一緒になる瞬間は、後半三分の一、観客がフォンの湖の家の映像を観るところにあります。その時しばしば重なり合う声――第三の声と対照的に――は、二人の有色人女性、バーバラ・クリスチャンと私の声です。それまで、私たちの発話が出会うことはあまりありません。が、ここで、観光を収入源とする村の問題として、与えること（ギヴィング）ととること（テイキング）をめぐって論争が起きます。周知のように、第一世界‐第三世界の関係において、一見「与えること」を装いながら、実はとってとってとりまくる以外の何ものでもない、ということはよくあります。贈る者と受けとる者の問題が、サウンドトラックのあの部分で繰り広げられる。あの映画のなかで、第一世界と第三世界の声が相反して作用するのは、この時だけと言えるでしょう。たいていは、声が出会ったり出会わなかったりすることの方が私には重要で、それをただ相反するように仕向けることはしませんでした。

　西洋の論理を語る声は、シクスー、バシュラール、エリュアールなど、多くの西洋の書き手を引用します。私にとってそうした引用は、私が住んでいた家の文脈にしっくりくるものでした。作家が西洋人だというだけで、自分の対極に置くようなことはしません。実は、公的な討議の場で白人男性から、なぜハイデガーを引用するのかと忌々しげに質問されたことがあります。彼はこうつけ加えました。「彼の引用はわれわれに任せておけばいいじゃないですか」。それではまるで、私がどこかの占領地に侵入したみたいで、ハイデガーの独占的使用権は欧米人のものと言わんばかりです。そういう自民族中心主義の原理が信じがたいのは（驚くべきことではまったくないにせよ）、現代を代表する人物として、例えばピカソとブレヒトの名を（とりあえず二人）挙げる時です。彼らがアフリカの彫刻や日本・中国の演劇に接していなければ、彼らの芸術はどんなものになっていたでしょう。歴史は絶えず書き直す必要があります。事実、好むと好まざるとにかかわらず、ハイデガーもまた、私のハイブリッドな文化の一部なのです。

——実際、サウンドトラックは、こうした様々な声が交差する場ですね。そして、すべての声はあなたのなかで出会う。あなたは第一人称の観察者であるにとどまらず、多くの声を内面化しています。

トリン　おっしゃる通りです。異種混淆性（ハイブリディティ）の場は、私の自己同一性（アイデンティティ）の場でもあるのです。

——本当に、アフリカには様々な形の文化が存在しています。アフリカの諸民族が世界から孤立して生きているなどと言い募ることには、何の意味もありませんね。

トリン　勝ち目のない闘いもあります。一方に、「アフリカの村で始終目にするトラックや自転車を、なぜもっと見せないのか」という反応があります。似たような質問を聞くと、質問者が知っているであろうアフリカの村がどんなものかわかります。彼はアフリカの田舎に行ったことはあるのでしょうが、私が行ったような、遠くて行きにくい場所にある村のことは何も知らないようです。他方、こう訊ねる観客もいます。「なぜ、ああいう村にある産業社会の記号を何でもかんでも見せるのですか」（というのは例えば、『ルアッサンブラージュ』で子供が遊んでいた白い人形、『ありのままの場所』の赤いプラスチックのコップ、女性用のピンクのビニール靴を、長回しで撮るシーンのこと）。

　西洋の観客のなかには、西洋産業社会の証が第三世界の田舎の風景にまで広がっているのを見て安心する人もいれば（西洋の経済支配の印と言えるもの）、カメラがことさらにこうした工業製品を見つめたり、ほんの数秒でも長く見つめ過ぎることに苛立つ人もいます。『ルアッサンブラージュ』を撮ってわかったのは、西洋に反することも依存することもなく文化的差異の概念を表明すること、言い換えれば、同化に屈するでもなく、伝統を手つかずに守りつづけるでもない、といったやり方のもつ潜在的可能性でした。だからこそ、移動の手段は主に徒歩か自転車か丸木船かしかないというような、辺鄙な田舎でやることにしたのです。この選択の結果、そうした背景のなかに産業社会の要素が少しでも見つかると、いやでも目につきます。だから、カメラがそういう機会をとらえれば、しかるべく可視性を再生産したわけです。

——人類学者について言われてきたことの一つは、そもそも、「原始的な」文化に分け入って情報収集する彼らは、支配的文化の「スパイ」であり、先住民の破壊に与する、というものです。

トリン　その比喩にはなにがしかの真実があります。とはいえ危険を孕んでいるのは、当該文化に向かった者は誰一人、そこから自由だとは主張できないからです。私なら別の比喩を使います。時として、人類学者は漁師のようにふるまう。場所を選び、観察者として自らの位置を定め、網を投げる、そうすれば求めるものをとらえられると信じて。そういうアプローチの前提そのものが幻想だと思います。もう一度その比喩を選び、私自身に当てはめるなら、私自身が網、漁師のいない網であるということになるでしょう。というのも、自分がとらえようとするものと同じくらいに、私は網にとらえられているからです。映画のなかに私が引き出そうとするものすべてとともに、とらえられているのです。

——昨日、アフリカの映画を好む人のなかに、『姓はヴェト、名はナム』に不快な驚きを感じる人がいたとおっしゃいましたね。三本の映画には共通の要素もあります。ですが、いわば自らの経験、自らの伝統を探求するという決断によって、あなた自身がより明確に距離を置き、自文化への権威の位置をはっきり問わざるをえなくなりますね。映画の中心の一つは一連のインタヴューですが、もともと別の人がヴェトナム語で録音したものをフランス語に訳し、最終的にあなたの映画では、アメリカに移住したヴェトナム人女性が演じました。少なくとも一つのシーンで、あの映画はヴェトナムに関するものであるのと同じくらいに、ある文化から別の文化に意味を翻訳するプロセスを示すものです。

トリン　幾つかの問題を提起されました。最新作に対して、それまでと違う反応があったことは事実です。でもそれは、アフリカの映画とこの映画の差異によるとは限りません。『ルアッサンブラージュ』と『ありのままの場所』にも、すでに反応の分裂はありました。『ルアッサンブラージュ』を本当に愛してくれた人の多くが、当初『ありのままの場所』を気に入ってくれなかったのです。何ごとにも時というものがあるのでしょう。『ルアッサンブラージュ』の公開について言うと、丸一年待ってようやく実際に流通し始め、積極的な反応を観客からもらうようになりました。まったく希望のない状況だったのです。映画祭や数え切れない映画プログラムから断り状が次々に届き、山積みになっていました。彼ら自身の言葉によると「こういう映画をどう扱っていいかわからない」とのことで、まったく理解してもらえませんでした。そのあと、予想外の場所で同時に取り上げられるようになったのです。観客は戸惑いながらも、とてもよろこんでくれました。様々な新しい場所で上演が決まり、以来、あの映画は予想を超えて観つづけられています。『ありのままの場所』も概ね似たようなプロセスを辿りました。完成後すぐに、満員の観客を前に上映することが決まっていましたが、『ルアッサンブラージュ』のようなものを期待して来た人たちの失望は、はっきり見てとれました。最初の数カ月、お褒めの言葉や積極的な反応を得たのは、ほぼ『ルアッサンブラージュ』を観ていない人たちからでした。あるフェスティバルで好意的な観客が教えてくれたのですが、彼女が『ありのままの場所』への賞賛を他の観客に伝えたところ、『ルアッサンブラージュ』を観るまではコメントを控えるべきだと言われたそうです。当時『ルアッサンブラージュ』は、そうした観客からお手本のように言われることが多かったのです。でも、以来『ありのままの場所』について、きわめて感動的でうれしい反応も得ました――時には私の期待を遙かに超えるような。
――『ありのままの場所』への反対意見のなかには、『ルアッサンブラージュ』ほどはっきりフェミニズム的でない、アフリカ文化における女性の役割を前作ほど明白に前景化していないなどということもあったのでしょうか。

トリン そうは思いません。『ありのままの場所』が受け入れられにくい一番わかりやすい理由は、映画の長さです。どのくらいかかるかと考えるだけで、まったく耐えがたい経験だと思う人もいます。編集の結果としてある時間だけでなく、フレームそのもののなかに現れる時間――カメラの眼差しによって、人と空間を横切る緩慢で不安定なカメラの動きによって、多くのシーンが静的・瞑想的な性質をもつことによって、さらに、中心的なストーリー・ラインや指針となるメッセージを欠くことによって。映画が好きな人なら、物語映画を二時間座って観ることは厭いません。でも、二時間一五分という時間、アクションもラヴストーリーも暴力も(ある観客に言われたのですが)「セックス」もない映画を観つづけるのは、多くの人にとって苦痛以外の何ものでもありません。「一風変わった」忘れがたい経験と考えてくれる人も、なかにはいますが。私にとって重要だったのは、一方では、アフリカにおける時の概念を呼び戻すことで、それは「タイム・イズ・マネー」的なペースで文化を消費したがる外国人を苛立たせずにはおきません(例えば、彼らの一人が新参者(ニュー・カマー)に警告したそうです、「ここでは巨大な、無・限・大の忍耐力が要るぞ! 何にも起こりゃしないんだから!」)。もう一方で、映画を経験し、環境と関わる異質な方法を生み出すことも大切でした。『ありのままの場所』への不満の一部は、『ルアッサンブラージュ』の明白な政治性を好む観客がいることとも関係がありました。でも、『ルアッサンブラージュ』をくり返すことはできないし、二つの映画の観客は重なることもあれば、かけ離れていることもありえます。『ありのままの場所』に強く惹きつけられる観客は、現代社会に生きることの難しさに意識的であり、美学、霊性、社会性、環境という分かちがたい問題に向き合う人々のようです。これまで例えば、鮮烈で高揚した反応を何人かのネイティヴ・アメリカンの観客から得ました。これは映画を作った時には予想もしなかったことです。

しばらくのあいだ、『姓はヴェト、名はナム』への敵意をどう位置づけたらいいのか、わかりませんでした。とはいえ製作中も、それが引き受けるリスク、どういう困難に遭遇しうるかは意識していました。あの映画の公開討議にいやというほど参加して、少なくとも二種類の観客があの映画に馴染めないことがわかりました。実を言えば、彼らは同じなのです。問題が根本的に関連していますから。こういう観客はフェミニズムの苦闘を敵視し、競争心をいだいているか、フェミニズムが他の解放闘争との関係でもちうる複雑さに、単に気づいていません。こういう観客の多くはフェミニスト親派を自認しているのかもしれませんが、フェミニズムの苦闘に本当には参入しません。そしてそのことは、彼らが提出する疑問におのずと現れます。ジェンダー政治学の真摯な探求に関心を示そうとしないのです。

他には、反戦運動家を自称する観客で、『姓はヴェト』の女性を本当には見ようとしない人もいます（六〇年代、多くのラディカルな男性が、女性の同志について、言論の自由への闘いのさなか独自に芽吹きつつあったフェミニズムの闘いについて、真剣に考えられなかったのと同じことです）。こういう観客が否定し、さらにまずいことには、ひたすら曖昧にしがちなのがジェンダーの問題です。彼らはヴェトナムの現実を、共産主義対反共産主義という二項対立に絶えず引き戻します。彼らはまた、自分が闘ってきたものに囚われ、自分が支持する理想化されたヴェトナム像を守るのに汲々とするあまり、革命後のヴェトナムの現状を見ようとしません。多くのリバタリアン的運動に言えることですが、純粋に変化を求めて闘う人々も存在しますし、そういう人々はおのずと、フェミニズム闘争のかかえる複雑さにも敏感でありつづけます。一方、権威の立場を固定化することに専心する人々もいて、彼らはおのずと、自分が馴染んだ抵抗の形式以外のもの——ここではフェミニズム——に脅威を感じます。いままさにヴェトナムでは、指導者が体制の失敗を認め、社会主義社会の変容をめぐって問題提起しているところです。ですから、当事者が変化の必要を感じている時に、外部の人間が過去のヴェトナムのイメージにしがみついているわけで、そこでは例えば、革命に関わった女はみな「ヒロイン」として崇められます。批評的探求の作業は、固定化したアンチの位置に安住するわけにはいきません。それは、彼ら自身の時代にはヴェトナム戦争との関係で必要なことでしたが、政治的移住をめぐる現代史の文脈においては、問題にする必要があります。

闘いが終わることはなく、私たち女の道のりは長いのです。こういう問題について話し合うほどに、フェミニズム闘争のなかで交わされてきた歴史的な議論が、いかに知られていないかということに気づきます。言うまでもなくそこには、国家を超えた有色人女性のシジフォス的な努力があり、革命運動内部のジェンダー政治学を暴露してきたわけです。ご質問に答えるのに前置きが長くなりましたが、最後に手短に、ご指摘を受けた最初の点、『姓はヴェト』はヴェトナムに関わると同様に、翻訳のプロセスに関わるという点に結びつけたいと思います。翻訳の文脈においてヴェトナムという「名前」をほどくことは、議論かまびすしいアイデンティティの政治学——女のアイデンティティ、民族的アイデンティティ、国家的アイデンティティ——と対峙することです。というのも、翻訳とは以前申し上げた通り、言語・権力・意味の問題を示唆し、この映画に即してより正確に言うなら、社会的‐象徴的契約——母、妻、娼婦、看護婦、医師、国家公務員、役人、革命のヒロインとしての——をめぐる女たちの抵抗を示唆します。アイデンティティと意味を構築する政治学において、翻訳としての言語および／あるいは翻訳としての映画とは、必然的に、自己がその定められた境界を失うプロセス——動揺させつつも力づける潜在性をもった差異の実践です。私にとってそれはまさに、同時に一つ以上の前線で闘うこと——つまり、支配や搾取の諸形式と闘うだけでなく、より位置づけにくい従属や二元論的主体性と闘うことであり——そうして、フェミニズム闘争や他の抵抗運動が、以前議論したように、体制順応主義の強化に堕することのないよう、抵抗をやめないことをめざすのです。

NS

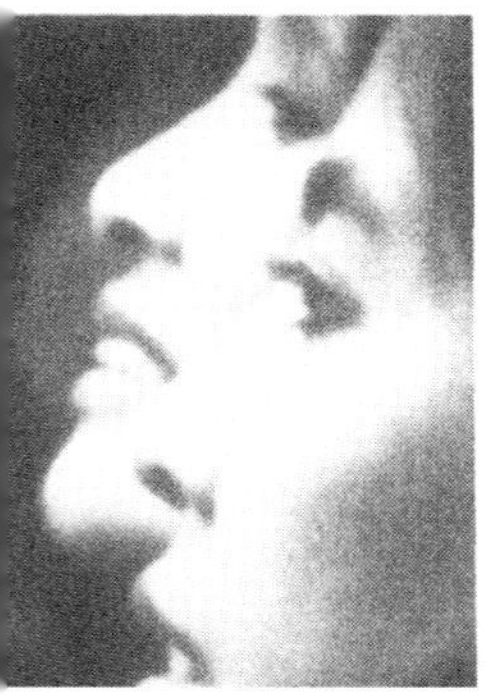

第五章　ハイブリッドな場所から

ジュディス・メインとの対話

このインタヴューは、一九九〇年五月にワックスナー芸術センターで開かれた『姓はヴェト、名はナム』の上映会でジュディス・メインが「フェミニズム・映画製作・ポストコロニアリズム」と題して行ったものである。初出は以下の通り。「フェミニズムズ——トリン・T・ミンハへのインタヴュー」九—一〇月（第一部）、一一—一二月（第二部）、『アフターイメージ』一八、五号。

――私があなたの作品――映像作品並びにご著書『女性・ネイティヴ・他者』――で感銘を受けたことの一つは、いずれも安易な分類法に抵抗しているということです。『女性・ネイティヴ・他者』は理論書ですが、非常に詩的な本でもあります。読者は一般の理論書とは違うつながりをその本に感じます。あなたの映画に関しても、古典的な意味では明らかにドキュメンタリーとは異なると言えますが、かと言ってそれをただドキュメンタリーへの「批評」と呼ぶのもふさわしくはありません。分類に抵抗するというこの姿勢はあなたの作品の核をなすと思われますが、それについてお話しいただけますか?

トリン　私はつねに複数の移動するカテゴリーの境界線上で仕事をし、その境界線の一つ一つを押し広げようと努めています。そうすることで、私自身がもつ限界を把握し、よってその修正法を探ろうとしているのです。例えば、『女性・ネイティヴ・他者』を書き終えたのは、一九八三年のことでした。出版社を見つけるのにそれほど長くかかってしまったのです。皮肉なことに(驚くにはあたりませんが)、私があの本を出すまでにたどらなければならなかった道筋は、まさにあの本の第一章で考察したこと、つまり、女性の書きものとその出版にはある種の抑圧された現実があるということを悲しいまでに示すように思われます。あの本は三三もの出版社から拒否されました。そのつど直面させられたのは、出版市場に見合う分類や分野上の取り決め、つまり順応主義的な境界の問題です。あの本で焦点を当てたポストコロニアル的位置や有色人女性などの問題は、当時の出版社からはほとんど関心を示されなかったのですが、それ以上に問題とされたのが、あの本の書き方でした。

学者にとって、「学問的」という言葉は、学者自身の占有する規範的領域のことを指します。ですから、学者たちの認知するやり方で分配ないしは合法化できないようなものは、理論も理論と見なされなくなるのです。異なる様式の書きものを混合させたり、理論的なものと詩的なもの、言説的な言語と「非‐言説的」な言語を相互に挑ませたり、ステレオタイプ的表現を戦略的に用いることで、ステレオタイプ的思考そのものを顕わにさせたりするといった試みは、現に流布する〈主人〉の自信に満ちた言説規範に裂け目を入れようとするものですが、いずれも「良質の書きもの」「理論」「学問的仕事」などの名で誤読されるか、見捨てられるか、曖昧化されるかなどの事態に陥りがちです。私はいくつもの出版社――商業的、学問的、マイナー系――をたらいまわしにされたのですが、そのつど、親切心から言っていると思い込んでいる編集者から別の市場ならピタリのところがあるはずだなどと言われました。彼らの言葉を総合すると、あの本はどの出版社の「求め」にも完全には合致しなかったということです。言い換えれば彼らは、「第三世界」の書きものには非常に興味があるが、私の本は現在企画中の、あるいは、企画が決められている「シリーズもののどれにも馴染まない」というわけです。ある創作専門の小さな出版社の編集者などは、自分の善意を心から信じながらこう言いました。「これは〝あまりにも不純（impure）な〟本だ。だから、良質な書きものとは言えない」と。

気の滅入るような経験でした。けれども私はそれもまたあの本で実践した闘いの一部と見ています。単一の書きものや理論のどのカテゴリーにもあてはまらないからこそ、私は自分の場を見つける必要があるのです。ストレートな異義表明のための言説（カウンター・ディスコース）はもはや脅威とはなりません。結局、ものごとを元の場にとどめるのに役立つだけだからです。その種の言説はしばしば批判的な思考の妨げになります。つまり、近代主義的イデオロギーに即した異義申し立てによく見られる抑圧的な修辞学を基に、同じことを繰り返すのみといった状況に堕してしまうのです。例えば、現在流行中の「学際的」という概念を取り上げてみましょう。通常「学際的」とは、異なる分野を並列させることを意味します。そうした多元主義的な（pluralist）交渉もしくは対話という政治では、「相互的」（横断的）な自己変革や成長もたんなる適切な蓄積や修得といった問題に還元されてしまいます。異なる分野を新しく加えるのみで、分野自体の境界は安全に保たれるので、自身の専門領域にとどまったままの参加者たちは、専門家という権威の位置から楽しげに議論をつづけられるのです。要するに、「学際的」という概念の限界自体を押し広げることで個々の専門の境界を突き崩すなどといったことは滅多に起きないということです。実際にそれが起きたあかつきには、境界線は戦略的で偶発的なものにすぎなくなり、互いをたえず無効にし合うといったことも可能になるのですが。そのようにつねに生成中の「新しい」地平こそが、私が仕事するうえで最も興味をそそられるものです。そうした地平では、分野、専門、専門技術などの考え自体も挑まれるようになります。いかなる分野、専門職、クリエイターも、そうした場を「所有」することが許されなくなるのです。

自分の映画がドキュメンタリーかフィクションかという問題を、私はいっさい念頭に置かないようにしています。ただし映画祭に出品する場合は別ですが。誰に審査してもらうかを決めなければならないからです。審査員がどんな人物かを考慮したうえで、映画の部門を決めるのです。何年間にもわたって私は、どの部門を選んでも、「誤った」選択をしたかのように感じさせられたものです。「ドキュメンタリー」部門を選べば、その範疇で求められるものやそこで期待される規準の厳正さといった問題に突き当たります。専門化された審査員の大半は私の映画をドキュメンタリーと見るのを困難と感じたばかりか、社会、教育、民族誌映画のどの範疇にもあてはまりにくいと感じたのです。同じ問題は、「芸術映画」とか「実験映画」とかの範疇を選んだ際にも生じます。そうした部門の審査員は「実験映画」を独立したジャンルと見なしており、「ジャンル」そのものにも挑みうる批評的冒険になるなどとは考えないのです。多くの人々がいまだに「想像的芸術」という神秘的考えにとりつかれています。つまり、イデオロギー自体を顕わにすることを目ざしたり、すでにその目的を達したりしているような作品は、「腐敗した」――つまり純粋な想像力を欠くので本当の〈芸術〉ではない――ものとして拒否されてきたのです。私の作品は現在では以前より知られているので、部門上の問題はさほど重要ではなくなりましたが、映画の流通範囲に関して、きわめて限定的な要因があったということも事実なのです。

――あなたは「境界線」という言葉を何度か用いられました。その言葉からすぐ連想されるのが、グロリア・アンサルドゥーアの『ボーダーランズ／ラ・フロンテラ』です。従来一般的に対立物とされたもの同士のあいだの領域を指していた「境界線」の概念は、多くの有色人女牲の作品にとって非常に重要なものとなっています。ご自分の作品を、他の有色人女性の作品と関連づけた場合、どうとらえられますか？

トリン　私はアンサルドゥーアの作品がとても好きですし、自分の書くものによく引用してもいます。けれどもすべての闘いを単一のものとしてまとめあげるつもりはありません。ラティーナ女性／ラティーノ男性の共同体にとって、国境＝境界線がとりわけ危急の問題であることはよくわかります。というのもそれによって、彼女／彼らの多くが日々物理的に鋭い苦しみを経験させられているからです。そうお断りし、さらにそれぞれの闘いのコンテクスト上の違いを忘れるべきではないことを強調したうえで私はなお、ラティーナ／ラティーノたちが展開している国境＝境界線の闘いが他のエスニシティや文化のあいだで繰り広げられている有色人女性たちの闘いに共通していることを認めたいのです。

どんな闘いのさなかにあろうとも、私たちのあいだには多様性が存在します。大抵の場合、戦略と位置の点でそうだと言えますが、時には目的と方向の点でもそうなのです。けれども有色人女性の闘いについて私がこう理解しているということも明らかにしたいと思います。つまり、様々な差異をもつ私たちがあげる声、ないしは、保っている沈黙は、一方では〈第一世界〉にとって認知すること自体がきわめて困難な場所、つまり、つねに浮上しつつはあるものの、すでに歪曲されているような場所を示しつつ、同時に私たち自身の共同体が過去の闘いで犠牲を払ってまで勝ちえたものを失いたくないという願望ゆえに踏み込みきれないような場所をも示すということです。否定されたアイデンティティを絶対視することで、分離主義や自己閉鎖を推し進めてしまう対抗的言語を根元から切り崩すには、そうした企てを完遂するための意志や自己批判の姿勢だけでは十分ではありません。だからと言って私は、単純に対抗的言語を否定することを勧めているのでもありません(対抗的目的で闘いの前線を張ることは意識の覚醒にとってしばしば必要でもあるからです)。むしろ、対抗的言語を置き換えること、それと戯れたり、それを楽曲のように奏でたりすることを勧めたいのです。

今日、芸術および理論の領域で活躍中の若いディアスポラ世代のなかには、いずれの側に立つにしろ、特定の境界を守ることに居心地悪さを感じると述べる人がたくさんいます。そうした姿勢のなかにはアイデンティティの政治がはらむ複雑さを抑圧するという危険性が潜むことを存分に意識しているからにほかなりません。いまや「アイデンティティ」は、闘いの目的地というより、出発点と考えられています。だから私たちは個人的なものが政治的なものでもあることを主張する際にも、アイデンティティの概念を認める必要を感じつつ、それに縛り付けられたくないとの思いももつのです。支配され周縁化されてきた人々はつねに、自身の見方を超えるものを見据えるための社会的訓練を経てきています。だからこそ今日の複雑なポストコロニアル的現実のなかでは、自身のラディカルな「不純さ」を引き受けつつ、ハイブリッドな場所から語ることで、少なくとも二つないしは三つのことを同時に言う必要があるということを認めることが重要になるのです。

――あなたは大ざっぱに「フランス系理論」と呼ばれるものから明らかに影響を受けておられますね。

トリン　フランスは長きにわたってヴェトナムを植民地化していました。だから、ホー・チ・ミンのように、フランスの植民者に激しく抵抗しつつも、アメリカ的メンタリティよりはむしろフランス的メンタリティの方がましだと述べるような人も存在したのです。植民地主義は本当に人々を縛りつけます。最近、サンフランシスコで開かれたアフリカ映画に関する会議でモーリタニア出身の映像作家であるメッド・ホンドは、最初の二、三言こそ完璧な英語で喋ったのですが、すぐさまそれを中断し、自分たちはまずフランスに植民地化されていたのだからと断ったうえで、そのあとはずっとフランス語で喋り通してしまったのです！「フランス系理論」は確かに私のハイブリッドな現実の一部ですが、私に関わる他の多くの現実の一部にすぎないことも断わっておかなければなりません。

――あなたはご著書のなかでエレーヌ・シクスーの仕事に関してこう言っておられます。「〈一〉は〈すべて〉で、〈すべて〉は〈一〉だ。だが〈一〉は〈一〉でもありつづけ、〈すべて〉も〈すべて〉でありつづける。〈二〉ではないし、〈一〉でもない。これは禅においては長く言われてきたことだ」。あなたの映画とご著書の双方に私はどこかきわめて思弁的なもの、瞑想的と言ってもいいものを強く感じます。いわゆる「高度な理論家」は決してテクストの霊的（spiritual）要素を語りませんが、それを私はあなたの作品――とくに禅への言及――に強く感じるのです。そうした要素は、あなたが表象を語られる際のアプローチにも見られるのですが、この点はいかがでしょうか？

トリン　この問題を考慮する人はこれまでほとんどいませんでした。私は『女性・ネイティヴ・他者』の出版社を見つけるのにとても長くかかったので、別の発表方法を考えなければなりませんでした。本の幾つかの部分を様々な雑誌に発表したのです。のちに一巻本として出した際、雑誌に出ていたものは元の版を

「改訂したものだ」と自信ありげに述べる人もいました。けれども実際には、個々の「論考」が出るよりかなり前に全体を書き終えていたのです。本の「抜粋」を雑誌に送ると、判断を迷う編集者の依頼で査読を請け負った学者たちから詳細なコメントが届きました。そのなかには禅を扱う部分が大いに問題だと思われるので理論的な文脈では不必要だと言った人たちもいました。いかにも軽蔑したようにそう述べてきた学者たちは、題材が「何か」について関心を寄せるのみで、「どのように」書くのかという問題――つまり、(あなたがあげたシクスーのフェミニズムの例にも見られるように)題材をどう用いているか、題材と題材の相互関係をどう作りだしているか――には目を向けなかったのです。

私はそうした反応がよくわかります。カリフォルニアに住んでいれば、なおさらです。私の考えでは、禅は――〈西洋〉ではとりわけ六〇年代にジョン・ケージ、アラン・ワッツ、アレン・ギンズバーグといった著名な人々が広めたのですが――まさに脱神秘化が進められていたさなかに、むしろ神秘化されたのです(神秘化を進めたのはいまあげた人たちではなく、むしろ彼らの努力に反して神秘化が進められたと言うべきですが)。つまり、禅は二元論的で断片化された世界観に取り込まれてしまったのです。話を再び分類と境界に戻しますと、一般に合衆国では「全体論的(holistic)」か「分析的」かのいずれかでなければならないとされており、同時に両方であることは許されません。両者は絶対に相容れない別々のものだと見られているのです。合理的思考をもつ人々にとっては、禅は欲求不満と怒りを起こす力を備えています。ただし彼らはそれをすぐさま神秘化のための新たな形態として見捨ててしまうのです。だからこそ、禅の教義は多くの学者にとって実に厄介な問題となります。けれども私自身は物事をそうした分類法で見ませんし、それに縛られる必要も感じません。霊的なもの(spirituality)とは、具象化のできない領域です。霊的なものについて語るのがむずかしいのは、それが論理の原則から外れるだけでなく、「霊的」という言葉の用い方自体が極度にむずかしいからです。いまある具象化の社会から排除され、なきものにされてきたその言葉は、厳しい交渉なしには到底使えないものなのです。一九七六年から一九七七年にかけて私が執筆した最初の著書『作品なき芸術』（*Un Art sans Oeuvre*, 一九八一年に出版）には、ジャック・デリダやアントナン・アルトーの作品をクリシュナムルティや禅のそれに結び付けて論じる章があります。私にとって、現前の形而上学への批判を含むデリダの理論の多くは、禅ばかりでなく、仏教の他の宗派の書きものにおいても何世紀にもわたって生きつづけてきたものです。ですからデリダの述べたことは、私にとっては実際のところ、「新しい」ものなどではなく、彼がその理論を言説に取り入れ、両者を結びつけようとした方法自体が新しかったのです。したがって禅を私のテクストに織り込むということは「私のルーツに戻る」のではなく、複数の文化を単一の身体に織り込むことを意味したのです――つまり私自身の文化的背景の異種混淆性（hybridity）を認めたということです。

――いま言われたことは昨夜の上映会であなたが話題の一つとして取り上げられた「否定的空間」に結び付けられますね。

トリン　私の映画では否定的空間という概念はいつも核となります。「モノ志向のカメラ」――モノをとらえることだけに執着し、客観化することに熱心なカメラ――は、否定的空間の役割を曖昧にします。私が言っているのは、撮影された題材の背景としての土地や周囲のフィールドのことではなく、構成や枠取りを可能にし、映像をどう息づかせるかを決める空間のことです。映像学や演出、さらには語りでの否定的空間を人物やフィールドに従属するものとしてではなく、むしろ人物やフィールドと同じほど強烈なものとしてとらえるということは、ものごとを見、かつ、それとの関係を結ぶためのまったく異なる方法を意味します。それはアジア哲学の〈無〉の概念からも遠いものではありません。物体と非‐物体、私と非‐私の関係における〈虚〉の活力について語ろうとしても、実際には何を語っているかが理解されないという事態がしばしば起きます。つまり、再び神秘化を行なっていると思われる恐れがあるということで、それこそが具象化する二元論的思考の問題なのです。別の言い方をすると、否定的空間とは、からっぽであることが、たんに充足、ないしは、モノである状態と対立するのではなく、形式と内容を成り立たせると同時に、両者を分離されない状態に保ちうる場でもあるということです。

——あなたがご自身の最新作をすぐ前の二作との関連でどう見ておられるかに興味があります。前の二作品は、アフリカ女性ばかりでなく、アジア女性としてのご自身とアフリカ女性との関係をも扱うものでした。とくにあなたが昨夜映画製作へのアプローチを説明される際に用いておられた「異種混淆化（hybridization）」という用語を念頭に置いているのですが。

トリン　あの映画のタイトル——『姓はヴェト、名はナム』——は、最近社会主義者たちのあいだで習慣的に交わされるようになった会話からとられています。男性が女性に出会い、引き付けられ、彼女への求愛を始めたいと願う時、こう冗談っぽくたずねます。「若いお嬢さん、あなたは結婚していますか？」もし答えがノーであれば、彼女は直接そう言わずに答えます。「はい、結婚しています。夫の姓はヴェトで、名はナムです」と。こうした一見穏当な答えを通して問われるのは、国家とジェンダーの関係です。映画で繰り返し出されるモチーフの一つには、婚姻、つまり女性の結婚があります。年端もいかない少年や一夫多妻制を実行する男とのあいだでとり行われる見合い結婚、主義や祖国、あるいは、国家との結婚、ヴェトナム女性にすり寄る外人男性や西洋人の衣服を着けたヴェトナム男性との結婚などです。独身女性の状況を説明する語りに織り込まれている既婚女性の窮状は、詩、諺、大衆小説などの形でほのめかしたり直接的に語ったりされています。それは、中国・フランスによる植民地支配の期間を含む戦前・戦中・戦後のヴェトナムと並んで、合衆国のヴェトナム人町での暮らしへの移行という文脈からも、明らかにされるのです。インタヴューされた女性の一人が映画の最後近くで断言するように、結婚相手が外国人であろうと、ヴェトナム人であろうと、女の姓はいつも「ヴェト」で、名は「ナム」でありうるというわけです。文脈の移行にしたがって、この断言のもつ意味も微妙に変化しています。

国家とジェンダーの問題は重層的な方法で表面化されています。そのための方法の一つがアイデンティティの考察です。それは映画では不適切な（とみなされる）身体の（再）利用という考えを通して行われています——つまり、翻訳に内在する複雑な諸問題、一つの国に複数の名称が与えられるということや、女性の身体を（所有したり、売ったり、辱めたり、焼いたり、露出したり、崇めたりするなど）様々なかたちで利用するといった問題を通して行われます。翻訳の問題は、アイデンティティ同様、複数の文化を単一の身体に接合させることから生じます。例えば、中国支配に抵抗した歴史的ヒロインの一人であるチエウ・ティチンの名前（映画では音と文字の双方によって示されます）には、少なくとも五つのヴァージョンがあります。そのおのおのが、彼女の属性——例えば、血筋（姓）、性別と年令、指導者としての地位、あるいは彼女の単純さなど——のどれを読みとり、重視するかによって、異なる意味をもちます。同様に、ヴェトナムを指すのに用いられる数多くの名前の一つ一つ（これも映画では音と文字の双方によって示されます）が歴史上の各時代と並んで、ヴェトナム文化とみなされるものに貢献してきた様々な内外の影響にも結びつけられています。ですから、そこで示される異種混淆化とは、第一世界対第三世界といった文化上の差違だけでなく、より重要とも言える単一の文化内での差違に由来する交渉をも指すのです。そのように個人としての多様性やインサイダー－アウトサイダー間の境界を跨ぐような位置関係については、以前の映画でもじっくり追求したつもりですが、この映画でそれを実践している文脈はきわめて異なるものなので、両者を比べるのはむずかしいかもしれません。

——『姓はヴェト、名はナム』の最も目立つ特徴の一つは、物語るための異なる様式を開拓していること、つまり、昨夜にも述べられたように、二つの異なる種類の真実を探求しているということですね。

トリン　物語るということは、以前のどの作品でも探求してきた分野で、考察に値する大きな話題です。

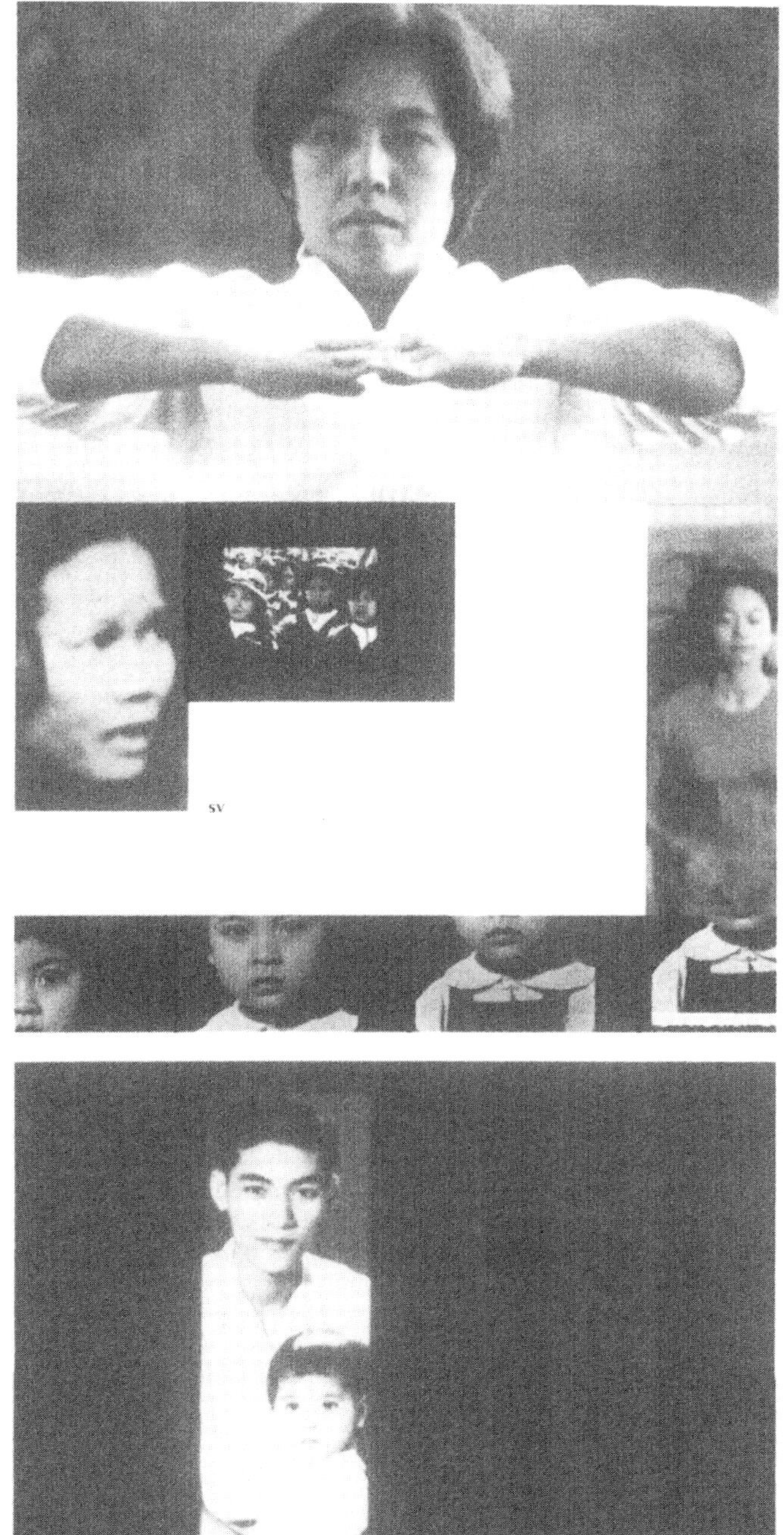

SV

ここでは部分的にしか触れることができませんが。マイ・トゥー・ヴァンという人は、ヴェトナムでインタヴューを行い、それを『ヴェトナム——一つの民族、多数の声』(*Vietnam: un peple, des voix*, Paris: Pierre Horay, 1983) という一巻本として出版したのですが、たまたま私は何年か前にそれをフランスの書店で立ち読みしていた際に見つけました。まさに素晴らしい出合いでした。私はインタヴューされた女たちの物語と著者個人の生き方の双方から深い感銘を受けたのです。ヴェトナム系亡命者二世であるマイは、ニュー・カレドニアに生まれました。母親がフランスの植民者たちに抵抗した村の出であったため、ニュー・カレドニアのニッケル鉱山に労働者として強制連行されていたのです。二三歳の時マイは、仕事と研究のためパリに行きます。さらに一九七八年にはヴェトナムに渡り、ヴェトナム女性に関する調査の結果を本にまとめたのです。マルクス主義者だった彼女は、「社会主義によって古い概念を根底から揺すぶられ、解放を勝ちえた女たちという過剰なイメージ」で頭をいっぱいにしながら、ハノイに到着しました。そこでの滞在の結果、彼女の言葉を借りると、「あらかじめ〔彼女が〕抱いていた考えを根底から覆されるとともに、新聞によって作り上げられていた〔ヴェトナム〕女性のステレオタイプをも打ち砕かれて」しまったのです。革命後のヴェトナムでヒロインとして神秘化されることを拒んできた女たちは、沈黙を破ることで過去の恐怖と猜疑心のなかから新しい信頼を育めるようになったのですが、そのような現実に目を開かれ、かつ、それを受け入れられるようになるには、マイ自身のほとんど病的なまでの真実への探求心と忍耐が必要だったのです。言い換えれば彼女は、問題のインタヴューをまとめあげるのに五年もかけたのです。

そんなわけで、私が映画でその本のインタヴューの幾つかを用いようとした際、次のような疑問にかられました。どちら側の真実を観客に伝えたいのか？　マイが五年もかけて近づいた真実か？　インタヴューを設定し(ちょうど私自身がいまそうされているように!)、マイクを向けて得られる答えの都合のいい部分だけを掬い上げることで簡単に主張しうるような真実なのか？　ただし、私の映画での問題はどこか違う種類のものでした。インタヴューを記録する際、出版物として文字化する場合なら、十分時間をかけられますし、またインタヴューされる側の人たちの返事の長さも通常守られます。けれども映画のための編集を行う場合には、問題はずっと大きくなります。というのも、短縮する目的で言葉を変えることは不可能だし、わかりやすくするという目的で言葉を加えることもできないからです。ただ削除するしかなく、したがって、人々に言ってほしいと願う筋書きに沿って削除を行うことになるのです。要するに、自身の主張に合うようにのみ削除するのです。それ故、意図せず映画のインタヴューから取り出しうる表面的な真実もありえますが、ドキュメンタリーのインタヴューといった旧式な方法では決して近付けないような類いの真実もあるのです。リアリズムの要素を考え直す必要が出てくるのは、この点からなのです。

おそらく、『ある夏の記録』(Cronique d'un ete, 一九六一年九月、ジャン・ルーシュ、エドガール・モラン共同監督)がわかりやすい例となるでしょう。そこではインタヴュアーが街行く人々にマイクを差出し、「あなたは幸福ですか?」と訊ねます。それに対する浅薄な答えは、質問の内容ばかりでなく、質問の設定自体の浅はかさをも示しています。監督はそうした浅はかさに向かって「働きかけ」なければなりません。つまり、意図的にその浅はかさを認めることで、映画の問いをさらに推し進めるのです。観客としての私たちがインタヴューに対してもつ姿勢は、しばしばナイーヴと言えます。たとえ話された言葉が自然に口にされたように感じられる場合でも、もともと言葉というものがどれだけ技巧を経たうえで発せられるものかに関して私たちは注意を払おうとはしないのです。現場で撮影された証言の方が現場から離れた場所で再構成されたものより真実味があるとする見方は、映画がどう作られているかを忘れ去っていることを意味します。あらゆる真実の表象は虚構の要素を含むものなので、いわゆるドキュメンタリーと虚構における現実の描き方の違いも、たんに虚構がどれだけ施されているかといった程度上の問題にすぎなくなります。両者の違いを明確にすればするほど、作りものとしての境界に深く絡みつかれるのです。

『姓はヴェト』を製作することで、インタヴューという実践を、真実と嘘、現実と演技の戯れのなかに引き出すことが可能になりました。冒頭のインタヴューは、再演のために選ばれ、切り取られ、複写されています。映画で語られる物語おのおのの自律性を守るべく、特定の長さの言葉と映像が意図的に保たれており、よって逆説的に伝統的なリアリズムとの戯れが示されることとなります。この傾向は映画の進行にしたがい、ますます顕著となり、最終的に観客は、冒頭で演技していた女性と同一ではあるけれど、明白に合衆国の内部であることがわかるような文脈での彼女たちへの「本物」のインタヴューを見せられます。後者のインタヴューの方が通常のドキュメンタリーの取り決めに近いものです。というのも、話された言葉を、細かく切り、並べ変えたものを、女たちの「現実の生活での活動」を示す未編集のフィルム（footages）とともに、映画のテクストに織り込んでいるからです。再演されたインタヴューと現場のインタヴューの双方を用いて、（話の長さと話し方、服装、英語の使い方、カメラ・ワークなどにおける）両者の違いを部分的にも示す――言い換えると、双方を観客に同時に見せる――ことで、意図的に明らかにされるのは、インタヴューの政治の見えにくさ、および、より一般的には、表象における関係性なのです。

実際のところ、私はどちらの真実の方がすぐれているかを判断することには興味がありません。むしろ、双方を同時に扱うことによって、観客に対して批判的空間を開くことに興味があるのです。そうした戦略によって観客がドキュメンタリーの権威を問えるほど映画に通じているかどうかも重要ではありません。観客の置かれた状況そのものが疑問や反応を引き起こすのです。二種の真実にある嘘と本物との戯れに接するなかで、通常インタヴューで当然視されている事柄が突如問題として浮上します。当惑を感じたあるヴェトナム人の観客はこう言いました。「あなたの映画は他のドキュメンタリーとは違っている。どう違うかは正しくは言えないが、私の見慣れているドキュメンタリーとは違っている」と。最初のインタヴューが再演されたものであることに気づく瞬間は、観客ごとに違う場面と段階で起きます。前にも示唆したように、これは意図的に計画していたことです。むろん、昨日の上映会でも気づかれたかもしれませんが、(規範の命ずる通りに) 最初の段階で教えてほしかったと憤るような人もいます。一方、最初から再演の事実を明かせば、「プロット」を教えられてしまうと感じた観客もいました。彼らは不確かさを覚えたことに居心地悪さを感じつつ、あとで振り返ると、そこに生み出されている挑戦とともに、断続的な不快感を楽しんでいたとも言えるのです。明白なのは、私が再演の事実を「隠し」てはいなかったということです。まったく逆に、私は戦略的にそれを明らかにするのを遅らせたり、段階的に示したりしたのです。同じように、私は映画を消化しやすいように平易にしなければならないなどとは感じません。最初に明示された要点を例証するといったことより、継続的な発見過程にさせるように意図したのです。映画を製作することと物語ることは、その多くが知識と意図を示す能力だけでなく、情報をコントロールする能力にも依存しているのです。

——映画のなかで「気づく」ようになるまでのプロセスは非常な不安定感を呼び起こします。

トリン　書かれたテクストと映像のあいだに距離をとることが求められます。女性たちは他の自己、他の声を具現化したのち、本来の「自己」に戻るよう求められますが、後者に関しても、「自然な」自己というわけではなく、彼女たち自身がカメラの前で提示したいと願っていたイメージにすぎないのです。

——それとは別種の解離が書き込まれたテクストと声のあいだに——時には小さくはあっても——存在しますね。そのことがテクストを演じられたものであることを示しています。

トリン　それが不安感を引き起こすとすれば、その理由は、インタヴューでの演技と演技でない部分を分ける一線が明確ではないことにあります。演じられているものだということはすぐにはわかりません。疑問をもつとしても、十分な「手がかり」を与えられるまで確かめられないのです。

——締め括りとして、これまで最も大きな影響を受けた作品がどんなものかについてお話しいただけますか？

トリン　私にとって、影響について話すのはとても困難です。映画で引用した一九世紀初期の詩人ホー・スアン・フォンのような人物からの影響を語ることすらむずかしいのです。彼女のことは耳にはしていましたが、学校ではあまり教えられませんでした。彼女の詩をクラスで読むと知らされるたびに、私たち（生徒たち）がどれほどねじ曲がったよろこびを感じていたかは記憶しています。それが禁じられたセクシュアリティや儒教的（男性優位的）道徳観への挑戦を含むからというより、むしろ彼女の作品に本当に向き合う機会をもたなかったからです。こうしたことすべてが指し示しているのは、女性はつねに女性自身の側で通常以上のことを成し遂げるよう要請されているということです。つまり、主流でない作品や他の女性作家の作品に手を伸ばすなどの営みにコミットしなければならないということです。これはフェミニストとして必然的に負わなければならない重荷のようなものの一つです。『女性・ネイティヴ・他者』で私が述べたのは、まさにこの点に関わることなのです。例えば、あの書には白人男性の世界のみを扱っている人類学に関する章があります。けれどもそのなかのテクストでは代表的な男性の名はすべて非個人的でステレオタイプ的な呼び名（「偉大な主人」「現代の人類学者」「賢者」）に換えられています。彼ら固有の名、つまり「本」名は、脚注に「埋められている」のです。

私にとって、一方向だけの影響はありえません。女性の作品——実際には、あらゆる作品——を（再び）読むにあたって、誰が誰に影響を与えているのかは明確ではありません。というのも、私は自分が学んだと同じだけ貢献したとも感じているからです。そして仮に私が親近感をもつ西洋作家たち、つまり、ロラン・バルト、モーリス・ブランショ、デリダなどの名前をあげたとしても、そうした作家たちの作品がもたらす高揚感と深い洞察を認めてはいるのですが、同時に私たちの現実が彼らのものとは異なっていることも否定しません。彼らのおのおのもまた、からっぽにしなければならない独自の家があり、独自の推し進めるべき関心事があるのです。けれども彼らの作品は、私たちにとって使用可能な抵抗の道具ともなります。例えば、私が個人的に抵抗の具として用いている禅を含むアジア哲学をまるで初めて読んだかのように再発見させてくれるといったこともありえます。逆もまた然りです。私にとってさらに明らかなのは、一つの名前、一つの作品だけを影響源として示すことは不可能だということです。私に強いインスピレーションを与え、かつ、感動と同時に当惑をもたらすことになった経験を唯一あげるとすれば、それはアフリカの村に滞在中に味わったものです。様々な口承伝統の豊かさは私を謙虚な気分にさせてくれました。こう言うと、再び多くの人にとっては、ロマンティックに聞こえるかもしれません――ただし、他の文化の文脈ではむしろリアリスティックとも言えます。ヨルーバ人の占いの歌にこんな表現があります。「美に遭遇しても、美を見ようとしない者は誰しもすぐに貧しくなるだろう」。物語、歌、音楽、諺など、人々の日常的なやりとりこそが、私にとっては最も心を揺すぶられるインスピレーション源なのです。

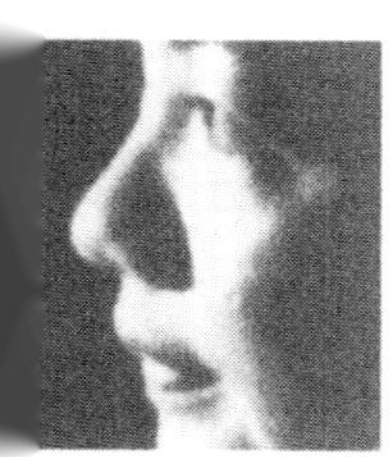

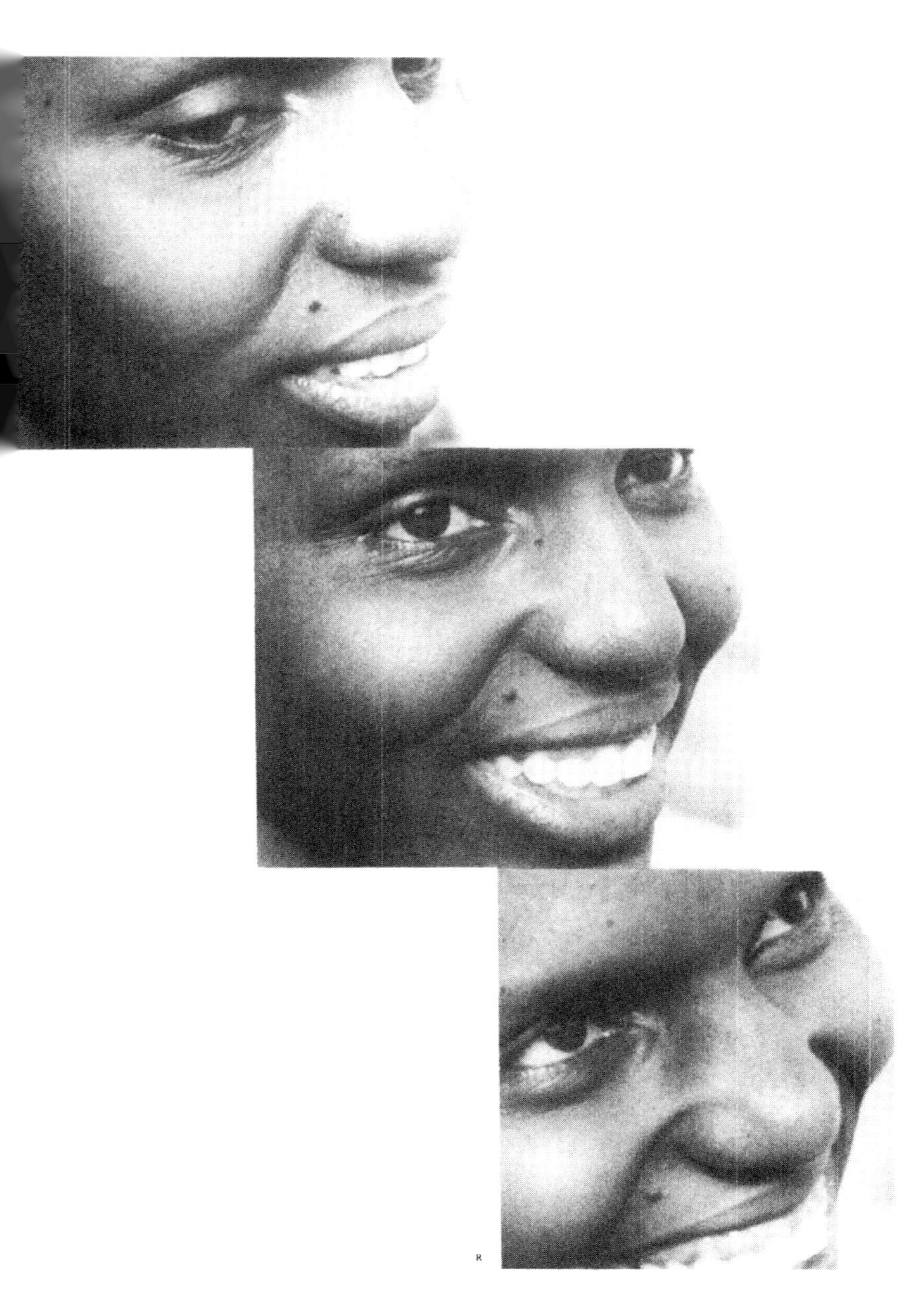

第六章　理論と詩のあいだで

プラティバ・パーマーとの対話

初出は「女性・ネイティヴ・他者――プラティバ・パーマーによるトリン・ミンハへのインタヴュー」、『フェミニスト・レビュー』三六号（一九九〇年秋）所収。

——女性運動に関して言うと、あなたは「第三世界の女性」としてご自身をどのように位置づけておられますか。この質問から始めたいと思います。

トリン　そうですね。『女性・ネイティヴ・他者』ではこの問題を展開するのに多くのページを要しました。確かなのは、私たちはいま、とても不安定な境界に立っているということです。特定のグループの名前がすぐに挙げられたり、表面的には運動の大部分が白人によるもののように思われたりしていますが、女性運動は必然的に異種混淆のなかから始まったと私は考えています。そして、一方では、私は有色人女性の抑圧に対するあらゆる反響のなかから生まれた運動に対して恩義を感じており、他方では、私たちは差異の批評空間を維持しておく必要があると感じています。というのも、とくに第三世界の女性による出版物は、フェミニズムそのものに関する異なる考え——どのように生きられ、実践されるのか——は取り上げますが、文化的な差異の問題についてはさほど問題にはしません。自身をフェミニストと称することはフェミニストのあいだでも、問題を引き起こします。周縁化の文脈において、女性の立場をめぐって闘うなかで自身をフェミニストと名乗ることの必要性を感じつつ、その一方で、フェミニズムが占有されたテリトリーになってしまう可能性があるような時には、そうしたラベル付けを拒み、ある程度の自由を確保する必要があります。つまり、他のフェミニストの味方をしたくないという理由で拒むのではなく、フェミニズムのなかで名乗るための空間を開いておくことが決定的に重要であるという理由で拒むのです。

――『女性・ネイティヴ・他者』のカバーの裏側にある宣伝文には、本書は「ポストフェミニズム」の書であると書かれています。私はこの言葉には問題があると考えます。というのも、イギリスの文脈での私の理解では、その言葉は主流のメディアが現行のフェミニストたちの実践を軽視する際に使うものだからです。さらに「ポストフェミニズム」という言葉からは、フェミニズムはすでに死滅し、社会運動としても活力を失い、必要とされていないといった考えを連想させます。このことについて何か思われることはありますか。あなたはこの言葉をどのように使っておられるのでしょうか。

トリン　実のところ、私はその言葉が本書のカバー裏側にどのように書かれているのか知りません。ただ、私が考えていた最初の副題には、多くの評論家も強く拒んだ「第三世界」という言葉とともに、「ポストフェミニズム」という言葉も含まれていました。宣伝文にその言葉が使われているのは出版社の選択であり、私の選択ではありません。私はかなり早い段階でその言葉を省いており、それはその言葉が信頼に価しないというより、むしろあなたが言われたように、多くの混乱した解釈を生みだすからです。この言葉を特定のフェミニストがいかに批判しうるかを知るには、イギリスの文脈を持ちだすまでもないように思います。あらゆる運動と同じく、フェミニストのなかには、支配的なシステムに疑問を投げかける女性たちがおり、フェミニストとはどんなものか、あるいは、どんなものでないかについての境界を押し広げようと闘いつづけています。しかし一方で、そこに同乗してフェミニズムを硬直した規範的な実践へと変えてしまい、そうすることで家父長制において築かれるものと同様の権力関係を永続化させようとする人たちもいます。このように、フェミニズムは政治的なたくらみのなかで力を弱められ、男嫌いにも似た極度に単純化されたものになりさがるのです。

たしかに、多くの人たちはいつも実に素早い対応で、社会の趨勢に反する考えを彼ら自身の保守的な目的にならしていきますが、その犠牲になる必要はありません。私にとって、ポストフェミニズムという考えは問題含みですが、それでもなおこの言葉に関心を寄せるのは、ポストモダニズムの考えに類似するところもあるからです。つまり、モダニズムの定義はポストモダニズムを介してその確実性のなかで常に置き換えられていくのです。それゆえ、ポストモダニズムはたんにモダニズムの「あと」に登場した何者かではなく、また、モダニズムに対するただの拒否になりさがることもありません。ある理論家が論じているように、それは、モダニズムの初期段階、それが閉じる前の始まりの段階、換言すると、閉鎖と閉鎖のあいだの段階を指します。この文脈においてポストフェミニズムとは、フェミニズムが最も社会の趨勢に対抗していたその初期段階へと戻ることとです。それと同時に、性差別主義者がもつイデオロギーをあらゆる方法で改良してきたにもかかわらず、闘いは一向に終わりそうにないということを、私たちが経てきた数々の困難から理解するような段階に前進することでもあります。それは逆に、本質主義の議論——本質的な「女性性」とは男性によって定義されるものなのか、それとも女性によって支持されるものなのか——のなかで袋小路に行き着いてしまうという、これまでよりはるかに複雑な状況にあります。

——映画と同じくご著書のなかでも、あなたは「第三世界の女性という他者」をいかに表象するかという「むずかしい問題」に批判的に取り組んでおられます。そして、このような「支配的ディスクール」に批判的に取り組むことにより、あなたは人類学、脱構造主義的現代思想、ポストコロニアリズム文学批評、フェミニズム理論を問いただしています。フェミニズム理論との関連でいうと、黒人の女性と「有色の女性」が、アメリカ合衆国とヨーロッパの双方で築かれてきた、西欧を優位に置く中産階級白人女性による運動の支配的フレームを転換したのは明らかです。私たちは干渉、執筆活動、政治的実践を通してこの転換を扇動したというわけですが、あなたご自身はこれに同意されますか。

トリン　先述の通り、私には、この運動は異種混淆のなかから始まったということを除くと、信じるものはありません。実際のところ、それは「あらゆる」社会政治的あるいは美学的運動の状況に左右されます。というのも、歴史や文化はいつも書き換えられてきたからです。白人フェミニストはより特権的な地位にあるがゆえに、この書き換え作業をより広範囲にわたり進めてきました。しかし、女性運動は白人女性と世界中の有色人女性の双方による活動の産物なのです。現在では、より多くの有色人女性が教育を受けられるようになっているため、今後より多くの書き換え作業が私たちの側で進められることになるでしょう（そのような状況にも困難はともないます。『女性・ネイティヴ・他者』で述べているように、執筆は常に他の女性たちの働きを犠牲にして実践されるからです）。さらにいうと、その影響力はつねに相互的なものでした。もし有色人女性が折に触れて白人女性の性の政治から手がかりを得ていたとするなら、彼女たちの闘いは一貫してフェミニストの闘争を革新するのに寄与してきたことになります。あなたがおっしゃるように、私たちの闘いはヨーロッパやアメリカにおけるフェミニズムの枠組みを転換しつづけています。そして、この試みの進行状況に応じて、白人フェミニズムの言説における有色人女性にあらためて焦点を当てる時、近頃では、自分のものとして流用できるほどうまく当てはまると感じることもあれば、異なる文化間を豊かにしたり、闘いと学びのプロセスのなかで相互に依存するものであることを認めるものとして受けとめられることもあります。私たちが歩んでいる不安定な道程は、フェミニスト的な知における権威的主体としての西欧に挑むことを可能にします。その一方で、フェミニズムをふたたび〈西欧〉に譲り渡す危険につながるような二極論者のディスクールには抵抗するのです。

――あなたのご著書のなかでとくに興味深かったのは、主観的に断片をとらえ、ポストコロニアル的主体としての言語やアイデンティティを問う営みと、それらに理論的な首尾一貫性を与えるより構造化されたプロセスのあいだに、継ぎ目を示されないことです。言い換えると、あなたの理論的な試みの基礎にあるのは、鋭く核心をつくと同時に時に内省的でもあるあなたのとても個人的な声です。

同様に特徴的なのは、詩的言語を用いつつ、有色人女性が書くことに関与するその方法です。それらは哲学的で、理論に基づいたテクストであると同時に、散文、詩、自伝のようでもあります。この点に関しても、いま少しお話しください。

トリン　あなたが評価してくださったことをうれしく思います。それは、私がこれから議論しようとしていたことにさらなる次元をつけ加えてくれます。あなたご自身の言葉でいう「理論的な試み」においてあなたが刺激的だと思われているものは、まさに本書の出版社を探すにあたって私が何度も直面した問題の根源にあるもののように思われます。本書のテーマは、一般的な出版社にとっては、さほど関心を引くものではなく、また妥当なものでもありませんでした。しかし、そうした事柄はさておき、出版社や出版社の依頼で書評を書いた評者たちからも広く拒絶されたのは、私が選んだ書き方でした。少なくとも知的な問題に関して、境界を横断することのディレンマをかくも広範囲に経験したことはありませんでした。アカデミズムは、「学術」的営みを構築するものを自身の力で正常化することに余念がありません。だから学術的な言語を逸脱するすべての書き方を拒絶し、そうしたかたちで理論化されているものを承認することはありません。アカデミズムの判断基準に照らすと、「理論」として分類できないというわけです。同様に、過激で知られる出版社も本書を拒みました。挑発的な修辞学と自由な思考に基づく主張を公平に扱っていない、というのがその理由でした。また、フェミニズムの出版社からは、「あまりに思索にふける内容であり、様々な集団の人々がテキストとして活用するのはむずかしい」、あるいは、「出版社が求める内容ではない」という理由でも本書は拒まれました。そして最後に、創造的執筆活動に焦点を当てる小さな出版社には、本書は「不純」だと非難されました。理論的で挑発的で詩的形式をもつものの、それらが無造作に混じり合わされており、その「不純さ」が著書をだめなものにしているというのです。

本書のなかで闘われているもののある部分は、理論が詩といかに分かちがたく関係しうるかを示すことにあります。つまり、意味が教条的（ドグマ）になるのを妨げる時、語られた通りのものとして終わることを妨げる時、その結果、このような意味作用のプロセスのなかで語る／書く／読む主体のアイデンティティが揺さぶられる時、理論と詩はいかに交わり合うのか。今日、理論家は詩に対して激しい反応を示す傾向があります。彼らにとって、詩とは主観が確固たるものとして現れ、（言葉が創造され、文章が美しいリズムを刻むといったふうに）言語が審美化されるもの以外の何物でもないのです。しかしながら、詩とは、多くの有色人たちが自身の闘いを表明する場所でもあったのです。例えば、キューバやアフリカの詩人を思い出してください。また、アジア、ヒスパニック、アフリカ、ネイティヴ・アメリカンの文学を詳しく調べてみれば、疑いようもなく、詩とは貧しい人や有色人たちの代表的な声なのです。したがって、詩的言語とは、芸術のための芸術を目的として使われてしまうと、陳腐で独りよがりになりがちなものの、それを拒み、言語を最もラディカルなものとすることができるなら、そうした人々の声を受けとめる場所になるのです。

フェミニストが執拗に指摘するように、女性は経済的に抑圧されているばかりでなく、意思表明や思考の形式において、文化的にも政治的にも抑圧されています。したがって、言葉は闘いの場としてこのうえなく重要です。意味はその複雑性を保持しなければなりません。仮にその複雑性をなくしてしまうと、権力をめぐるゲームにおいて、言葉はただの手先の駒になってしまいます。散文だけで執筆するジュリア・クリステヴァのような批評家も、詩的言語のなかにこそ革命の可能性が宿っていると考えています。私にとっての政治的責任とは、それぞれの読者が同じ言説やテクストを読むなかで、自身の言葉で闘い始める方法を自ら見つけられるような方法で意味を届けることです。

――本書の核にあるのは、一般化し、同質化させようとする人文科学の大きな物語（グランド・ナラティヴ）に見られる言葉や言説を問いただすことにあります。ここで興味深いのは、あなたはそれに対抗する言説を構築するのではなく、そこから出たり入ったりしながら、そこで想定されているものやイデオロギーの基礎となるものに挑み、再構築し、新たな地平を築こうとしています。

あなたは次のように述べておられます。「分析的な言葉と詩的な言葉のあいだを無造作に移動することから、破壊的で思慮のない底なしの物語のようにつねに移り行く流動性まで、そのテクストで顕わにされているのは、有色人女性がもつ一元化しえない主題を、支配的(マスター)な言説との取り組みとその解消を通して、書き写し、脱－記述することなのです」。

多くの点において、支配的な言説と関わりつつ、同時にその関係を取り消すのにしばしば最も適した場所にいるのが有色人女性だと思います。というのも、そうした「主人(マスター)の家」に入ることが可能となるのは、礼儀正しく招待されるというより、無理になされるものだからです。同様に、私たちは権威と正当性の声としての「白人、男性、あるいはキリスト教の主人」をもちません。実に多くの理論的な境界、私的な境界を横断してきた個人でおられるあなたに、それはどのような結果をもたらすと思いますか。

トリン　その質問にお答えするために、前半の部分で十分に説明できていなかった重要な論点に立ち戻りたいと思います。つまり、理論の役割という問題についてです。理論が置かれている状況は、フェミニズムについて語ったものとは異なります。理論を行き詰まらせるような方法で使う人たちが存在し、そうした場合には、理論は境界を無効にするどころか、境界を築き閉鎖的になる方向へと向かいつづけます。そこに築かれるのは、専門知識と特殊化の空間であり、それが強化され拡大していくなかで厳格な人たちだけで作られるネットワークが求められるようになります。そのような状況は、例えば映画理論に顕著に見受けられます。映画理論はただの制度的な探求になりがちで、確実に袋小路に向かっているように思われます。社会を変革していくための重要な場所として（複数の）言語について思索する時、理論とは、世界を区切られたものとしてとらえる見方にはっきりと挑み、抑圧の本質とその多様な現れがどのようなものかを問いつつ、すべての議論に存在する（言語的な）割れ目を顕わにするものであるべきなのです。

そのように、人文科学の大きな物語を中断させることは生き残りの術となり、たんなる対抗的言説では十分ではありません。例えば、本書で私は直感と知性のあいだに見られる古くからの分断に立ち戻り、女性が「抽象的なもの」をどう感じ取るのかと関連づけながら、理論について短く論じています。私は『ありのままの場所』で、主観を一元化することは不可能だという考えを取り上げたのですが、それにより対立や分断の減少に向けて問うことに貢献できるかもしれません。この作品には、三人の女性のナレーションがあり、それらは概して、三種の情報を構成しています。一つの声はアフリカの作家と村人の諺を引用するもの、第二の声は西欧の著書に基づいて理論的に語るもの、第三の声は個人的な逸話や感情を述べるものです。このように分析的に分けることは確かに有益ではあるけれど、三つの声はその機能が時に重なり合うため、そのような分類はかならずしも適正であるとは言えません。最初の声はおそらく最も具体的ですが、その一方で、空間に広がる抽象的な性質ももちます。それは西欧が認識できるような理論的根拠を知らせるものではないので、西欧の観客は時にそれを「象徴的なもの」と分類し、あるいは、何か「知識を与えてくれる」抽象的なプロセスと考えるでしょう。これは誤りではありませんが、正しくもありません。誤りでないというのは、ここで表象されるものは視覚的にも聴覚的にも、私自身の背景と文化の双方の合理化を介在させつつ描かれるからです。正しくないというのは、抽象的なものと「合理的な説明」とを同一視しがちなそのような傾向は、想像力に乏しいために起きる貧しさであるからです。これら村人たちの会話を聞いても、それが抽象的なのか具体的なのか決して区別できないでしょう。そして、観客はサインやシンボルが作用するレベルにより、彼女たちの日々の生活の細部へとそのまま導かれていくのです。そこにこそ、私たちの生きる空間に宿る詩の力があると信じています。そして、それは理論がその意味作用において詩に最も近づいた時に到達できるものでもあるのです。

　大きな物語に関わると同時に関わらないでもいるといった先の事例は、あなたのご指摘通り、私たちが「主人の家」に入ることは、つねに迫られたうえでの侵入であるとの事実によって強められます。私がその「中心」で脚光を浴びながら歩いている時でさえ、あるいはそのような時にこそ、とりわけ私は自分がいかに徹底的に場違いな「他者」であるかということを感じています。選択の有無によってというより、生き残るための本能と批評的必然性が混ざり合うことから、そう感じるのです。人がつねに自身の言葉や専門領域のなかで周縁化されているという事実は、ここでは、生きるうえでの指標として学ぶべきものです。私は自分が活動するどの領域においても、このことに言及せざるをえません。つまり、私は一つの学問的境界、一つの分類から他の学問的境界および領域へと、(「彼らが探し求めているものに応える」ことのないなか)いかに追いやられてきたのか、学術会議に出席する際、どこに分類されるのか、様々な分野の公的イベントのなかで、どのように紹介されるのか、著書を通してどのように理解され、感想をもたれるのか、いかにコミュニティに拒まれ、他のコミュニティによって再度受け入れられるのか。引き受けることを期待されている仕事の種類、そして、立ち入ることを許されている、あるいは、許されていない制度的領域などです。そのほかにも多々あります。異なる要素が入り込むことと周縁へと追いやられること、これらはつねに強く結びついてきました。この結びつきが強くなればなるほど、立場は脆くなります。これは何も新しいことではありません。

――急進的なポストコロニアル主義者の知識人のあいだで実に頻繁にとられているステレオタイプやアイデンティティに関する質問に話題を進めたいと思います。すなわち、「私たちは分裂・断片化の犠牲者なのだろうか。あるいは、まさに文化的なハイブリッド、そして、置き換え(ディスプレイスメント)や周縁化といったポストコロニアル的経験をもつがゆえに、私たちはまさに統合されたものとして中心に位置しているのだろうか」という問いかけです。

トリン　私はそれを分断と統合の対立とはとらえません。問題は、分断それ自体の概念のなかで起ることをどのように理解するかです。仮に断片を全体に対立するものととらえるなら、私はそれに親しみを感じません。というのも、それは私が先ほど問いかけた分断された世界観をもたらしてしまうからです。しかし、もし断片がそれ自体を主張し、統一する全体という概念に回収されることがなければ、分断は差異とともに生きる術となり、それらが対極へと姿を変えることも、また、不安定さゆえに断片を同化しようとすることもありません。分断はここでは意味のある言葉です。というのも、それはいつも人の限界を指し示しているからです。自我とは著書と同じく、中核にあるものより、プロセスのなかに形成されます。したがって、人は自身に関する問いかけを自身が何者であり何者でないかという限界にまで押し広げるなかで、自分自身を文化的なハイブリッドの文脈のなかに発見するのです。私はいつヴェトナム人で、いつアメリカ人なのでしょうか。いつアジア人で、いつアジア系アメリカ人、アジア系ヨーロッパ人なのでしょうか。私はどの言語を話すべきなのか、どの言語が私にとって最も身近なものであり、どのような時にその言語は他の言語よりも適正なものとなるのでしょうか。そのような限界と向き合うことにより、人は限界を修正する可能性を手に入れます。それゆえ、分断は境界で生きる術になるのです。

——それでは、あなたは女性、有色人女性、作家や映画監督としてのアイデンティティの問題をどのようにとらえていますか。

トリン　同様に、もしそれが歴史的にエスニシティやジェンダーを貶められてきた私たちにとって再出発の地点であるとすれば、アイデンティティは生き残りや反抗といった政治的／個人的な戦略としてある必要があります。しかし、もしそれが終結点として、つまり「正統に」到着した地点として結論づけられるなら、闘いは「もう一つのもの」——逆転しているようですが、家父長制による力関係に過激に挑むより、主人によって定義される「他者」という概念を永続化すること――に関わる問いかけへと絞られていきます。アイデンティティの主張は、しばしば「戦略的な」主張となります。そのプロセスのなかで、自身の状況をあらためて問うことが可能となり、また、文化的、歴史的、政治的にいかなる人格をもっているのかをしっかりと理解するようになるのもこのプロセスによってなのです。前半で言及した、私は**何ものか**、といった内省的な質問はもはや意味をなしません。そうではなく、**いつ、どこで、どのように**私（あるいは誰それ）が存在するのか、が問題なのです。したがって、逆転の戦略が置き換えの戦略に複雑なかたちで織り込まれていない時、私は逆転の戦略には懐疑的です。ここでは、置き換えの概念はアイデンティティが生きる場所にもなっています。つまり、私が戻るべき本当の私というものはありません。女性、有色人女性、そして作家を統合する全体的な自我というものも存在しません。その代わりにあるのは、差異、そして終わりのない、不確かな、恣意的な閉合（欠けているものを主観が補い完全なものとして認識する心理作用）を通して、自我を多様に認識することです。

――あなたの映像作品に関して、さらに具体的にお話ししてみたいと思います。映画製作の実践において、あなたはどのようなことを意図しておられますか。このような質問は、私たちが先ほど話していた、支配的な文化は多くの点で大衆小説のようなものだという問題に立ち戻ります。あなたが映像製作と執筆において取り組んでおられる仕事は、実際に、視覚にまつわるすべての領域の言説、その文化的地勢に変化を与えていると思います。

トリン　私の映画製作を一つの意図から説明することはむずかしいです。各作品にそれぞれの意図が宿るからです。しかし、異なるいくつかの作品を通して思い当たることをたどってみようと思います。例えば、私は初期の映像作品を製作していた時、ほぼ同じ時期に『女性・ネイティヴ・他者』を執筆していました。しかし、私はその著書のなかであえて映画について言及しませんでした。そこで私が取り組んでいたのは、映画製作ではなく、書くということだったからです。しかし、映画と著書の両方において私が試みていたのは、映画製作者であろうと、あるいは作家であろうと、私たちを規定している表現の道具ないしは作品間の関係について深く考察することでした。そうすることで私が願っているのは、主人が支配するゲームのなかで主人を打ち負かすだけでなく、私たちの意識のありようを変容する道具を、私自身のみならず他の人々も手に入れることなのです。私の映画は、それに先立って存在するアイディアやヴィジョンを具体化したものではないので、作品を具体的にかたちにしていく方法は、映画製作のプロセスを通して、あるいは、複数のプロセスのあいだで起きることに大きく左右されます。したがって、何についての作品かと作品はどのように製作されたのかという問題は、わかちがたく結びついています。

最新作『性はヴェト、名はナム』を例にとってみましょう。この作品では、アイデンティティ、国民の記憶、（複数の）文化に関する多くの問いかけが密に交わっています。ヴェトナムとアメリカ合衆国に生きるヴェトナム人女性に焦点を当てることで私が関心を抱いたのは、私たち自身の物語や分析を通して、いかに私たち自身を映しだすのかということでした。それと同時に、ヴェトナム文化の内外にいる人々が歴史的に作り、もちつづけてきた様々なイメージの広がりを経るなかで、私たち自身がどのようなものとして構成されるのか、という問題にも関心をもちました。本作品において、国民の記憶や口承の伝統がもつ役割はとても重要であり、したがって私がそこで観客に提示しているのは、女性が置かれた状況や女性による反抗の歴史に関する「事実」に基づいた情報ではなく、歌、諺、物語などです。それらは、彼女たちが経験してきた抑圧や闘いに光をあて、人々が彼女たちをいかに、どのようなものとして記憶しているのかを強調するのです。この作品は、例えば、複数のアイデンティティに関する質問を無効にする一方で、国家とジェンダーが同時に複数のレベルで交差しています。一つの文化のなか、そして、複数の文化のあいだの翻訳の問題において、口頭証言および「声を託すこと」に力点を置くインタヴューの政治学において、さらに、ドキュメンタリーの虚構性において、それらは交差しているのです。

これらを踏まえたうえで、先ほどのあなたの言葉、つまり特別な意図を探し求め、説明し、含み、弁明すべく、私が思い当たるのは次のようなありふれた質問です。なぜ書くのか。なぜ映画を作るのか。当然ながら、この質問には一つだけの答えは存在しません。おそらく、「なぜ作るのか」を問うよりも、物事をどのように存在させるか、もしくは存在させないか、それらがどのように具体化していくかなどを問うことが答えとなります。おそらくこの文脈において、抵抗とは対立ではなく、困難な「自由」、自由な存在としての自らを反証するものとしての困難な「自由」を引き受けることなのです。

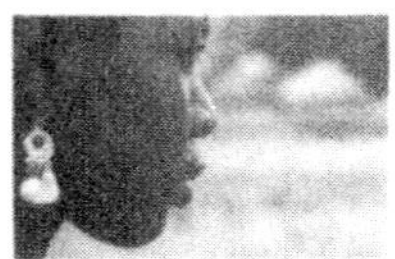

R

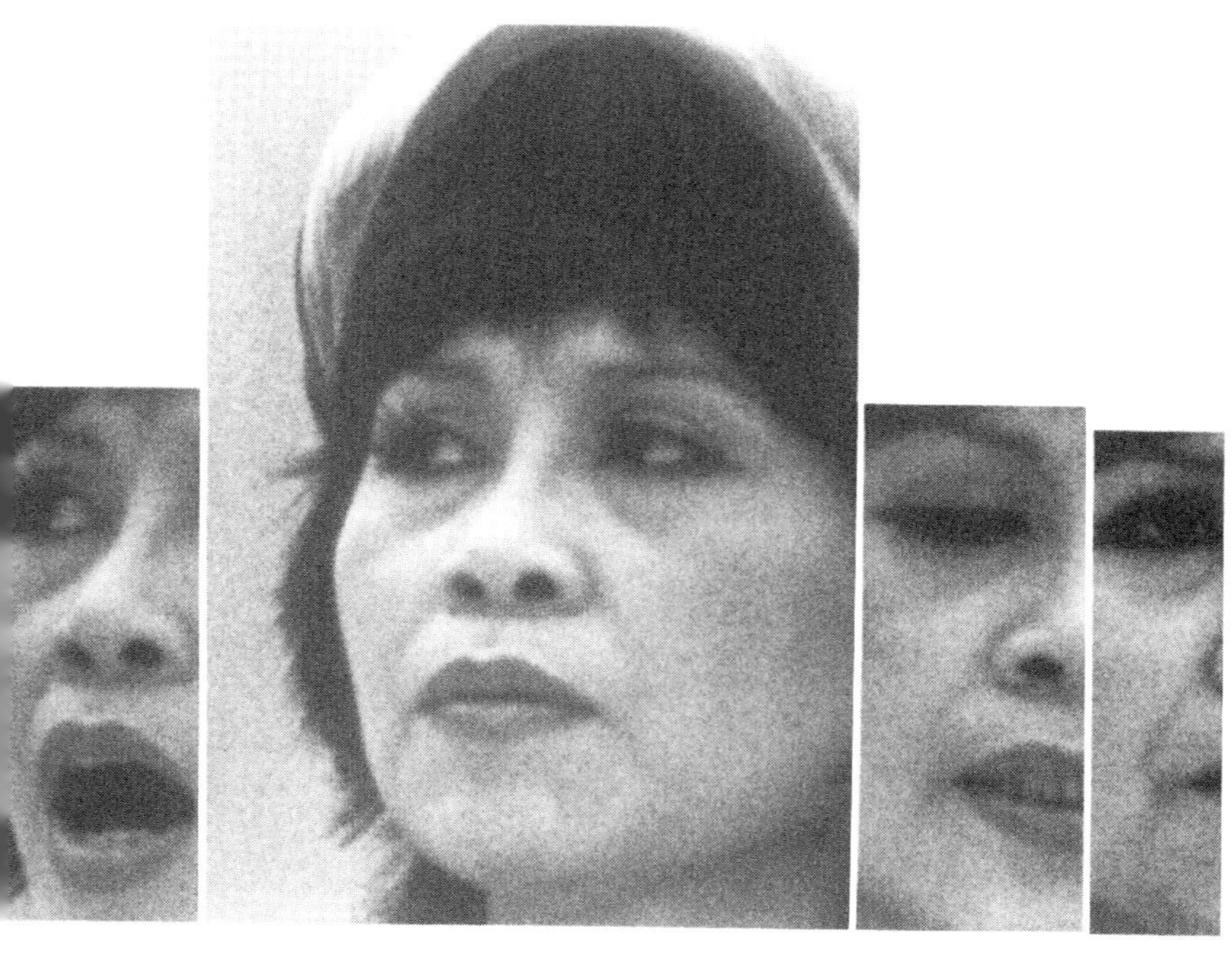

SV

第七章　「なぜ魚の棲む池なのか？」——ドキュメンテーションの中心に宿る虚構的（フィクショナル）なもの

ラリーン・ジャヤメーヌ、アン・ラザフォードとの対話

一九九〇年六月にシドニー・メルボルン国際映画祭で『姓はヴェト、名はナム』が上映された際、ゲストとして招待されていたトリン・T・ミンハに対して、ラリーン・ジャヤメーヌとアン・ラザフォードが行ったインタヴュー。初出は『フィルムニュース』(シドニー)二〇、一〇号(一九九〇年一一月)。

ジャヤメーヌ　あなたの発言を引用します。「境界や境界線を横断するということは、カテゴリーやレッテルがもたらす病いを明確に主張しながら生きることである。それはものごとを単純に分類しようとする企てや、分類のなかで落ち着くことや、分類可能な作品を生み出すことなどから得られる安逸に抵抗を試みることを指す」。この文脈のなかで、あなたの作品をドキュメンタリーとして位置づけることには、どれほどの妥当性があるのでしょうか。ことに、あなたはこのジャンルの規範的な形式の幾つかを取り消しておられるわけですが。

トリン　言葉を換えていうと、そもそも映画にはなぜそのようなカテゴリーが存在するのでしょうか。私自身は自分の作品を特定のジャンルに押し込めるつもりはありません。ただ、それらがどのようにして観客の前に提示され、受けとめられるのかを無視するのは困難です。カテゴリーの問題は映画史の変遷を通していまだに混乱したままですが、その問題を展開するにあたっては二つの点を考慮に入れなければならないでしょう。つまり、映画史はいかに形成されてきたのか、そして、映画を消費する際に私たちが知らず知らずに採用してしまう態度、この二点です。例えば、リュミエールとメリエス、エイゼンシュテインとヴェルトフ、その他にも例はありますが、それぞれのあいだに引かれている便宜的な境界線はなぜ存在するのか。一体どのようにすれば、今日の映画の編成における分類の理論を正当化することができるのか。これらの問いへの答えは複合的なものです。そこには、高度に商業化されたプロダクション・システムと関連する、映画製作や映画観賞の物質的条件だけではなく、差異の政治学の実践が含まれています。つまり、明確な境界線を押しつける行為のいずれにも宿る領土的精神を強固にするのでなく、それに立ち向かうことを可能にするような実践です。このように複雑な状況を少しわかりやすく説明するには、次のような例がふさわしいでしょう。人々はフィクション映画を観に行く時はたいてい面白い物語を期待します。ところが、ドキュメンタリー映画を観に行く時は情報と真実を期待するのです。私自身が映画で関心を寄せているのもまさに後者のような概念ですから、私の作品をドキュメンタリーとして位置づけるのも間違いではありません。たしかに私の作品は「闘争の場（バトルフィールド）」なのですから。しかし、それ以上に自身の映画を前にすると気づくのは、幾つもの境界線――フィクション映画やドキュメンタリー、他にも例えば実験映画の境界線を横断する様です（多くの人にとって「実験的」という言葉は前衛的なものを示す用語として使われるのみです。それは「オルタナティヴ」なものであるにもかかわらず、一つの映画のカテゴリーとみなされるのみです）。境界線を修正し押し広げる作業は一時に一方向でのみ終始するものではありません。つまり、私の作品が問題にするのは、自らの内部性であるとともに、さきほど言及したようなカテゴリーへと向き合う外部性でもあるのです。

ラザフォード　あなたの作品の取り上げられ方や言及のされ方の多くは、ドキュメンタリーの脱構築という視点に基づいたものでした。まるで、あなたが用いるあらゆる技法が、ドキュメンタリー形式の標準的装置にことさらに立ち向かっているかのようにです。私には、そのような装置について論じるのは、明らかに妥当性を欠くと思えます。

トリン　そうですね、民族誌映画の製作という観点からのみ私の作品が語られた時期がありました。理由は、私が撮影対象に選んだ主題や、私が提起した特定の人類学的問題にあるのでしょう。当時強く感じたのは、そのような位置づけは、私の作品のなかで何が賭けられているのかを理解するためではなく、一種の現実逃避として使われているということです。そうすれば作品の批評的領域を映画製作の特定の慣例に限定するのに都合がよいですが、一方、作品の戦略上の選択がはらむ含意の豊かさを否定することにもなります。近頃、私の作品はドキュメンタリーの文脈で語られることが多くなってきましたが、それは最新作『姓はヴェト、名はナム』のためでしょう。ただ、この作品で扱った表象の問題は、民族誌映画やドキュメンタリーの製作にのみあてはまるわけではありません。私は人類学との関わりを通して問題を提起しているのですが、それは明らかに人類学にのみ固有の問題ではなく、むしろ人文科学や社会科学全体に共通する問題です。つまり私にとって、作品で取り上げたすべての問題は、時にそれらが押し込められる枠組みと比べてはるかに広い視野をもつものです。もっとも、作品化するに際して、個別性や文脈との結びつきが失われることはありませんが。

ラザフォード　民族誌映画との関係で浮かびあがる問題を取り上げてみましょう。例えば、『ルアッサンブラージュ』の場合、人類学や民族学の知のあり方に挑戦する方法論の一つとして、視覚的な魅力――知識を得ることへの期待とは異なる観賞の形式を生むものとしての見ることの魅力や快楽――を構成するような要素と取り組んでおられるように思います。『ルアッサンブラージュ』であなたが企てられたのはそういうことと考えてよろしいでしょうか。『姓はヴェト、名はナム』はそうした戦略から大幅にシフトしているように思えますが、そこでは一体何が起きているのでしょうか。

トリン　それぞれの作品に対してなされる様々な評価を、私はいつも興味深く受けとめています。私自身はそれほどの飛躍が『姓はヴェト、名はナム』にあるとは思いません。むしろ、同じ類いの問題を異なる視点、つまり、知の生産における異なるコンテクストから取り上げたのだと考えています。ご質問のはじめの部分に話を戻しましょう。あなたが指摘された問題は、私の作品のなかの時に説明が困難な、ある一面に関するものです。つまり、視覚的魅力や視覚的快楽へのあるこだわり、私の言葉でいうと、沈黙や音楽、そして環境音などを含む映画の非言語領域へのこだわりを通して、知識のパッケージ化に抵抗するということです。『ルアッサンブラージュ』の視覚的快楽について話す代わりに、ここでは次のように述べておきましょう。当時、フェミニズム映画に詳しくなかったこともありますが、私が主に取り組んだのは視線の問題でした。西欧社会はどのように異文化を見てきたのか。また、対象となる異文化は眼差しを受ける者としての自分たちをどのように見ているのか。そして、見つめられる傍観者としての私自身の物語は、そのような思索といかに絡み合うのか。対象物を見るということは、視線を見ることではありません。別の表現を用いるなら、人は相手の目を見ている最中には視線を見ることはできず、その逆も真なりということです。そして、多くの観客が私のこの作品を前にして理解に苦しむのも、この点から説明がつきます。彼らは対象を探し求め、何らかの文化のパッケージ化を期待するのに終始しているのです。

第一回ロバート・フラハティ・セミナーでの討論は印象的なものでした。『ルアッサンブラージュ』上映後に催された討論会の終盤に一人の男性が苛立ちながらただこう言ったのです。「これは何についての作品なのか教えてほしい」と。それに対して私に可能な答えは、何についての作品かを要約することは出来ない、というものでした。作品がそれを拒否しているのですから。この作品が何に関してのものであり、何に関してのものでないかについて、観客たちのあいだで一時間以上にわたって熱い議論が繰り広げられましたが、私自身はその問題をまとめたり結論を出したりする必要は感じませんでした。視線の問題は自明すぎるようでいながら漠然ともしており、簡単には要約できません。誰が誰を見ているのか、どの場所から視線が投げかけられているのか――こうした事柄はどれも絶えずシフトしているのです。もう一つ重要な点は、――文化のように――さほど明瞭でも曖昧でもない何かを見たり聞いたりする作業のなかで、あえてリスクを負って、特定の視線、特定の聞き取り方や声を導き入れることかもしれません。

ジャヤメーヌ　エジンバラ映画祭での第三世界映画のイベントでは、一、二名のアメリカ黒人が『ありのままの場所』と『ルアッサンブラージュ』に言及して、黒人でないあなたがアフリカを題材に映画を撮ることの有効性を問題にしていましたが。

トリン　アフリカについての映画を撮るのが、なぜ彼らではなく、アジア系の女性なのか。そのような怒りが例えばアフリカ人からではなく、ことにアフリカ系アメリカ人から発せられるのも、民族の歴史を考慮すれば理解できます。この場合、難色を示されたのも当然だと思いますし、質問をされた方には、そのように答えました。そこでは、私が映画のなかで示した差異が、決定的な意味を帯びることになります。しかし、それは易々と商品化されるものではありません。そのような差異においては、政治的位置づけよりも直接的対立の方が見えやすいのです。つまり、そうした一般的な怒りはものごとを非常に狭く示すことにもなります。それは、新しく複雑な抵抗の形態についての近視眼的姿勢や領土的精神の無批判な受け入れを意味するでしょう。そうした姿勢の結果として、すべての周縁的なグループが限定的な場所へと追いやられてきたのです。私たちは有色人種として、自分たちの文化だけを問題にするよう囲い込まれてきました。つまり、アジア人はアジアの、アフリカ人はアフリカの、そして欧米人は世界を題材にした作品を撮り続けることになるのです。私の作品への似たような感想を耳にするたびに、自分に許された活動の範囲や領域がいかに狭いかを実感せざるをえません。しかも、そうした反応は、支配集団からと同じくらいに、自分の属するコミュニティや有色人のコミュニティからももたらされるのです。

ジャヤメーヌ　あなたの作品は一連の慣例を取り消し、脱構築しているのではないか、という質問に話を戻しましょう。従来のインタヴュー形式の解体という点に関していうと、あなたの演出なさるインタヴューはパフォーマンスとして行われており、独特の演劇的照明のもと、いわば声がポーズをとり、カメラが演じるといった趣があります。しかもその修辞法はそれぞれのインタヴューに応じて異なっています。これらの試みを通して、あなたは慣例を取り消すと同時に、語られる言葉にほとんど儀式的力が宿るような場を創造されています。それはあなたが説明されるように、ありきたりの手法や諸々の慣例をパロディにしたり是正するだけではなく、それとは異なる何かを実践しておられます。監督として、自身の作品の観客として、それが何なのか、お話しいただけますか。

トリン　インタヴューを演出することをなぜ選んだのか、に話を戻します。ドキュメンタリー映画では、トーキング・ヘッズ方式の単調さを回避しようとする場合に、再演の手法がよくとられます。再演は多くの場合、演技や物語を展開させたいという要請に関係しています。しかし私の作品では、普通なら思いもよらないところでの再演が使われており、それがインタヴューなのです。そうするのは、あいだ（インター）を見る（ヴュー）という観念そのものを、そして、映画的枠組みとしてのインタヴューを問題にしているためです。したがって、インタヴューをメッセージに正当性を与えるためのただの装置にはしません。そのようなアプローチはわずかな効果しか生まず、実際のところトーキング・ヘッズ方式自体を退屈なものにしています。語ることや語る人に問題があるわけではありません。ありきたりで平凡な生活に対する――あるいは自らの退屈さに対する――「治療」として、物語や演技を導入するという型にはまればはまるほど、ハリウッドで「論争映画（イシュー・フィルム）」と呼ばれる作品を汚し、一般的な映画言語を限定することになるのです。

私は『姓はヴェト、名はナム』において、再演といわゆる自然なインタヴューの双方に取り組みました。これらが共存し相互に作用したおかげで、監督でかつ観察者である私自身にとって、また願わくは観客に対しても、批評性に富む創造的空間を切り開くことができました。演じられたものと現実のものの混在から生み出されたのは、表象における虚構的要素、つまり人生の虚構のなかでとらえられた映画という虚構なのです。もちろん、ここで問題なのは、虚構と現実の境界線を曖昧にすることで、再演という策略を見えなくするといったことではありません。このような問題は作品を通して、様々な暗示のなかに確認できますが、その暗示をいつきちんと拾い上げるかは観客一人一人に委ねられているのです。

女性たちの語り方、カットを挟まないモノローグ、あるいは照明や最小限のセットなどによって、映画が始まってから間もなくすると、そのインタヴューが再演であることに気づく観客もいるでしょう。他の多くの観客も、インタヴューの見せ方が時間とともに明確になることから、再演を意識することになります。作品の冒頭に映しだされるインタヴューは、かなり「控え目」に演出されていますが、一時間かそれ以上たって、女性が話しながらゆっくり前後に歩き、カメラのフレームから出たり入ったりする姿が映しだされると、演じていることがはっきりしてきます。普通ならこのようなことは、インタヴューでは起きないからです。次に別の女性がカメラに背を向けて目の前のランプの灯を凝視しながら話す場面が映されるのですが、それはさらに不自然なものです。映画のこの場面は、インタヴューされる人の言葉とドキュメンタリー装置としてのインタヴューに向けた映像作家の内省がともに映される場でもあります。それでも、別の観客のなかには、作品がもっと先に進んでから初めて再演に気づく人もいるでしょう。一番わかりやすいのは、ヴェトナム語での「本当の」インタヴューのなかで、女性たちがなぜスクリーンで役を演じることを了承したのかを語り合い、彼女たちが「映画女優」になることに関して友達や親戚が述べた感想を語り合うところです。

つまり、この作品には幾つかの異なる通路が用意されているのです。演出と現実を混在させることにより、インタヴューの政治性への注意を喚起するとともに、ドキュメンタリーでは当然視されがちな操作性の問題を浮き彫りにすることができます。作品の後半では、「本当の」インタヴューをより慣例的なやり方で編集しているために、頻繁なカットや特定の言葉のモンタージュ、他にも様々に操作を加えた要素が目に見えるものになります。より自然で、ドキュメンタリーの慣例に近いと思われるものが、実は、この作品の前半同様（それ以上ではないにしても）、虚構的なものなのです。

それ以上に重要なことは、仮にこの作品の再演部分での私の立場が演出家そのものだったとするなら、いわゆる「実人生」を扱う部分での私の立場はむしろコーディネーターだったということです。というのも、彼女たち自身の物語に話を進めるに際して、彼女たちにはどのように撮影されたいかを自分で選んでもらったからです。彼女たちのたどり着いた選択には苛立つこともしばしばありました。というのも、私が期待していたのは彼女たちの日常生活と密な関係をもつものだったのですが、彼女たちが選んだのは、まったく存在しないとはいわないまでも、ほとんどありえないものだったのです。例えば、ある女性は魚のいる池での撮影を望みましたが、彼女自身の家には池がなかったので、撮影隊全員で彼女のために条件に適った池を探すという試練を経験しなければなりませんでした。なぜ魚のいる池なのか。なぜ、日常的な空間のなかで本当に気に入っているものを選ばないのか。いいえ、私は魚のいる池のほとりで撮影してほしいのです、と彼女は言います。しかし、あとからその場面を見て初めて（その理由を訊ねられ彼女が答えつづけた唯一の答えは、「魚のいる池が好きだから」だったわけですが）、魚のいる池が、彼女個人にとっても、この作品にとっても、いかに重要であるかを悟ったのです。彼女は労働者階級の女性で、当時、とても小さなアパートに大家族で住んでいました。魚のいる池とはアジア文化では、つねに豊穣を意味するシンボルであり、そこに彼女は夢の空間、つまり日々の仕事のプレッシャーから解き放たれ、くつろぐことのできる瞑想的な空間を求めていたようなのです。彼女がそうした選択をしたという事実は、彼女自身の状況を考えると意味深いものがあります。またそれにとどまらず、ある人の人生をよく表すものを見つけようとすると、その人の日常生活のたんなるディテールをはるかに越えたものを手に入れることになるのがわかります。

同じことは彼女たちの衣装の選び方にも当てはまります。西洋の多くの観客は、登場するすべての女性が中産階級であることに疑問をもったようです。——少なくとも彼らの目にはそう映ったのです。衣装に織り込まれたコードも階級情報をもつために、彼らが自分たちの衣装コードにひきずられて判断を誤ったという事実自体が階級の問題となります。貧困層の人々や、第三世界国家出身の人々のあいだには、プライドをもって地味に装うという伝統はまったくありません。逆に第三世界の人々は、公の場にいる時——例えば映画に出演して何千もの観客に見られる時——には着飾る文化があるのです。したがって、私の作品に出演した女性たちも着飾る道を選びました。派手な色のコンビネーションには何度も当惑しましたが、最終的には彼女たちの選択を支持することにしました。そのように映されることを彼女たちは望んだからです。結局、衣装の問題は、この作品を織りなす一本の糸となり、女性の身体や国家としてのヴェトナムの（脱）領土化という問題と実に巧みに織り合わされています。ですから最終的には、この問題でとても偏狭な態度をとっていたのは、彼女たちではなく、私自身だったのです。こうした幾つかの事例は、虚構がドキュメンテーションの中心部にいかに作用しているのかを示唆するものです。自己を最も忠実に表象しようとする場合、そこにはつねに虚構性や想像力といった要素が介入するのです。さもなければ、それは表象でも何でもない、活力を失った「偽りの」表象となるのです。

ラザフォード　インタヴューで使われた様々な仕掛けに対するあなたの考え、つまり操作していることを意識させるための試みに話を戻しましょう。ただ操作を意識させるだけといった考えを超えたところで、さらに別のプロセスが働いていて、それは実際にある種のドライポイントになっているように思います。あなたがインタヴューに仕組んだ仕掛け、つまり書かれたテクストと語られるテクストの時間的ずれは、観客のなかに不確かさという揺らぎを起こしつづけるように思えます。いうなれば、それが再演されたインタヴューであることをある時点で悟るのではなく、解釈に関して絶えず揺れ動いている、というような。つまり、インタヴューが一つの作り物として見えてくるような場所にたどり着くことはなく、終始、虚構とある種の自然主義的な欲望の概念のあいだで揺れ動いているようです。あなたの作品には、そうした絶え間ない緊張や意味の揺さぶりから生み出されるプロセスがあり、それはただ操作性を気付かせるというよりはるかにダ

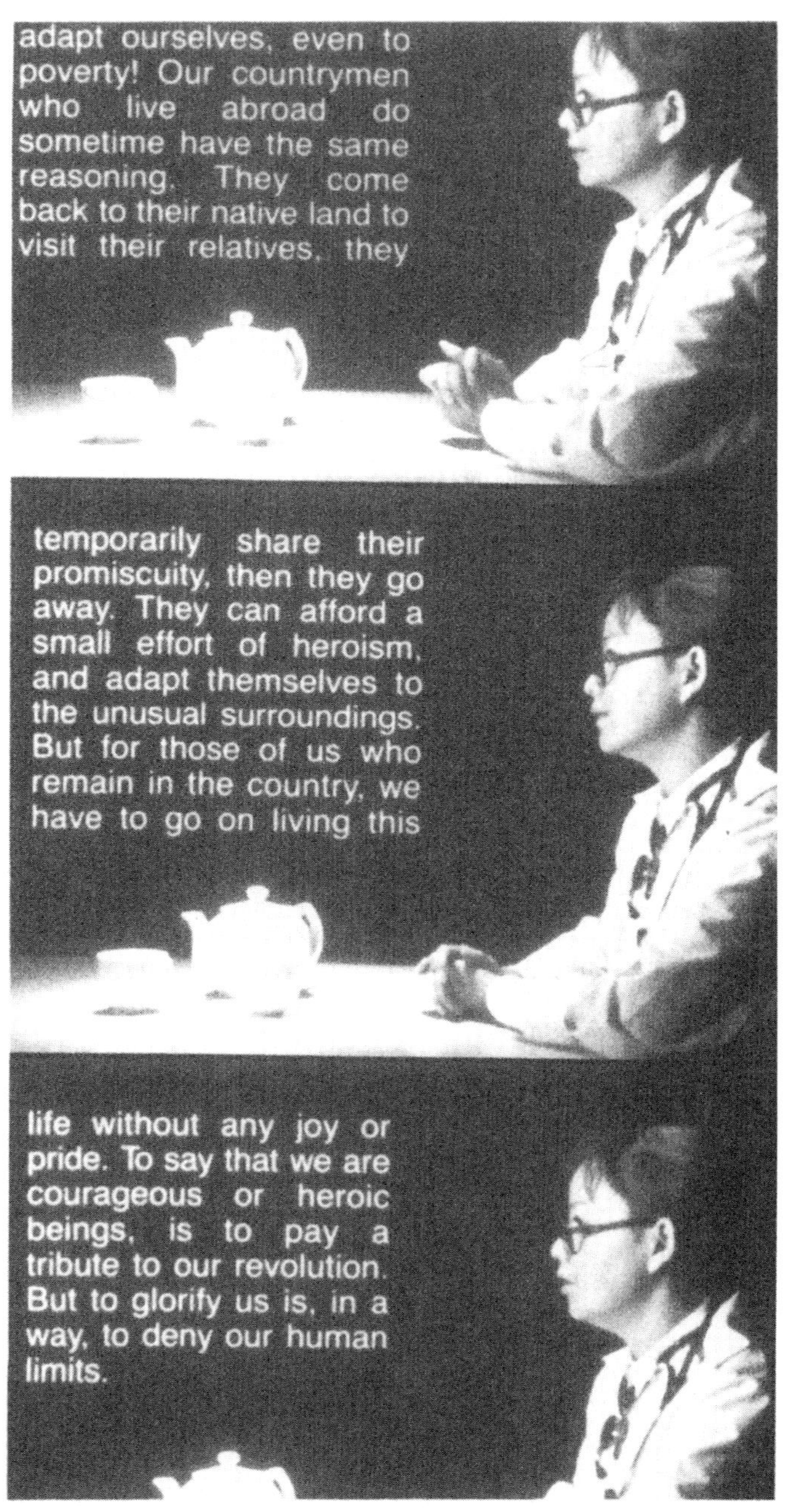
adapt ourselves, even to poverty! Our countrymen who live abroad do sometime have the same reasoning. They come back to their native land to visit their relatives, they
temporarily share their promiscuity, then they go away. They can afford a small effort of heroism, and adapt themselves to the unusual surroundings. But for those of us who remain in the country, we have to go on living this
life without any joy or pride. To say that we are courageous or heroic beings, is to pay a tribute to our revolution. But to glorify us is, in a way, to deny our human limits.

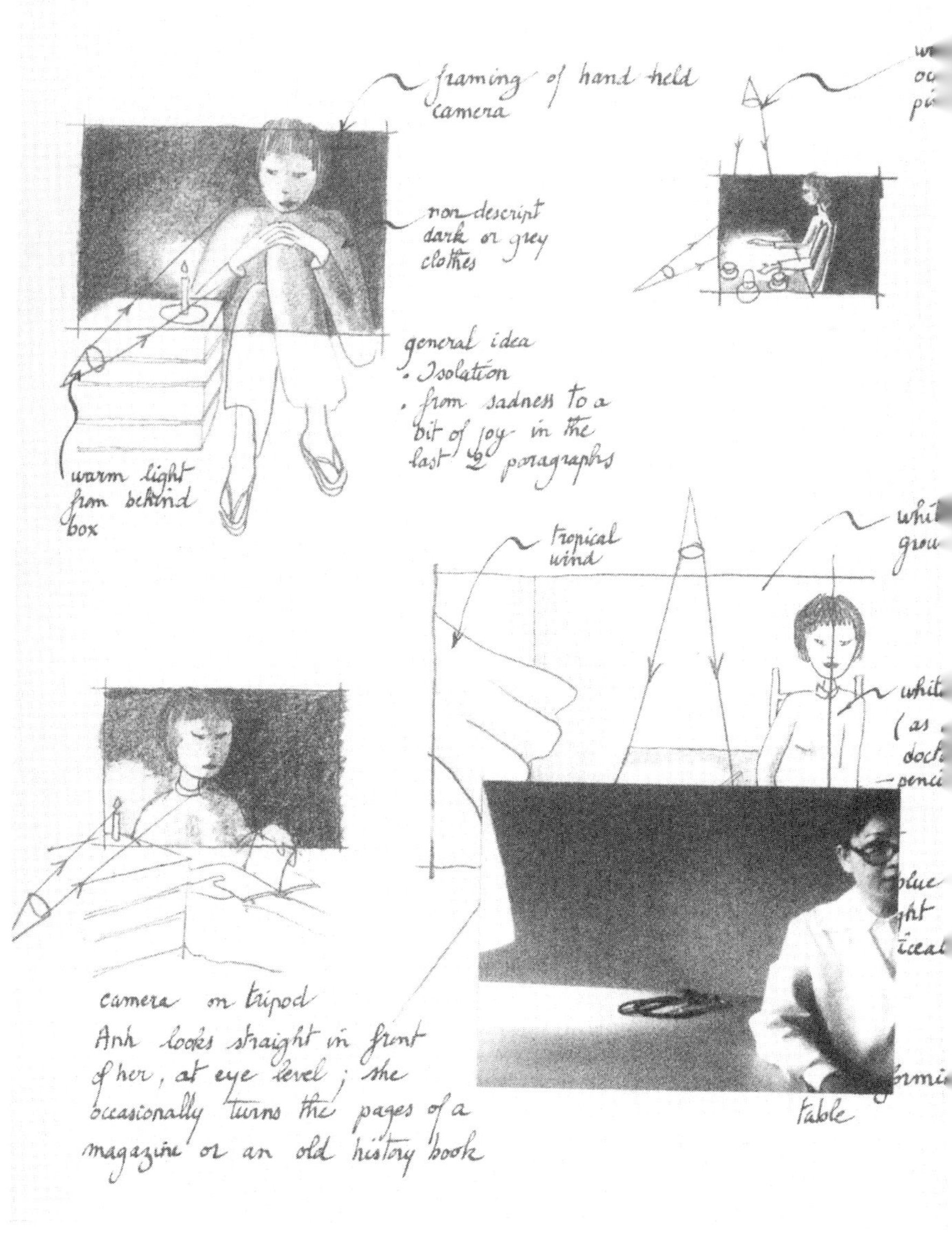
framing of hand held camera
non descript dark or grey clothes
general idea
• Isolation
• from sadness to a bit of joy in the last 2 paragraphs
warm light from behind box
tropical wind
camera on tripod
Anh looks straight in front of her, at eye level; she occasionally turns the pages of a magazine or an old history book
table

イナミックで緊張感に溢れたものです。

トリン　私もそう思います。おそらくあなたはこの作品の前半に言及されているのでしょうが、私はむしろ前半と後半の対照に力を注ぎました。実のところ、操作の問題はあまり考えていなかったと思います。ですから、そうしたとらえ方はあまりふさわしくないのではないでしょうか。ヴェトナム人を含む多くの観客がこの作品に様々な反応を示しましたが、この作品がいかに私の意図したように彼女たちに影響を及ぼすかを述べる人はいませんでした。このとらえどころのない領域を指摘し、作品が観客に及ぼす影響を具体的に指摘したり、いつどのように彼女たちがこの作品の異質なテンポや構造を体験し始めるのかを見極めることはむずかしいでしょう。観客の反応からわかったのは、作品の異質性が実際には、彼女たちに深い感銘を与えているということです。操作を顕在化するか否かはここでの論点ではありません。むしろ重要なのは、観客を意識的・内省的にする何か異質なことが起こっているということです。またよくあることですが、そこにはきわめて感情的な何かが起こってもいるのです。

意味の揺さぶりにより生みだされる緊張感に関しては、女性とエンパワーメントの関係で浮かび上がるとても興味深い問題もあると思います。数人の女性観客はこの作品を観てこのうえなく動揺したと実際に私に語ってくれましたが、それはイデオロギー上のこだわりからではなく、話された言葉と書かれた言葉とのあいだに起こることによってです。彼女たちに訊ねられました。女性たちが話をしている画面にテクストが現れるのは、女性たちから語る力を奪い、この作品に託したあなた自身の目標を危険に晒してはいませんか、と。そこで、この問題を議論するために、私の狙いがどこにあったと思うのか問い直してみました。彼女はとても苛立った調子で、もちろん女性の力を示すこと、話すことを通して女性に力を与えることです、と答えました。

ここで私は、ただ女性にパワーを授けることや、よく言われるように、かかわってくれた女性に「声を与える」ことだけが自分の狙いであるとは思っていません。声を与えるという考えにはある問題が伴います。つまり、他の人々に「声を与える」という立場に身を置く必要がでてくるわけです。また、映画とはまさに製作者の声として存在するわけですが、「声を与える」というのは幻想でもあるといえます。ちなみに、ここでの「声」とは一貫性や非連続性を通して意味が生成される場のことです。いかに複数の多様な声が聞こえてこようと、その声を引きだし、構造化する装置や場所につねに立ち戻る必要があります。その意味で、声を与えるという考え方はきわめて家父長的な性格を温存していることになります。

このこと以上に、語ることを通して女性にパワーを授けるという考えは大いに問題があります。というのも、女性と言語や語ることとの関係はいつも居心地悪さを生んできたからです。もちろん、言語とは決して中立的なものではありません。それは権力関係が最も複雑に、致命的なかたちで組織される場所なのです。ただ、それは解放の場所でもあります。言語が人を解放するか隷属させるかは、それがいかに使われるかによりますが、その働きが隠される場合には例外なく有害なものになります。ですから、女性たちに女性の抑圧を表明させるだけでは不十分なのです。さらに、言語とは権力の**道具**であること、権力をもつことは水の漏れる船を所有するようなものであることを指摘しなければなりません。その試みはこの作品において、彼女たちが聞き、読み、目にするもののあいだに生まれる緊張感を通して、願わくは成し遂げられているはずです。抑圧を語る女性たちの物語は重要ではありますが、言葉とその意味は、どのようなものであれ、一つの限定された方向性をもつべきではありません。言葉がそれ自体に対して真面目になりすぎると（ただ、それは誠実で情熱的というのとは少し異なります）、意味の固定化が生じ、果てはパワーゲームの手先にすぎなくなるために、マイナスに働くことになります。このように言語は権力を獲得するために利用されることもありますが、その一方で、権力を改変し、その土台を揺さぶるものでもあります。私自身が揺さぶりをかけるやり方に関しては、当の女性たちから明確な発言力や女性の物語の重要性などを奪うものでもなく、むしろ、言語の本質自体に迫るものだと思っています。

聴かれ、読まれ、目にされるもののあいだの緊張感は、現に映画の製作過程にも生じました。再演されたインタヴューはまずヴェトナムで撮影し、出版のためフランス語に翻訳し、そのあと、私自身がふたたび英語に翻訳しました。さらなる正統性を求めてヴェトナムに戻る代わりに、翻訳自体の概念を問題にしたのです。正統性を回復したと主張するつもりはありませんでした。スクリーンに映しだされる出来事はヴェトナムで実際に起きたことだと（あるいは、起きなかったことだと）観客に信じさせることは、ここでの本当の意図ではないのです。ですから、インタヴューをヴェトナム語にしたところで、それはたんなる紋切り型の使用にとどまるでしょう。言い換えれば、それは、再演を認めず回避するなかで、余計な介在物のない現実が存在するという幻想へ立ち返るようなものです。ヴェトナムの文脈における英語の遣われ方やアメリカの文脈におけるヴェトナム語の遣われ方により、そこにはすでに意味の置き換えが作りだされています。また、そこに緊張が生じるのは、ヴェトナム人の顔をもち英語を話す人物たちの話を聞かねばならないからであり、彼女たちの英語の異質な音を理解しなければならないからです。

ジャヤメーヌ　たしかに、それを見たり聞いたりすると実に居心地の悪い思いをします。

ラザフォード　私にとって、それはただの居心地の悪さではありません。あなたは、言葉のもつ深度や質に相応しい空間を実現するものとして、仕掛けについて話されましたが、それはまさにこの作品で実現されていると思います。つまり、言葉を自動的に消化してしまうのではなく、その全体像が見えるようになるまで言葉に寄り添っていくということです。そうすることで、従来とはまったく異なるものの見方を獲得することができるのです。

トリン　緊張感が生まれるのは、女性たちが言語と格闘しているからでもあります。リハーサルのある時点で、実際に彼女たちは英語で話すという趣旨そのものに異議を申し立て、次のように言ったのです。私た

ちが日常の様々な状況で遣う言葉は英語ではないのに、なぜこんなことをやらせるのか、と。彼女たちは〝イズム〟がつくすべての言葉に嫌気がさし、うんざりしていました。そして、必要性をまったく感じないという理由で、すべての接続詞、前置詞、副詞を飛ばして話す傾向もありました。このように恣意的で、文法的に正しい「アクセサリー」には何の意味もありません。けれど、彼女たちはそこで拒否した言葉を、日々話すヴェトナム語では用いているのです。そして、彼女たちがその声を具体的に表現している女性たちの雄弁な語りを翻訳することは一つの挑戦です。私は、彼女たちの英語のレベルより、ヴェトナム語のレベルに忠実でありたいのです。亡命者の状況ではよくあることですが、新たな土地の言語を習得していないために、そこでの覇権的な文化に対して彼女たちが与える自身のイメージは、概念化の作業が苦手で、洗練された思考をもたず、自分たちの立場を明確に表現することもできない人々といったものでした。ですから一度その問題を率直に議論したあとは、彼女たちもそのアイディアを受け入れ、英語でリハーサルをつづけることになったのです。リハーサルの最中に起こったこの種の危機はこの作品を製作するにあたってとても重要なものでした。したがって、話される言語と書かれた言語のあいだに、多くのレベルでの緊張感を喚起する必要もでてきたわけです。それはあるレベルでは、彼女たちが話している最中にテクストを映し出すことでした。別のレベルでは、それまで演技をしていた女性が自発的に自分の物語を「本当の」自分の英語で自然に話している会話の断片を入れることで、観客が様々な英語のかたちを比較できる場を提供しています。さらに別のレベルでは、観客は一〇代のヴェトナム系の少女の会話から、完全にアメリカナイズされた英語を聞くことになります。言語に見られるこのような差異を私はこの作品全体を通して問題にしているのです。

少し回り道になりますが、ここで先ほどの権力と言葉の問題に戻っておきましょう。観客はスクリーンにテクストが書き込まれているのを目にしますが、それは女性たちが話していることと一致している場合もあれば、そうでない場合もあります。文字としての言葉から話される言葉への移行に際して、彼女たちはわずかながら言葉を変えています。その小さな不一致がスクリーンに映しだされるのです。先述の女性観客たちが、演出された言葉であることに突然気づくのは、例えばそうした時です。それに気づいてしまうと彼女たちは、スクリーンの女性たちの語りの力が奪い取られていると感じるのです。こうした正統的なものへの幻想はあちらこちらで見られました。権力がその威信を維持し、あるいは映画がそうであるように「偽もの」を「ほんもの」に見せるためには（つまり、「ほんもの」が疑われないでいるには）、その作用を見えないものにしておく必要があります。したがって、話される言葉が目に見えるかたちで再構成されていれば、それは一切の権力を失うと考えられるのです。

ラザフォード　確かにこの作品には多くの声が行き交っています。インタヴューを受ける女性たちの声だけではなく、外からやってくる他の声、例えば詩やその他の声などです。

トリン　そうです。詩そのものとは言えないにせよ、私の批評にとって詩的言語は重要です。理論と詩のあいだにははるかな隔たりがあるように思われてきました。しかし私の考えでは、理論的な言語と詩的な言語の相互作用は新たな地平を創出することができます。そして、その地平では、白か黒かといった明白な対立は挫折することになるのです。この二つの言語が競い合うことにより、お互いがお互いに対してもつ推測や神秘化を緩和することになります。この作品で語られる詩は主に口承伝統からのものです。それらは諺であり歌であるのですが、語り継がれ歌い継がれてきたことから言語を豊かにする一方で、意味への意志を攪乱し、分断する働きももちます。語りは、情報を与え、内省的あるいは分析的なものと、感情的で、とるに足らない、矛盾した、逸話のようなもののあいだを行きつ戻りつします。例えば、グアムの亡命者の話、つまり、故郷をあとにした母と娘がジェンダーにまつわる恐怖と不安を妹に書き綴った私信があげられます。女性が亡命を経験する場合、こうした状況はとても個人的なものであると同時に典型的なものでもあるのです。あるいは、アメリカとの比較に触れつつヴェトナムのアイスクリーム屋に行く楽しみを語る逸話。そこでは内省的なものと非‐推論的なもののあいだ、つまり、インタヴューでの説得力ある分析、手紙形式での率直な告白や物語と、詩や歌や諺を通して女性の状況を語る省略的手法のあいだを行ったり来たりします。そしてこのような複数の声が交差する状況は、カテゴリーへの抵抗にまつわる先ほどの議論と再び関わってくるのです。

ジャヤメーヌ　あなたは次のように言っておられます。「映画を読むということは創造的な営みであり、この営みを挑発し誘発しはするが、統御はしない、そんな映画作りを私はめざしている。映画は私が観客にさし出す一枚の折り紙のようなものである。私は紙の枠全体に責任を負うが、その折り方に関しては統御しないし、統御するつもりもない。観客はそれを水平、斜め、垂直のどの向きにも折ることができるし、また自分の好みと個人的な事情に応じて折られた紙の各部分をどのようにも合わせることができる。このようにたがいに折り、かつ、合わせうる状況こそ、私が映画作りにおいてもっともスリルをおぼえる部分である」。この言葉に関連して、モンタージュやミザンセーヌ（演出）の点から、あなたは観客にそのような自由を保証する構造をどのように組み立てておられるのでしょうか。また、これはいわゆる隙間（interstitial space）の創造と関連があるのでしょうか。

トリン　隙間の概念を展開していくことは絶えざる挑戦であり、それはこれまで私が書いてきたものすべてに遡ることができます。ただここでは、合間（interval）あるいは隙間に関するより明確な局面を一つ指摘しておきましょう。例えば、私は女性の置かれている立場は根本的に困難な状況にあると思います。エンパワーメントの議論で示唆したように、名づけられる主体から名づける主体へ立場を移行するやいなや、女性は、意味を一元化し、カテゴリーを凍結し、つまり、絶対的な主権の場所を占めるということから生じる新たな危機に敏感でありつづけなければなりません。「非‐カテゴリー的」思考は、名づける権力の限界がたえず顕わになるように仕向けます。ですから主体の位置づけに関しては、危うい地平の上でがんばるしかないのです。つねにこのような不安定な空間で仕事をすることになるわけですから、絶えずどちらかの側へと失墜してしまう恐れがあります。まさにぎりぎりのところを歩き、両方の側に挑戦を仕掛けているわけで、それらが一つのものへと簡単に崩れ去ることはありえません。これこそが、あいだの空間であり、境界に関する既成のルールでは対応することのできない合間なのです。

あなたの質問の幅を広げ、作品のなかでいかにそのような空間を創出しうるのかを議論するなら、それは単にモンタージュやミザンセーヌ（演出）の段階だけではなく、映像製作すべての過程が対象になります。この場合のモンタージュは、限定的な意味で言っているわけですが、実際にはモンタージュは、カッティングのみならず、作品の構想や撮影の段階にも関わるものです。観客から、どのようにして映画の脚本を書いているのか、と頻繁に質問されますが、私は映画に先立って存在する脚本というものを使いません。『姓はヴェト、名はナム』の製作に際して、最初から準備していた唯一のものは、あらかじめ選択し翻訳しておいた幾つかのインタヴューでした。しかし、あの映画で行った選択のほとんどは、製作の過程、例えばキャスティング、リハーサル、撮影などの際に起きたことによって決まったものです。つまり脚本は映画とともに生まれるのであり、それ以前にはありません。そして、脚本家としての私の役割は、様々なことが起こりうるような状況を用意することであり、最終的には製作過程から生まれるものを選ぶのですから、作品の特殊なコンテクストに相応しいものでなければなりません。ここでは、作品の内容は形式を意味し、その反対も成立するのです。このことは私が製作してきたすべての映画にとって、とても重要なことでありつづけてきました。

そのように考え抜かれた構造があると同時に、あの映画には構造をすり抜けるような面——仮にそれが、観客が作品の道すじをたどれるような線的なつくりになっていないにせよ——もあります。このような映画の定型化しえない領域を理論化する多くの試みがこれまでにもなされてきました。そこには「過剰」などの用語、あるいはロラン・バルトが寄与した諸概念――例えば**プンクトゥム**（細部、部分的特徴）対**ストゥディウム**（一般的関心）、発音対発話、そして「第三の意味」や「見えない場（ブラインド・フィールド）」のような――が循環しています。これらはどれも芸術作品における操作や指向性、あるいは批評における合理性や分析をすり抜け、越えていく何ものかを指しています。そこでは意図するものだけがすべてではありません。映画には、コントロールを達成しながら、コントロールを解き放たねばならない瞬間があり、それを実現するにはいつも敏感でなければいけません。それはまさに一つの挑戦です。なぜなら、そこで得られるのはかならずしも「自然なもの」でも「偶発的なもの」でもなく、その双方、つまり諸要素を完全に支配する一方で、それらを解き放つことにより創造される偶然事だからです。

ジャヤメーヌ　いま言われたことは、ブレッソンが映画製作術について語っていることに少し似ていますね。撮影とは「自らを徹底的な無知と好奇心の状態に置くこと、そして、ものごとを予見することである……」と彼は書いています。ところで、あなたは製作資金をいかにして調達し、どのようなかたちで配給されているのでしょうか。

トリン　それは格闘の連続です。学生を指導するのは楽しいですが、執筆と映画製作に時間を注ぎたい時にも教育から離れないでいるのは、いわゆるインディペンデントの映像作家として活動をつづけたいからです。映画製作をつづけていくにあたって、その資金を自分の作品の興行収入に依存する状況は避けたいのです。アメリカでは助成金のシステムに問題があり、「アーティスト」への実質的な支援はありません。どんなに多くの映画を製作していても、助成金の申請をするたびにゼロから始めなければなりません。プロジェクトに着手する前に、それが価値のあるものだと証明しなければならないのです！　ですから、主に「プロジェクト」に対する支援があるのみです。これは驚くべきではないにせよ、「個人の表現の自由」を圧倒的に是とする文脈において、幾分皮肉なことではあります。このように芸術に対する即物的でコミットしないやり方にも幾つかの利点はありますが、アメリカにはカナダやヨーロッパ、あるいはその他の国にあるようなシステムはまったくありません。それらの国々では、過去に幾つかの作品を製作していれば、作品を作りつづける「だろう」という信頼があるために、援助が受けやすくなるのです。つまり、すべてはアーティスト（とその良心）次第なのです。

私の作品はいずれも非営利団体（ＮＰＯ）を通して配給されています。それら団体は興行収益よりも信念に基づいて運営されているため、私の作品は主に映画祭、美術館、メディア・アート・センター、教育機関および大学のネットワーク、あるいは地域社会の様々な組織で上映されています。そうした配給ルートに否定的な反応を示す人もいます。例えば、大学は権威と直結するので、ある種の狭量さにつながるのではないか、という意見です。しかし言うまでもなく、今日メディアの選定に直接関与してきた人なら誰もが「一般大衆」という概念がまったく素朴で、いい加減なものであることを知っています。例えば、主流で活躍する映画監督のなかには、観客をもっぱら一三歳から一七歳の年齢層に絞っているとためらうことなく公言する人もいます。そして彼らが作品をプロモートし、観客を動員する武器となるのがマネーパワーなのです。それに対して、私の作品が教育機関のネットワークで上映されることはとても重要なことだと思います。なぜなら教室とは作業場（ワークプレイス）だからです。もしそれが特権的な作業場だとしたら、それは知識の生産における変化に影響を与え、映画を消費することに疑問を投げかけ、多様な感受性や新しい主体性のかたちが模索され、現状批判が可能な場所であるからです。

ラザフォード　多くの観客はこの作品のもつ政治的スタンスを理解しにくいようですが、観客を代弁するかたちで幾つか質問があります。昨日あなたは、多くの人々が北ヴェトナムか南ヴェトナムのどちらか一方を支持する映画を望んでいると言われました。アメリカ――これはオーストラリアにもあてはまるのですが――では、いかに北ヴェトナムへの支持が自動化されており、それがかつての反戦運動に根ざすものであるかも話されました。このように、この作品の位置づけに関しては混乱ないし不安定さがあるように思いますが、いかがでしょうか。

トリン　そうですね。私はこの作品を他の何にもましてフェミニスト闘争の一環だと考えています。反共産主義者のヴェトナム人観客から、この作品の政治的スタンスとは何かと問われた時、私は次のように答えました。それは女性の抑圧であり、右翼であれ左翼であれ、多くの人権闘争のなかで絶えず覆い隠されてきた問題です、と。もちろん、この発言は何ら新しいものではありません。しかし、歴史は時にうんざりするほど同じことを繰り返しているかのように思えます。フェミニズム運動の内部においても、あらゆる闘争は一本化しうるものであり、女性解放は社会主義とともに実現されると信じる人々と、他の闘争と同様に、フェミニズム運動も独立した闘争であると考える人々のあいだには摩擦があり、それも昔から繰り返されてきたものです。それは「最も長期にわたる革命」と呼ばれることもあり、シモーヌ・ド・ボーヴォワールがよく知られているように、活動当初の立場をのちに変更するフェミニストの例には枚挙にいとまがありません。女性の抑圧の問題、それは「まさに」抑圧の問題であり、解放の決定があれば直ちに解決できるというものではありません。つまり、革命が起きたからといって、あらゆる抑圧の形態が雲散霧消するわけではないのです。その逆で、すべてを再び最初から始めなければならないからです。そしてこれはおそらくヴェトナムに特有の問題というわけではないでしょう。

ヴェトナム革命が達成したものをヴェトナムの歴史から取り除くことは決してできません。しかし、私がとても疑問に思い、がっかりしてしまうのは、戦後一五年を経てもヴェトナムの理想像への執着が見られることです。そうしたイメージにしがみつくことは、ヴェトナムを不可視の領域に追いやります。それは、例えば『ヴェトナム――テレビでたどる歴史』シリーズのようなＰＢＳ製作番組や、ヴェトナム戦争をテーマにする最近の劇映画の多くにも認めることができます。アメリカは知らぬ存ぜぬのままではいられません。

けれども、自らの過ちを認めようという声が最高潮に達した時でさえ、次のような態度をとる傾向があります。確かに我々は間違った勢力に荷担してしまったが、アメリカ国民は政府の誤った政策とは無縁であり無実である、とする態度です。責任は政府にも国民にもあり、両者を切り離すことは容易ではないという事実は受け入れがたいらしく、アメリカ国民は政府に操作されていたにすぎないと主張したい向きがあるようなのです。反戦運動は一様ではなく、均質なものではありませんでした。社会主義を支持しない立場をとる反戦運動も多岐にわたっていました。もし本当にヴェトナムに関心を抱いているなら、終戦以来ヴェトナムで起きていることをもっと関心と注意深さをもって見つめるべきです。革命後、巨大な官僚政治の支配下で、ヴェトナム国民がいかに回復を求めて努力しつつ暮らしているかを見つめるべきなのです。例えば、ヴェトナムで先見の明ある数名の指導者たちがここ数年間に、彼らが「失敗の一〇年」と呼ぶものに関して公に認めてきたことに耳を傾けるべきなのです。新しい社会の創造に貢献しようとするなら、自由な批評が許される空間を維持しなければなりません。そのような空間から活力を奪い、縮小、消滅させてしまうと、とても教条的で、実のところとてもノスタルジックなスタンスにたどり着くことになります。この作品では、そのような傾向は意識して回避したつもりです。

諺にあるように、「最遠の東、これ西なり」です。とりわけこの作品は、ヴェトナムに対して浸透している二元論的な視点の受け入れを拒否しています。ヴェトナムの経験における複雑性――少なくともヴェトナム人にとっての複雑性――は、世界の二大勢力の競合によって打ち立てられた二極をはるかに超えるものですが、実際には共産主義と反共産主義の問題に還元されてきました。帝国主義に対する闘いは、具体的状況は二つの文脈で著しく異なりますが、北ヴェトナムと同様に南ヴェトナムにおいても激しくなされてきたのです。ですから、私にとってとても重要なのは、そのような第一世界と第二世界の二元論を回避し、第三世界にとってはるかに根源的な非同盟の概念を再び俎上にのせることです。女性の闘争をラディカルな非同盟のスタンス（そのスタンスは、何らかの同盟を必要に応じて採用する時にも維持できます）と関連づける際に私が負うリスクは、この作品のためにヴェトナムで最初にインタヴューを行ったマイ・トゥー・ヴァンが引き受けたリスクとさほど異なりません。今日でも、これまでくぐり抜けてきたことを語るのは、マイにとってとても困難なことなのです。収集したインタヴューのせいだけでなく、それを本にしてパリで出版した際にも、マルクス主義者として、また社会主義者の熱烈な信奉者として、彼女は思想的にも感情的にも試練を受け、深く傷つきました。インタヴューを受けた女性たちの多くは、自分たちの置かれた状況を明快に語っており、戦争のヒロインとして理想化され、ひどく誤解されてきた自分たちのイメージを雄弁に打ち砕く女性もいます。そのあと、マイの『ヴェトナム――一つの民族、多数の声』（一九八三）がパリで出版されましたが、その時彼女が受けた打撃は相当なものだったと思います。なぜなら、その本は左派からも右派からも敵意をもって迎えられたからです。

ラザフォード　フランスの左派からですか、それともヴェトナムの左派からですか。

トリン　その両方ですが、とくにフランスの左派でした。クレテーユ国際女性映画祭で『姓はヴェト、名はナム』が上映された時、この作品に関する公開討論に彼女と同席しました。その時に私が感じたのは、左派の外国人――ここでは右派は問題外として――がヴェトナムについて語る際の正義感あふれる反応に、彼女はかなり不愉快な思いをしていたようでした。本当に不愉快という言葉がふさわしいと思うのですが、実際、ヴェトナムで行ったインタヴューを受け入れるために、彼女自身、苦しい思いをしたあとに、ヴェトナムの現実にじかに触れたことのない人たちから、マルクス主義者としての姿勢を問いただされるのは、彼女にとって何というか瑣末であり許せないことでもあったでしょう。誰が誰よりもマルクス主義者であるか。またフェミニズムはいかに表象されるべきかを決定するのに誰が誰よりも適しているのか。このような問いかけと同様に、こうした状況はばかげています。彼女はそうした父親的かつ母親的立場に絶えず遭遇し、本当に憤っていました。過去に反戦運動に加わっていたというだけの理由で、ヴェトナムがどのように語られるべきかを決定する権利は自分たちにあると信じているような人々がいるのです。

私にとって、ヴェトナムの理想像を維持すべく払われる努力は、いまもきわめて父権的なものです。ことに問題だと思うのは、西洋は自国の政府に対抗する空間をつねに確保しておきながら、第三世界の人々には、彼らの政府に異議申し立てをする空間をまったく与えようとしない事実です。私の作品に絶えず寄せられる質問――この作品はヴェトナムで上映されましたか？――からあらためて思い知らされるのは、活動を許される空間が依然としていかに狭いものであるかということです。マイが集めた四〇以上のインタヴューのなかで、女性の状況を肯定的に述べたものはごくわずかで、しかもそれは政府の女性高官による発言でした。革命に荷担するとしても、なぜそれが政府の立場を支持することになるのでしょう。ヴェトナムであれ他の国であれ、私は公式化されたフェミニズムには興味がありません。議論に客観性をもたせるというだけの理由から、そのような人たちとなぜ共闘しなければならないのでしょう。

ジャヤメーヌ　あなたがヴェトナム政府を批判されているにもかかわらず、国際連合に派遣されたヴェトナム代表はあなたの作品を観賞し、ヴェトナムで映画を製作するようにあなたを招待したというお話でしたが、お受けになる予定ですか。

トリン　受けることになるかもしれません。ただ当面はすでに三つのプロジェクトが待ち受けています。招待を受けたからといって、すぐにその国に映画を撮りに行くということにはなりません。プロジェクトについて考えが熟すのを待ち、関係を築いていくことも必要です。さもないと、ただのニュース映画形式のルポルタージュを撮ることになってしまいます。最初の方で述べたように、映画のなかで興味深いものは、なにも主題だけではありません。つまり、なぜヴェトナムなのか、といった疑問。また、例えば中国やインドの映画を製作することにも同様の重要性を感じており、まさにそれこそ、いま取り組んでいることでもあるのです。

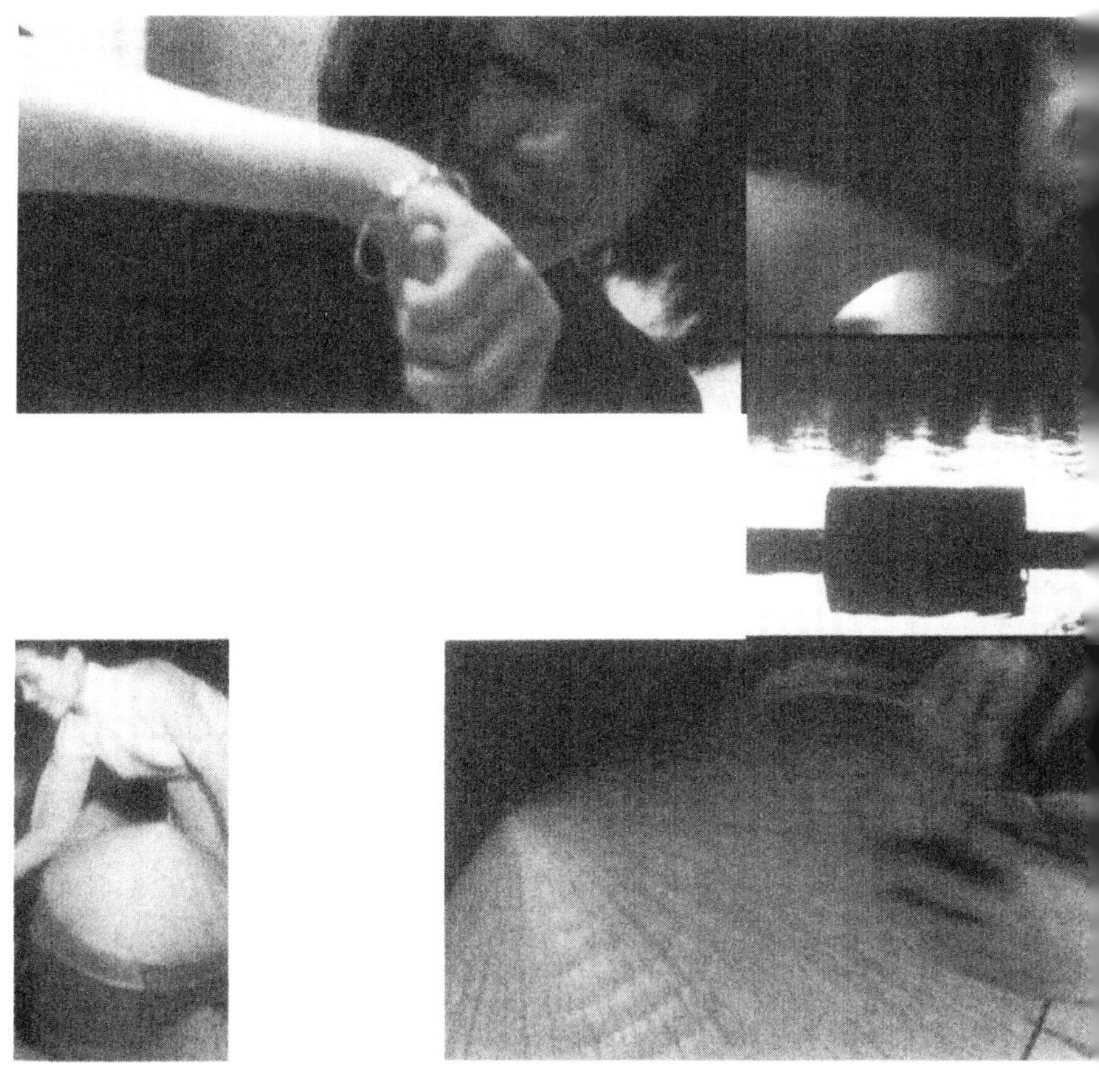

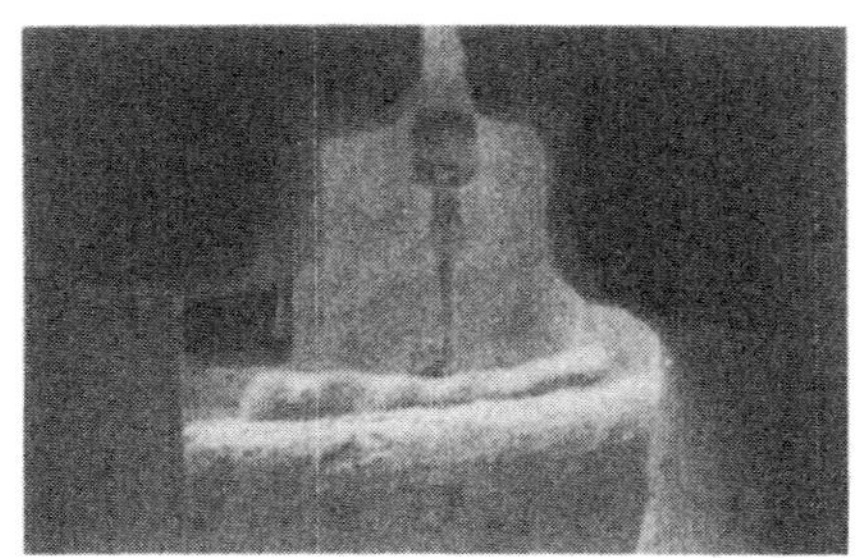

NS

第八章　真実と事実を問うこと

ハリエット・ハーションとの対話

このインタヴューの初出誌は、『ヘレシーズ』(芸術と政治に関するフェミニズムの雑誌)、二二号(一九八七―八八年、秋―冬号)である。

――映画製作を始められたきっかけはどんなものでしたか？　ご自身に関わる一般的な背景をお話しいただけますか。育たれた場所、受けられた教育はどんなものでしたか？

トリン　教育は大部分、ヴェトナムで受けました。それと、フィリピン、フランス、合衆国でも。セネガルのダカールで三年間教えた際、学んだものの方が大きかったので、アフリカも付け加えておきます。ヴェトナムからアメリカに渡ったのは、一九七〇年のことです。一七歳でした。アメリカでは比較文学と音楽を学びました。音楽では、作曲と民族音楽学の訓練を受けたのですが、他にも、ピアノ、オルガン、パーカッション、ヴェトナム式チターなどの応用音楽も学びました。長年のあいだ絵も描いていました。文化人類学に興味をもち始めたのはヴェトナム時代のことです。植民地時代のヴェトナムに住んでいたヨーロッパ人の書いたものを読んでいると、私自身が文化的な実体として示されていて、まるで「他者」にでもなったかのような気分になり、とても大きなショックを受けました。それで初めて文化人類学に関心をもったのです。映画への興味はずっとあとに始まりましたが、いつかは特定できません。子供時代から映画に早熟な関心をもっていたなど、過去の記憶をこまごまと語るのは容易いのですが、そうした神話作りは容易に自己満足的姿勢につながります。質問者が誰かとか、質問が行われている状況がどんなものかにもよりますが、一般的には監督が個人的な背景を話すとどうしても、監督個人のパーソナリティーにまつわる具体的なあれこれに結び付けて作品が判断されることが多いのです。

――それでは、あなたを映画製作に駆り立てたものが何かを教えてください。どんなものからインスピレーションを得て、映画を作られたのですか？　ヴェトナムではどんな暮らしをされていたのですか？

トリン　ヴェトナム女性がよく口にし、私も同意する言葉に、こんなものがあります。「もし平等という言葉がともに貧しいことを指すのなら、腐敗した階層を除けば、ヴェトナムは本当に平等な国だ！」と。私たちのような都市生活者はいまも昔も「祖国で根を抜かれた」状態にあります。生活様式のすべてが根元から覆されてしまったのです。私たちはみな、戦争からの不安を共有しています。その重荷が余りにも大きかったので、戦中・戦後について固く口を閉ざす人々がいまもヴェトナムにはたくさんいます。『ルアッサンブラージュ』と『ありのままの場所』のインスピレーション源が何だったのか、でしたね？　答えは、むろん、アフリカです。なぜアフリカなのか、ですね？　いまの時点でそれら二つの映画を見ると、どちらもきわめて無意識的な領域と強く意識された領域の狭間にあるものから動機づけられていることがわかります。仮に私にも観客にも（「何について語った映画か」を）要約するのがむずかしいとすれば、その理由の一つとしては、どちらの映画も語るべき単一の物語をもたないことがあげられます。単一の物語が欠けている、あるいは、特定の中心をめぐる物語が打ち立てられてはいない、というわけです。このことは、当の作品が主題をもつドキュメンタリーか、プロットのある劇映画か、あるいは、個人としてのヒーロー／ヒロインの成就を語る物語か、に関わりなく、言えることです。つまり、主要もしくは単一のモチーフをもたない批評的プロセスとしての映画という概念をあつかっているというわけです。アルベール・モラヴィアは『ルアッサンブラージュ』について洞察に満ちた批評を『レスプレッソ』誌に書いてくれたのですが、その映画を語るのに「愛ある侵入（amorous invasion）」という言葉を用いています。いかに独占的な愛でも、愛を物語る映画では題材をすぐさま客体化したり自分自身から単純に切り離したりすることはできません。ですからあの映画の冒頭では、「それについて語るつもりはない／ただ傍らで語るだけ」と述べているのです。他方では、『ルアッサンブラージュ』も『ありのままの場所』もともに、植民地時代のヴェトナムにおける私自身の経験によって強く動機づけられています。私は同様の経験をアフリカでも明確に認識し、共有し、生き直しています。ですから私にとって必要なのは、真実を示すというより、意味が構築されるまでの過程をつねに示すような映画を作ることなのです。また、その過程で特定の文化を観察する外国人、あるいは一般的には〈第三世界〉と名指される文化領域ないしは非同盟国ブロックの一員としての私自身がそこでの生きた要素であるということを示す必要もあるのです。

――あなたにとっての師とは誰ですか？　誰から影響を受け、インスピレーションを得られたのですか？

トリン　師と呼べる人はいません。通常、最も強いインスピレーション源となるのは、民衆の諺、村の音楽、日常的な環境音、そして、記念碑の類いではないありふれた家屋などです。これまでインスピレーション源となった作品をあげますと、ホー・スアン・フォン（ヴェトナムの女性詩人）、ティッチ・ナット・ハン、芭蕉、エメ・セゼール、エゼキエル・ムファヘーレなどの詩、および、アシア・ジェバール、クラリス・リスペクトール、ゾラ・ニール・ハーストンなどの散文です。いまあげたリストにヨーロッパ系アメリカ人の芸術家や作家を入れていませんが、好みの人はいます。また、程度の差こそあれ、インパクトを受けた人もいます。映画関係では、黒澤明、小津安二郎、クリス・マルケル、ジャン・ヴィゴ、溝口健二、ジャン゠リュック・ゴダール、サタジット・レイ、ロベール・ブレッソンが好みでした。現在ではむしろ、より最近出合ったシャンタル・アケルマンやヴァレリア・サリミエント、イヴォンヌ・レイナー、サリー・ポッターなどの作品を好んで見ています。けれども彼女たちから影響を受けたとも思いません。文化横断的で学際的な背景をもつ私のような者にとっては、影響を受けた人の名を一つ、いえ、複数あげるのも困難なのです。あげ始めればキリがなく、羅列だけに終わるので、無意味なのです。結局、政治的選択が働き、自分と関連づけられるよう願ったり、時代に合うと見なされるのに都合がいいと思われるような人だけをあげることで、自分を正当化しがちになるのです。さらに、一方行だけの影響もありえません。作品を作ると、他の人たちの作品を理解する方法も変わりますし、またその逆も言えます。以前気に入っていたけれど、理解できなかった映画の部分が、映画作りを始めたおかげでわかるようになったということもありえるのです。

——ドキュメンタリー映画に実験映画を融合させたいと思われたのはいつからですか？ どういう理由でそうしようと思われたのですか？

トリン 私はそれらを別々のものと見たことがありません。私にとっての「実験映画」とは、特定のジャンルでも、作品作りの方法でもありません。いわば、既成の映画を解体させるようなプロセスのことです。平たく言うと、自分も含め多くの人たちにとって（思想的、映画的に）不可視でありつづけるものや、確立されたコード体系に従わないため、観客、映画製作者のいずれにも予知できるとは限らないものを可視化するプロセスなのです。仮に「実験映画」とは映画製作者と映画製作の関係をつねに問うものとするなら、実験映画を素材から切り離すことは不可能になります。それは、素材がフィクションであろうと、ドキュメンタリーであろうと、言えることなのです。こうした問いかけを「不必要」と思う人もいるでしょう。私はそのような反応を責めるつもりはありません。今日のような「一元的」社会では、抑圧的なメカニズムを明らかにする企てと、結果的にそれを浸透させるのに一役買ってしまうような行為とのあいだに明確な一線を引くのはかならずしも容易くはないからです。けれども、主流映画の決まりごとの支えとなるようなイデオロギーに挑んだり、それを露呈したりしようとすることなしに、意識変革が可能と見るような姿勢は私にはナイーヴに思えます。多くの人たちが実践し、かつ、推進しているリアリズムは、現実を作り出す存在としての自らの役割を無視することで成り立っています（まるで物事は、それを見たり、聞いたり、その「意味を引き出し」たりするなどの干渉なしに、自身を自動的に語るものだと言わんばかりに）。つまり、自分の見方を直ちに客観的で絶対的なものにしてしまうということです（「これこそが現実だ！」）。フェミニズム的、あるいは、〈第三世界〉的な意識が高まるにつれ、支配的な思想にとっては無力であるような「政治」映画や妥協的な「非政治」映画などではなく、「政治的に」映画を作ることが求められるようになってきています。映画の主題同様、映画の作り方を決める際にも抑圧は働きます。だからこそ、ドキュメンタリーと実験映画を別々のものとして分かつことが不可能なのです。「政治」対「非政治」といった安易な図式は、芸術と政治、芸術と科学、芸術と人生といった二元論的思考のうえにこそ成り立つのですから。

──『ありのままの場所──生きることは円い』のサウンドトラックには複数の声が存在します。それらの声は互いに重なることもありますが、それぞれの声が一貫して特定の主張を示しているようにも見えます。あなた自身の声を含ませておられることも気に入りました。それはあからさまな自己宣伝でもなければ、客観性の名目で行われる自己消去の行為でもありません。あなたにとって映画に自身を含ませることや言われたことの源を明らかにするといったことが重要になるのは何故でしょうか？

トリン　あなたは、私が過去に述べたことを例証するのにいい機会を与えてくださっています。音楽と映像に合わせて三人の女の声を入れたのは、特定の立場を示すためというより、解釈あるいは翻訳にまつわる問題を浮き彫りにするためです。ある「イベント」を「とらえ」、それを「接近」可能に（完全に理解可能とまではいかなくとも）しようとする人なら誰でも、そうした企てがいかにデリケートなものかがわかるはずです。私が言っているのは、文化という全知の立場からイベントを潰したくなければ、という意味ですが。ある文化から理解したものを伝えようとする場合、例えば、アフリカ文化、アジア文化、ヨーロッパ系アメリカ文化などはどう区別されるでしょうか？（さらに一口にアフリカ文化と言っても、例えば、ジョラ文化を、セレール、マンディンゴ、プル、バサリ文化とどう区別できますか？）あるいは、具体的にアジア文化とは何か、ヨーロッパ系アメリカ文化とは何か、といった疑問も起きてきます。言葉もまた、音楽や映像と同様に、話す方法が違えば、違う意味合いをもつのです。自分が聞き、かつ、見るものの「内容」を翻訳するだけで満足し、実際には自分がそれとは（口承的、聴覚的に）異なる言語の伝統やメンタリティを受け継ぎつつ翻訳しているのだという事実に目をつむり、「これが彼らの言ったことだ」とか、「これが彼らの見方だ」とか言い張るような自己満足的態度は許されないのです。複数の文化的背景をもつ私のような場合、ことはさらに複雑になります。別の場所でも述べたのですが、翻訳は複数の言語・文化・現実を合わせ、一つにまとめることで成り立ちます。私自身の主体を作品の内部に含ませること、あるいは、あなたの言葉で言うと、「言われたものの源を明らかにする」ことが重要なのは、つねに存在してきたのに外部からはほとんど絶対的と言えるほど認知されなかったものを指し示す必要があるからです。そうすることで、主体が構築されるプロセスを外からの批判にもさらされるように露呈させ、よって〈第三世界〉－〈第一世界〉／〈男性〉－〈女性〉といった関係性に対して支配的に作用してきた傲慢さや既成の考えを鵜呑みにするような姿勢も弱めることができるからです。『ありのままの場所』では、アフリカ人／ヨーロッパ系アメリカ人とアジア人の個人的な声を用いましたが、それらは互いに対立するものとして示していません。それぞれの声の違いが相互間の矛盾もしくは別々の実体としてではなく、同じ主体の内部の差異として観客には聴きとられるからです。

――『ありのままの場所』では、サウンドトラックは生や人間性、あるいは、創造の理論といった普遍的なものに向き合いがちでしたが、映像の方は、女性、つまり、女性の世界や経験に焦点を当てています。踊りの場面は別ですが。そうした組合せ方に対してどうお考えですか？

トリン　〈女性〉と〈普遍性〉！　とても面白い組合せですね。少々笑いたくなったのは、従来女性はつねに〈個人的〉な領域に縛られてきたからです。対立や隔離、つまりアパルトヘイト的な差異とは異なる差異の概念とともに仕事をつづけるにあたって私は、女性と生活空間（あるいは女性と建築）の関係に焦点を当てるようにしています。そこは〈普遍的なもの〉と（歴史的・文化的・政治的に）〈個別的なもの〉が交差する、差異の場なのです。映画のなかでも述べたように、「世界とは円いものを取り巻く円いもの」と言えます。女性は生活の内部における円いものを生み出すとともに、それを守る役割も積極的に担っています。文字通り、かつ、比喩的にそうしているのです。アフリカの多くの社会では年長の女性たちが円い家に住んでいるのですが、彼女たちの家は、大抵、男や若夫婦たちの居住する正方形や長方形の家より古く、内外どちらにも角張ったところがありません。女性の住居にたえず結びつけられる要素として私自身も映画内で明らかにしているもの――壁画と壁の彫り物、内部の空間に据え付けられた（彫りもののある）家具の外観、甕（かめ）、もちものを入れるための瓢箪、汲み出してきた水、料理する食べ物、一般的に居住するための内部の空間――はいずれも、家がはらむ子宮的イメージを強調しています。映画でも何度か述べているように、空間の名称は人体の各部の名称からとられているのですが、加えて、おのおのの空間の装飾物も家屋を豊穣な場所、つまり、生命を生む力として自己主張しているのです。女性を生への接近法や創造の理論と並べて見せるということは、この文脈ではさして驚くにはあたりません。観客のなかには「家庭的」領域として見下しているものを、通常は「哲学的」とされるものに結びつけることに当惑する人もいるかもしれません。けれども、映画が前景化しているのは、女性、家、宇宙のあいだの緊密な関係なのです。割礼された若者の周りで行われる踊りでさえ、彼らが共にかたちづくる輪とそれによって成り立つ豊饒の儀式への女性の参加を示すように撮影されており、映画はそうした踊りの一つで締め括られているのです。最後に聴かれ、かつ、見られる音と映像は、女性の踊り手と合唱の声なのです。

――フェミニズムの角度からあなたご自身やご自分の作品に関して何かコメントしていただけますか？　ま

た、フェミニズムとの関連であなたがご自分をどうとらえておられるかも伺いたいのですが。

トリン　私は、疎外するものとしての〈他者〉、〈男性の〈他者〉、西洋の〈他者〉〉と、エンパワーするものとしての〈差異〉のあいだの違いを明らかにしたいと思います。〈差異〉は、所与のものでない限り、私たちにとって絶好の機会ともなります。そうした差異を自身で定義づけられるようになるべきなのです——たとえ『ありのままの場所』において「あらゆる定義は方法である」と述べているにしても、です。私にとってはそれこそがフェミニズムをいかに理解し、実践すべきか、という問いへの答えにもなるのです。人は、本質（女性であることおよび／あるいは非‐白人であることなど）という概念に頼ることで、物事の弁証法や不確定性の概念を捨て去ることが許されません。フェミニストはある意味では少なくとも二つの営みを同時に行います。つまり、差異を継続的に指し示すことと、既成の女性の定義をすべて揺るがすということです。禅で言うように、「月を指す指を月そのものと決してとり違えてはならない」というわけです。映画（本や詩）を通して〈差異〉を目に見え、耳に聴こえるものとしつつ、私は移動しつづけねばなりません。異なる文脈ですでに示され、言われていることを繰り返すと同時に、未だ‐完全には‐そうなっては‐いないこともつねにありうるということを観客に思い出させるのです。ですから私の映画には単一のメッセージはありません。観客に示しうるあらかじめパケージ化されたものなどないのです（すでに述べたように、映画が実際には何を意味しているかを述べることすら困難なのです）。映画／映画製作者は観客に見せる作品とともに、自分自身をもたえず批判的に見つづけるので、つねに複数のメッセージを前景化させることになります。自身と自身の作るものに対して正直であるということは、映画の別の箇所でも言ったように、「真実と呼ばれるものに付与されるあらゆる定義の狭間にいつづけること」を意味するのです。

——あなたにとって真実と事実をそのように探求するということには、どのような意味がありますか？

トリン　いくつもの事実を蓄積したからといって、機械的に何らかの決まった真実に到達するわけではありません。私は真実が複数の事実を足して得られるものとは見ていません。真実の名で過去に遂行されてきた数々の蛮行を念頭に置けば、あらゆる概念の客観性を問わざるをえなくなるのです——真実という概念自体も問わなければなりませんが、真実を探求するという営みやそうした営みを絶対視するなどの態度自体も疑いの目で見なければならないのです。仮に事実を真実との関わりで問うことがすでに一般的になっているとしても、それがドキュメンタリー映画の実践に組み込まれることはきわめて稀です。私が念頭に置いているのは（何らかの明白な言葉というより、それに関する情報を与える声の調子やそのやり方のことなのですが）、「ネイティヴ」に科学的見方を与えると称する数多くの映画のことです。「科学的」ないしは「客観的」と見なされるものは往々にして、映画のコードや既成のドキュメンタリー作りの方法に沿ったものにすぎません。言い換えれば、イデオロギーの問題にすぎないということです。現実はつねに順応的にならざるをえません。映画がテレビの大衆番組として放映されればされるほど、私たちの多くにとっては、事実と真実をとり違えないでいるのがむずかしくなります。だからこそ『ありのままの場所』では、「事実志向の言語がもつ診断力」「事実ないしは真実」、あるいは、「相対的でも絶対的でもない、現実と真実」といった言い回しがされているのです。文化的／性的に支配的な考えをもつ人々にとっては、「事実である」とは見なされないものがことごとく〈本能〉〈迷信〉〈超自然〉に属するものとして貶められます。真実と事実を問うことは、フェミニズムとの関連で私が述べた差異の概念に向き合うための別の方法ともなるのです。

——私は『ありのままの場所』の編集方法が気に入りました。あなたは映像の重層的使用をきわめて無駄なく行っておられます。どのような理由でそうされているのですか？　映像の積み重なりが、いわば、円を閉じる時のように処理されているので伺いたいのですが、『ありのままの場所』を編集された時、芸術的、政治的／倫理的に、どのようなことを考えておられましたか？

トリン　あの映画の編集法に関しては、多くの観客が「流動的」という言葉を用いています。私が関心をもっていたのは、滑らかな視覚効果や邪魔の入らない場面転換などに頼らない流動的モンタージュの方法だと思います。言い換えれば、「専門家の仕事」などというお墨付きを得られないような編集方法です。音と映像とテクスト（さらには、特定の陳述と陳述、特定の映像と映像）のあいだの心地よい便宜的関係に納まらないように留意したのです。覚えておられるかもしれませんが、映画の冒頭でアフリカ音楽に関してこう述べる場面があります。「［音楽は］ただ「演奏」されるだけではない／それは観るという行為をも妨げないやり方で演奏されるのだ」。このことを示すものとしては、映画における音・映像・テクストの関係があげられます。つまり、観客はしばしば、化粧品的な役割を担う音楽や、情報源としてのみ用いられている生活音や人の話し声などから行き先がわかっているといった心地よい幻想の基となる偽りの安全圏へと引き込まれます。つまり、何を期待すべきかがわかっているし、結果を予測することすらできると考えるのです。私は映画の重要な要素として沈黙を組み込むのですが、その際には、強力な映像や音の流れなどの、観客をうっとりさせるような秘密めいた喜びをあきらめるつもりはありません。それと同時に、映画が示す平板な（二元論的な）現実をも思い出させるように努めるのです。ですから私の編集は観客の期待と戯れる類いのものとなります。音楽はしばしば唐突に打ち切られますが、それによって観客はそれまで浸っていた雰囲気の外に出されます。一方、視覚的なものには、さりげないジャンプ・カットや焦点ぼけのショット、あるいは、あなたが気づかれたように、一つか二つの、見たところ「間違って置かれたような」映像の積み重ねが含まれています。後者はただ観客をからかっているかのように挿入されていますが、選ばれた映像自体は、仕事中の女性の顔に重ねて映し出される、考え事をしている女性の顔といったものです。

——あなたは何か別の映画を作っておられますか？　それは何についての映画ですか？

トリン　ええ、作っています。ただしあなたも想像しておられるように、私は実際にはそれについて話すつもりはありません。最初に述べたように、映画は作られる前には存在しないからです。

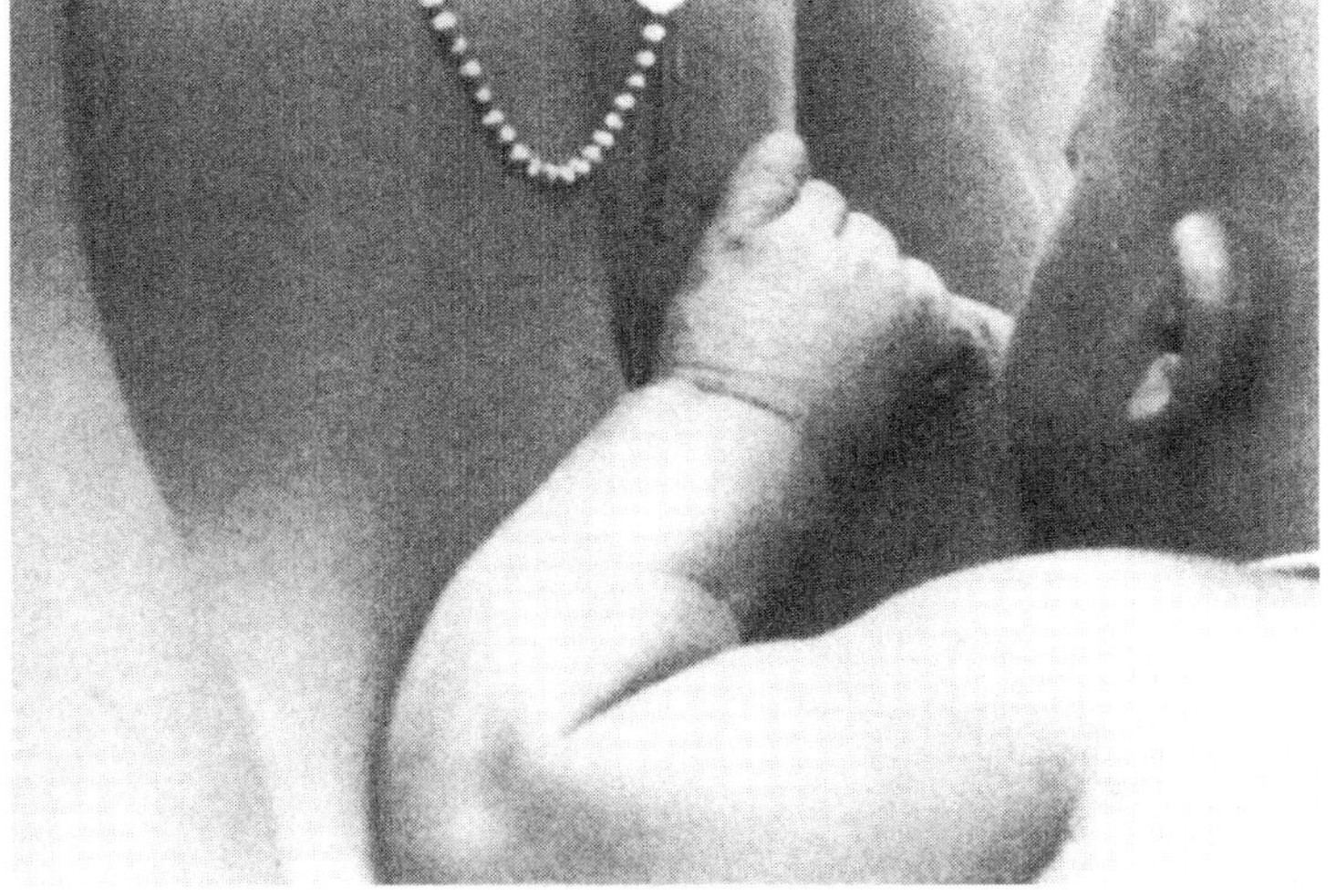

NS

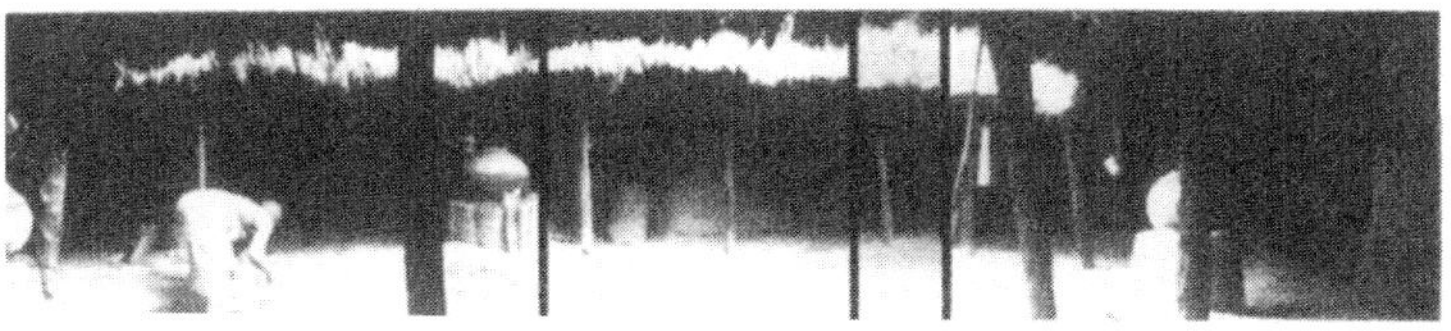

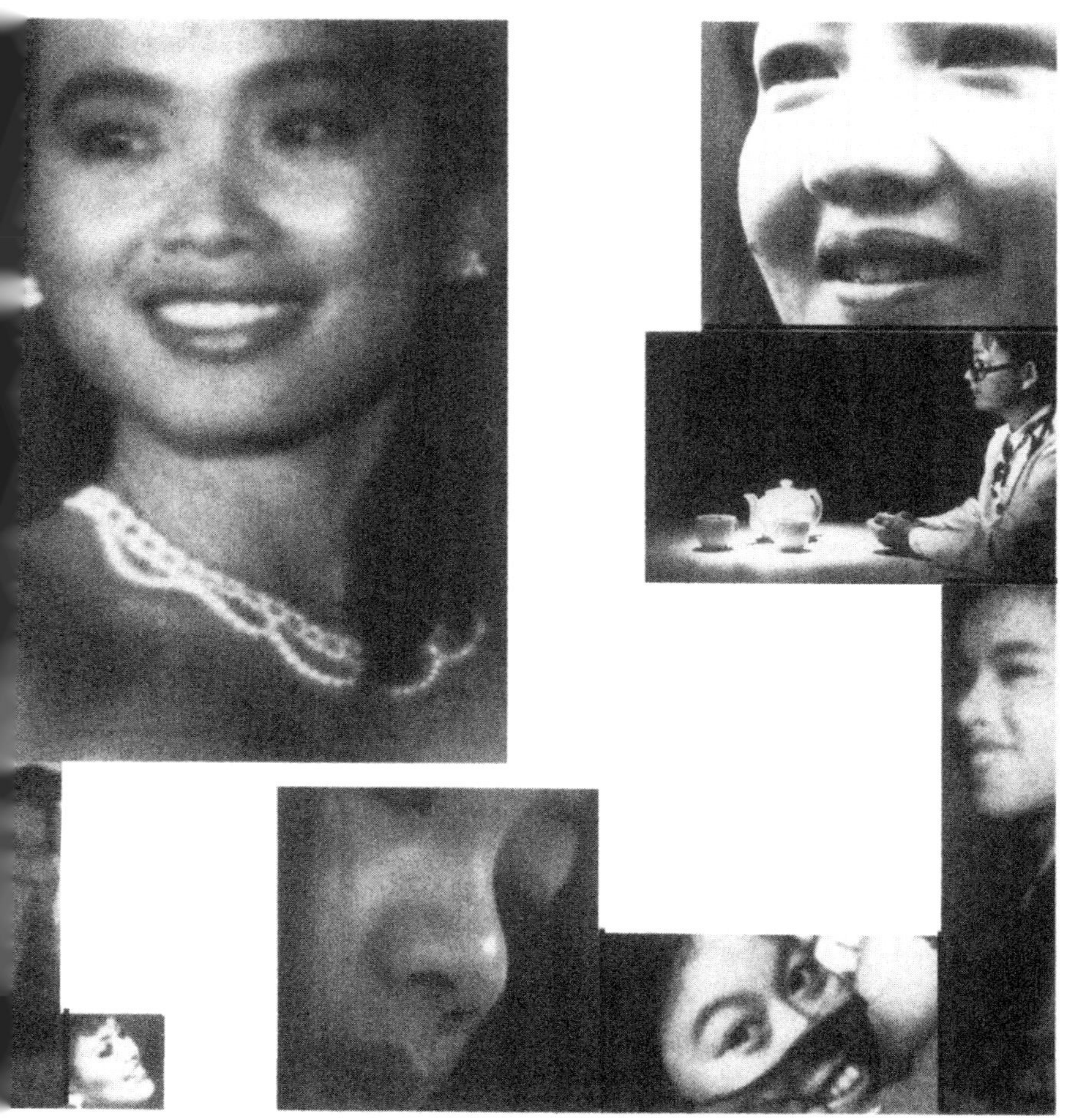

第九章　「誰が語っているのか？」——国家・共同体・一人称のインタヴュー

アイザック・ジュリアン、ローラ・マルヴィとの対話

このインタヴューは一九八九年、ロンドン・フィルム・フェスティバルで『姓はヴェト、名はナム』上映後、アイザック・ジュリアンとローラ・マルヴィにより行われた。

ジュリアン　タイトルが国・国家を名づけることについての語呂合わせであり、言葉遊びであり、パロディであるほかに、そもそもドキュメンタリー形式との戯れがあるように思います——インタヴューの受け手が一人称で語る——すると、なかほどでその前提が崩れ、実はつくられたインタヴューであり、一人称の主体が語っているのではないことがわかり、脱構築が起きる。つづく第三部はまさにカタルシスで、幾つもの、主体の異なる声が響き合い、すべてが瓦解する。そうした形式についてお話しいただければと思います。というのも、本作は『ありのままの場所——生きることは円い』と違って、ドキュメンタリー形式に問いを投げかけ、様々な装置を脱構築するという意味で、どちらかというと『ルアッサンブラージュ』に近いからです。

トリン　国の名づけ——国を名づけようとすること——そしてそれをあの映画の一人称インタヴューと関連づけた観客は、あなたが初めてです。きわめて鋭い読みですね。決定的に重要であるにもかかわらず、これまでは議論する機会がありませんでした。観客からそういう質問を受けたことがなかったものですから。あの映画は、文化的自己同一化をめぐる多様な戦略によって組織されていますが、インサイダーにとっても、というよりインサイダーにとってこそ、自分たちの文化（国家の物語）を名づけることが、いくつもの意味でいかに不安定なものでありつづけるかを扱っています。ヴェトナムを均質化したり、すべてを包含するアイデンティティに還元したりすることはできません。後半三分の一で、あの国がこれまでに呼ばれてきた名前をすべて列挙し、国家の歴史の様々な瞬間を想起させるとともに、『姓はヴェト、名はナム』というタイトルそのものが、ジェンダー、政治的親和性、主体の立ち位置により、異なる説明や解釈を促します。

このタイトルは、ヴェトナムにおける近年の社会主義的伝統をジェンダー化した文脈からつけたものですが、それが示唆するのは国の人格化であり、文化を内部から差異に基づいて構築することです。もう一つの読みとしては、映画というフレーミングのなかで、共同体・国家・アイデンティティの問題を再考すること、また、文化を自分のものにするにはナショナリズムが前提であるという考え方に挑む、フェミニズムの必然性ともとらえられます。一方で、ヴェトとは、南シナ海から移り住んだとされるヴェトナム人の祖先と土地の起源を指す名であり、もう一方のナムとは、中国との関係でさらに南下を余儀なくされたことを意味します。中国によるヴェトナムの歴史的支配はつづき、国民の記憶に苦く刻まれることになります。他方、ヴェトナムという名前は、国家（女性－男性、北－南）の統一を表します。「あなたはもう結婚しているのですか？」と男に訊ねられ、言い寄られる未婚女性は、婚約しているともいないとも言えます、と礼儀正しく仄めかすでしょう、「はい、その人の姓はヴェト、名はナムと申します」と。国と結婚しているとは機知に富んだ答えですが、そうした機知は、ジェンダーとナショナリズムの問題について言うべきことと言うべきでないことの両方について、多くを語ります。この女性的－国家主義的な間接性／直接性の形式が負うリスクは、私にとっては、ドキュメンタリーを実践するなかで、一人称のインタヴューを映画として構築し、同時に脱構築する時に引き受けるリスクと同じものです。

この映画を作るに際して、インタヴューの政治性が厄介な問題を満載して現れることになりました。鋭いご指摘の通り、映画の最初の部分は、女性の状況をめぐる一人称の証言を扱っています。けれども証言が進むにつれて、それがダイアローグとモノローグの境界に立ち現れること、さらに、「誰が語っているのか？」という根源的な問いを投げかけずにおかないことが明らかになります。インタヴューの受け手は曖昧な「あなた」に語りかけますが（「あなた」という言葉は、もともとのインタヴュアーと映像作家のみならず、アメリカの亡命ヴェトナム人を含む英語話者の観客にも向けられています）、ここで観客に提示されるのは、長い社会的－自伝的批評であり、その異例の長さと話し言葉の使用により、それぞれの女性が自分の空間を確立していきます。例えば、彼女が発する英語のたどたどしいペースで彼女の人生の物語がつまびらかになり、映画そのものが組織されます。照明、セット、フレーミング、カメラの動き、シーンの長さ、視覚化した言葉の使用などもまた、インタヴューが周到に構築されていることを示します。注意深い観客はどこかの時点で、映画の声について訝しく思わずにいられないでしょう。最初の部分では、インタヴューが再現であることを曖昧にしておいて、観客に発見する感覚を味わってもらいたいと思いました。その感覚は、プロットや物語やメッセージ以外の方法——メディアとしての映画ならではの方法——とともに育ちます。

インタヴューは、映画が先に行くほど「自然さ」が損なわれるように作られています。半分ほど過ぎたところで、ようやく視覚化された言葉の演劇性がはっきりします——ある女性が思いの丈を語りながらゆっくり行きつ戻りつする姿が見え、別の女性ががらんとしたセットでカメラに背を向けて話す姿が見えたりもし、さらに、内省的なナレーションと同時にインタヴューの政治性を声高に語る声が聞こえる時もあります。このように、ドキュメンタリーの実践で支配的な役割を占めるインタヴューは——情報に正当性を与え、映画が提示する議論のために狩り出された声を認証し（にもかかわらず人々に「声を与える」と称して）、存在と正当性をめぐる支配的イデオロギーに基づく表象の排他的システムを正当化するという意味で——実際には、フィクションの洗練された装置と言えます。

ドキュメンタリーの虚構性との戯れは、映画を通して様々な層を形成しています。それが観客に伝わるのは、わけても先ほど述べた多様な映画的手法によるのですが、それが第三部と言える部分で一層顕著になります——動的－ミニマル的なドキュメンタリー風の編集や、「演出のない」日常行為の映画撮影と会話の断片が際立つようになり、最初の部分の「演出された」素材と比較されることになるのです。かくしてナレーションは語ります、「発話すること、記録することの、最も直接的で内発的な形式を選んだ時、私はフィクションに近づいた」と。何も新しいことを言っているわけではありませんが、ドキュメンタリーの実践はすべて根源的にフィクションの要素を孕み、同様に、すべての優れたフィクション映画もドキュメンタリー性を深々と帯びているのです。

ジュリアン　私の実践にもローラの実践にも言えることですが、ドキュメンタリーを使いながらドキュメンタリー映画の構築法について何か言おうとすると、決まって緊張が生まれます。テクストに主体を位置づけるやり方、それが問題ですね。おまけに、私が表象の重荷と呼ぶものがあります——声を与えられてこなかった主体についての映画をつくり——その主体に何とか自分自身の声を、しかも「正当な」声とは呼べないような声を与えようとする時、そうした問題に直面せざるをえなくなるのです。あなたの映画にもそのような緊張を感じました。私自身はそれを避けたのです。インタヴューはしませんでしたから、本当に。それが私なりの対処法だったのですが、あまりうまくいかなかったこともわかっています。あなたの試みは勇敢だと思いましたよ。

トリン　それに関連して、もっと単純なレベルの話ですが、この映画のために女性たちにアプローチしていた時、別の問題も持ち上がりました。キャスティングのプロセスで、どの声を担当してもらうかを決める前に、彼女たちのライフストーリーを聞くことが私にとって重要でした。彼女たちの個人的経験は、演じる役のそれよりひどいこともありましたが、その幅のなかであまり苦労せず、役に出入りしてもらえるようにするためです。でも、単にどの役ができるかではなく、彼女たちが何者であるかということから配役を決めたのは、本当らしさがほしかったからというより、生きることと演じることの多様なフィクションのあいだに、彼女たちがどう線を引くかに興味があったからです。映画が浮き彫りにしようとしているのは、まさに、彼女たちが演技しているにせよ、自分自身の物語を語っているにせよ、発話がつねに「演じられる」（または映画のなかの発言によれば「巧まれる」）ものだということです。

直接的な発言が表象を超えることはありません。ある程度、インタヴューされる人は自分がどう表象されたいかを選びますし、何を語るか、いかに語り、装い、日常の行為を行うかを決定します。自己表象の限界をいま少し押し広げるために、映画の第二部、とりわけ第三部は、「ドキュメントの」シーンを中心に構成されています。自分ではない女の痛み、怒り、哀しみを身をもって引き受けるという試練をくぐり抜けたうえで、どのように映りたいですかと、構造的装置として彼女たちに訊ねる、その選択を具体化したシーンです。私自身の役割は、こうして前半は監督、後半はコーディネーターへと移行します。従ってここで、あなたが先ほど「カタルシス」と呼んだもの――あるいは私が「ドキュメンタリーの」フィクションのきわみと見なすところに至り着くことになり、表象と自己表象の多様なフィクションが合流するのです。結果として後半に起きるのは「過剰」の織物――そこで織りなされるシーンは時に空想の産物で、一見何の必要も脈絡もないように思えます。例えば女性がただ料理をしていたり、静かにお茶を飲んでいたり、かと思えば公園で一人ジョギングをする者や、魚のいる池の端に腰を下ろす者もいます。四番目の女性は太極拳をしたり、ヴェトナム女性のドレスについて人前で発表したりしています。こういうことは、ある意味、気恥ずかしいことです（笑）――少なくとも、初めはそうでした。でもあとでわかったのですが、それらがあまりに私の一部でもあるからこそ、恥ずかしいと思ったのです。民族的なものを商品化するかたちで提示することに居心地の悪さを感じるのですね。これは、ヴェトナム女性の歴史的・慣習的衣装（アオザイに進化したもの）

を着てみせる場面などについて言えます。でもこの映画の文脈で見ると、女性の身体とそれが衣装をまとうさまは、作品の織り地（テクスチュア）全体に織り込まれた批評の糸の一つを構成し、かつ、批評性に新たな次元を加えるものであり、民族性の商品化にとどまるものではありません。

ジュリアン　そうですね……冒頭で、快楽をめぐってこの問題が取り上げられる、あの最初の場面は、私にとってとても官能的です。色彩が溢れ、それで特定のムードがつくられるところが重要なんだと思います。

トリン　はい。いつものことですが、私はこの映画でも多くのことを諦め、自分のすべての意図を製作過程で燃焼することを学ばなければなりませんでした。再現インタヴューで私たち（プロダクション・デザイナーと私）は、「自然な外見（ナチュラル・ルック）」を少々フェミニズム的に追いかけたりもしました。そのために女性たちがひどく質素な服を着ているのですが、それはまた社会主義ヴェトナムで着るようなものとも見られるでしょう。でも、「現実生活」を撮るという状況で選択できる際には、彼女たちはみな、メーキャップをして華やかな色のドレスで着飾ることを好みました。観客、とくに西洋の観客にとって、これは階級という点で、誤解を招きやすいものでした。なぜなら、装飾的な衣装はブルジョアのもので、みすぼらしいとは言わないまでも、実用的な服は労働者階級のものとする習慣があるためです。そういう習慣そのものが階級によって決定されていて、観客の中産階級性を示すだけでなく、状況や文脈というものを見過ごしてしまいます。ですから、私がなお「本当らしさ」を求め、監督の選択としてドキュメンタリー的行為の痕跡にしがみつこうとしていたのに対し、実は女性たちの方がそれを押し広げてくれたのです。これは、想像力の翼で労働者階級の日常からあえて飛翔しようとすることで実現した場合もあります。どこかでも言いましたが、公的な場（ここでは映画）で地味な服装をするのは、おそらく労働者階級の理念に与しようという中産階級女性の価値観です。

ジュリアン　それは実に面白い。なぜなら、私にとってそれは欲望の問題であり、何か特別なかたちで自分を虚構化しようとすることだからです。少しは日常と違う自分を提示したいと思うわけですね。特別な経験ですから。アンディ・ウォーホルは「一五分間の名声」と言いましたが……そうしたことは本当に避けがたい。とくに、異質なテクノロジーと馴染みのない人をインタヴューするとなるとそうですね。

マルヴィ　一般的な質問を幾つかして、そのあと、具体的なことをお訊ねしたいと思います。まず、あの映画の読み方についてですが、上映後のディスカッションであなたがおっしゃったと伝え聞いたところによると——あなたが意図する読みかどうか定かではありませんが——あの映画には前後の構造がある、と。実際には、前後というより彼我の構造と言った方がいいでしょうね。ヴェトナムの女性がくぐり抜けている経験は、アメリカにいる女性との比較において見られ、理解される。この読みはまちがっているでしょうか。

トリン　そんなに比較しているというわけではなくて……。

マルヴィ　並置のようなものですか。

トリン　ええ、並置ですが、線的なものは意図していません。ですから、前後というより彼我と言う方がいいですね。前後関係ではありませんので。

マルヴィ　ええ、確かにそうですね。それがあなたの言われたいこと——ものごとには始まりがあるが、それは実のところ流れのなかにあると考えている人々をめぐる、とても美しい考え方ですね〔ローラ・マルヴィがここで述べているのは、映画のなかの次のような言葉だ。「ややもすると、歴史の切れ目を突きとめ、「これはここで始まる」「ここで終わる」などと言いがちだが、場面はくり返される、変化そのもののように変わっていきながら」（トリン）〕。サウンドトラックに汽車の音があったと思います……人が歴史を読む読み方の外で、何かがそれ自身の勢いに乗って進んでいく感覚。お聞きしたかったのはまさにそこなのですが、アメリカとヴェトナムの分離——並置——の政治学の問題です。ことに、アメリカにおける伝統文化の商品化に言及されたものですから。でも同時に、ヴェトナムはとても抑圧的なものとしても描かれていて——ヴェトナム女性の状況は抑圧的と言うしかありません。ですから、幾つかの点で非常に荒涼たる風景で、一方に性的抑圧があり、他方にセクシュアリティの商品化があるという具合ですね。

トリン　実は、性的抑圧はアメリカの状況でも起きていると私は考えています。それは民族性の商品化にとどまらず、ヴェトナム文化の伝統における抑圧的概念の多くを（洗練されたかたちで）悪用しているのです。この映画は、焦点をそこに絞っているとはいえ、実はヴェトナムとヴェトナム人ディアスポラだけを描いているわけではありません。確かに、ヴェトナム文化に親しみのある人の方が近づきやすい面はあります。にもかかわらず多くの観客が、とくに昨日の上映後は一人一人私の所に来て、あの映画が描いているのはヴェトナム女性だけでなく彼女たち自身であり、彼女たちが知っている女性の状況だと思ったと言ってくれました。こうした観客の大半は、出身国は様々な有色人女性ですが、なかには白人のアメリカ人女性もいて、描かれた女性の経験を自分自身のものと認識してくれたのです。このことの方が、私にとっては重要です。女性の問題は社会主義ヴェトナムでいまなお大きな問題だと主張する時も、社会主義ヴェトナムに限定せず、国家や文化の境界を横断する問題ととらえています。それを念頭に置きつつ、映画で提示した手法や情報を選びました。

同様の問題は、第三世界の他の社会主義国やリバタリアン的運動にもあります。これは何ら新しいことではありません。有色人フェミニストがくり返し声を上げてきたのも、革命運動内部でいかに性差別が問題でありつづけているかということです。左翼とフェミニストを単純に同一視はできないし、それはジェンダーの問題が人種問題とともに瓦解しえないのと同じです。こうした問題の差異化について、フェミニストは盛んに議論してきました。社会主義者だからといって、父権制の価値観から自由だということにはならない。無論、体制レベルで、女性の状況を改善するためにより注意を払い、努力を怠るべきでないのは言うまでもありません。それは映画でも否定していません。ですが、ヴェトナムではそういう努力が貶められ、例えば男が書いた文章を女が女性組合で読まされる、という事態に陥っています。決まって平等をテーマにしたスピーチで、おまけに恥知らずも甚だしいのは、女は一人も政権に入っていないことです。社会主義ヴェトナムがいまも父権制に囚われているといっても、それは何もヴェトナムに限ったことではありません。ですから、あの映画は批判の矛先を社会主義ヴェトナムそのものに向けているのではなく、女が置かれた状況に向けているのです――社会主義の状況であれ資本主義の状況であれ、母国の国家‐空間であれ、こちらの共同体‐空間であれ。これを忘れてしまうと、つねにジェンダーの問題を曖昧にし、共産主義対資本主義の問題にすり替えて、思考の二元論体制を保つことになりがちだと思います。

マルヴィ　私がとても面白いと思ったのは、女の問題が国によって違うかたちをとるさまです――アメリカのミス・ヴェトナムのパレードを見せることが重要なのは、ヴェトナムの共同体とその伝統がアメリカ化し、またキッチュ化するさまがわかるからだと思います。私が最も感動的と思ったモノローグがあるのですが、映画全体のテーマを考えると、解釈が一番むずかしいとも思いました。女性医師のモノローグで、とても美しく撮影されていました。彼女は解放後の病院での問題や混乱、夫の逮捕について語ります。解釈が難しいと思ったのは、インタヴューの途中で別のサウンドトラックが始まり、ヴェトナム文化のなかで妻であるという状況について語るのですが、そこで私は混乱してしまいました。テクストが複雑になり過ぎて。

トリン　その手法は一度ならずあの映画で使っています、そのたびにやり方は変えていますが。審美的にいうと、あそこは私にとっても問題になる瞬間があります。インタヴューを受ける人の声に重ねて、詩が歌われる、というより読まれるのが聞こえてくるところです。主に強弱の配分の問題で、音のミキシングによって解決できることでした。美はつねに政治に作用するものですから、そういう些細な問題もテクスト受容に影響を与えます。そう述べたうえで、この点を取り上げて下さったことをうれしく思います。なぜなら、あの映画は翻訳の問題も扱っているからです。それは、翻訳する時に考える様々な意味というより、理論的問題としての翻訳――意味・アイデンティティ・文化・政治の生産――をめぐる事柄です。御指摘を受けて思い出すのは、クレテイユで開かれた国際女性映画祭のため、パリに行った時のことです。映画祭の通訳が駆け寄ってきて、興奮しているようでもあり、心配し、動揺しているようでもありました。彼女が言うには、私の映画を訳すことはきわめてむずかしい、なぜなら、多くの場合二つのテクストが同時にあって、どちらを選んだらいいのでしょう！　まったく困り果てた様子でしたから、そうですね、選択してもらうしかありませんね、と言いました。選択するに際して彼女が十分認識していたのは、翻訳は観客にとっての映画の読み方を決定するということ、それればかりか、翻訳がオリジナルを裏切ることなく、ただその似姿をめざすことはできないということです。状況は少し違いますが、それは私が成し遂げたかったことでもあります。つまり、映画における翻訳の役割を問い、同時に翻訳としての映画の役割を問うことです。

あなたが混乱なさったという点に戻りますと、二つのテクストが同時に聞こえるから――。

マルヴィ　ただ同時に聞こえるだけでなく、少し矛盾しあっているようにも思えます。彼女が言っているのは、ある意味で女としての抑圧ではなくて、新しい政府幹部による南の人間への抑圧ですから。

トリン　ああ、はい、わかりました。それはとてもいい読みですね。でも同時に、私はその二つを矛盾するものでなく、補い合うものとして見てきたことに思い至ります。彼女は一方で国を語り、他方で家庭の哀しみを打ち明けます。実際、ある女性とその家族の苦難を表すと思えた事例が、夫と家族との関係における女の状況とも読めるのです。言い換えれば、彼女は二重の問題を苦しんでいます。彼女の話は病院の腐敗と新体制スタッフの無能ぶりをめぐって進みますが、彼女の本当の苦しみが始まったのは、夫が再教育キャンプに連れ去られた時のことです。その時、彼女の労働環境への見方や病院との関係、仕事や子供たちへの姿勢もがらりと変わります。彼女が恐怖を発見し、一人で屈辱に耐えねばならなかったことは、家族にとってもいいことではありませんでした。最終的には彼女が言うように、仕事を辞めてあの状況から脱しますが、それは、失うものは配給券以外にないと思い定めたからにほかなりません。ですから、二つの抑圧は相互依存的だと思ったのです。

マルヴィ　なるほど。それでわかるようになった気がします。では、彼女が身をもって示しているのは、中産階級の医師であるヴェトナム人女性が、いかに妻としての立場を内面化し、妻というまさに特定の立場に同一化しているかということなのですね。

トリン　ええ。でも、おわかりでしょうが、あの場合むずかしかったのは、私は単に批判していたのではないということです。そういう時ただ批判するだけというのは、大変失礼なことだと思います。責めるのでなく、苦境を批判的に提示するのがむずかしい点でした。そういう状況に置かれた人に対しては、批判すると同時に思いやりの心をもつことが大事ではないでしょうか。それが、この映画に取り組んで最もむずかしいと思う点です。同じことは、アメリカのヴェトナム人共同体を撮った多くのシーンにも言えます。あなたがおっしゃったミス・ヴェトナムのパレードはその一例です。どうしたら批評が批評性を失うことなく、賞賛でもありえるでしょうか。

マルヴィ　それが、観客にとって少しわかりにくい点だったと思います。なぜなら、この女性が夫を失って苦しんだ想いは、決して批判できるようなものではない、と人は感じただろうからです。ですから、あなたはそれをどの程度、夫の従属物としての妻の立場という面に結びつけていらしたのでしょう。そういう言葉もある時点でサウンドトラックに流れますが、それはあなたの考えだったのでしょうか。

トリン　いいえ、あの時サウンドトラックで歌われる諺にしても、夫と離れて子供を育てなければならない働き者の妻の貞節と哀しみを喚起しているに過ぎません。ですからここでも、ただ彼女が従属的な状況にあると言っているのではなくて、二つの哀しみを語っているのです。諺の哀しみと、歴史の哀しみ。その二つは分かちがたくあります。だからこそ、御指摘の通り、「批判する」という言葉はここではあまりふさわしくありません。なぜなら責めることができないと同時に、いかに私たちが――ヴェトナムに限らず、い

t ... almost
tted
as intense as
ble in scene 3
ng B

oo screen

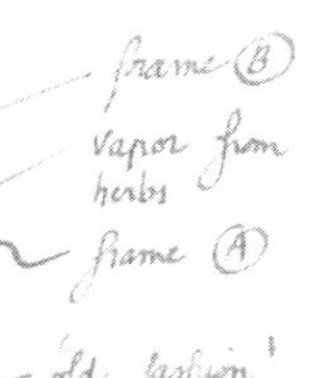

frame (B)
vapor from herbs
frame (A)
'old fashion'
dark blue
warm light
almost unnoticeable blue light on towel
herbs

setting of camera

I lived at my parents' place with my
woman came to a stop. I became the
and spent my time at administrative
husband to come out from the camp
went out. I was secluded. My whole f
liberty
One of our surgeon-colleagues is stil
same time as my husband ... His wife
become a fruit- and vegetable-mong
earn a few dong. The children are le
themselves in such situations? the h
miles away, the family dismantled, th

You are interested in the condition o
women who are the misfits of history
economic distress. They sell everyth
support their children. They deny th
a socialist society.

(She stared at the interviewer and s
[You're asking me if there are social
You underestimate the drama of the
our women compatriots. This war we
as in a tornado. Crushed by the mach

The fragrant flower has already
lost its stamen

Why keep desiring it
when it no longer bears fragrance?

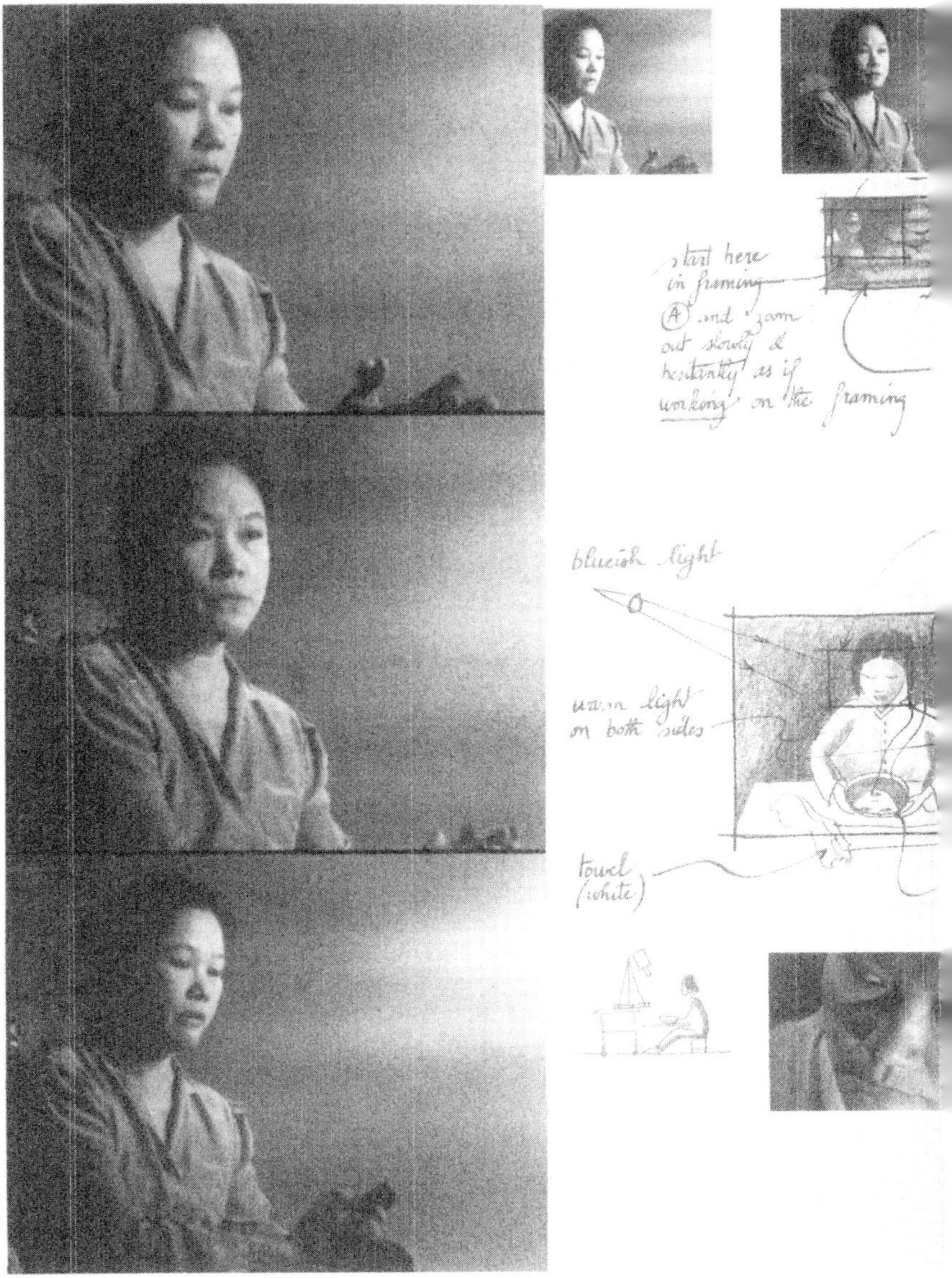

start here
in framing
A and zoom
out slowly &
hesitantly as if
working on the framing

bluish light
warm light
on both sides

towel
(white)

ずこの女性も——いまなお四徳を内面化しているかを示しうるからです。四徳については映画の後半、アメリカのヴェトナム人女性という文脈で紹介し、直接コメントしています。伝統的四徳は夫に対し、ひいては社会に対して、いかにふるまうかを定めたものです。女は家庭をうまく切り盛りし、感じよく身繕いし、上品で優しい話し方をし、貞節で礼儀をわきまえなければならない——それもすべて、夫の体面を保つために。つまり、女のアイデンティティはもっぱら夫へのふるまい方に、および／あるいは映画のタイトルを思い出すなら、国家の体面を保つ巧みさにかかっているのです。

それを理解したうえで、この女性医師をどのように見ることができるでしょう。彼女の物語は深く胸を打ちますし、痛ましい女の運命を語る諺や歌にも、同様に胸を打つものがあります。しかし、医師は抵抗と苦難のただなかにおいても、四徳を手放そうとはしない。そしてある程度、私たちはみなそうなのです。こうした抑圧的な基準がいかに自分の日常のふるまいに刻印されているか、私は気づかないわけにいきません。私たち欧米に住むヴェトナム人女性の多くは、仕事と個人的な「自由」を手に入れ、三従四徳などと聞いても笑うだけかもしれません。でもそれは、高い所に行けば行くほど、抑圧の形が複雑に洗練されていくだけだからです。だからこの医師や、映画のどの女性にも、私は自分自身を見ます。ここでは、批判そのものに絡めとられることなく批判することなどできません。これは観客にも当てはまることです。

ジュリアン　……そうして私たちは、あなたが作品で大いに語る、内部－外部－外部－内部の二項性に導かれていくのですね。あなたはそれについて国家との関連で述べています——すべての第一世界に第三世界があり、その逆もまた真なり、と。そして、これが問題の中心で再度とり上げられるのは、あなたが主体性について、また、父権制がいかに主体性を破壊したかを語る時です。でも、少しお話しいただいていいですか——つまり、私はあの映画にとても共感したわけです。というのも、扱われているのは、支配される主体に加えて、映像作家の責任をめぐるあれこれでもあり、ある意味少々退屈ではあるんですが、重要な問題ですからね。これは最初にお訊ねしたことと似ていますが、どうしたら解決できるのでしょう。こんなふうに言うと、この種の言説を閉じることになるかもしれないから、解決されないのはいいことなのかもしれませんね。でも、この国におけるドキュメンタリー行為との関係みたいなもので、表象の重荷というものが、黒人映像作家や女性映像作家の場合にはいまだにとても大きくて、人が自分自身を見る視点もリアリズムにがっちりつかまれて離れられずにいる。だから、実際に見て、彼女たちはどう考えたんだろうと思ったのです。それも作品に描かれていますからね。

トリン　映画に出演した女性たちの反応ということですか？　自分たちの演技はビデオで、再演シーンのリハーサル中に見ていました。ビデオでは映画と同じインパクトがないのは確かですが。彼女たちは自分の演技に対して意識的だったし、実は誰より自分に厳しい批評家でもありました。でも、映画全体における出来栄えということになると、私を含めて誰も本当のところはわからないのです。初め私の手もとにあったのは、マイ・トゥー・ヴァンがヴェトナムで行った限られたインタヴューだけでした。けれど、映画ができあがっていくにつれ「脚本化」されたものは、製作過程のなかで起きたことで、私があらかじめ承知していたわけではまったくありませんでした。ですから、映画が上映され、女性たちが大きなスクリーンで自分の姿を見た時は、大変な驚きだったろうと思います。一方で、観客として自分と自分の自意識を目にすることは、いつでも妙な経験です。彼女たちは自画自賛などとは無縁で、自分の演技のぎこちなさを笑い飛ばしていたくらいです。他方で、彼女たちが予想だにしなかったのは、自分の演じる役について、ありとあらゆる問題がいかに複雑か、また、メディアとしての映画がいかに強力かということでした。映画の初日、満員の観客に少々怖じ気づいた彼女たちの一人がこう言いました。「いまようやく気づいて、恐くなりました。何千という人がこの映画を観るんですね」。

もちろん、彼女たちには他にも心配な部分があり、それは自分がどう映りたいかということに関係していて、だからまたもやあなたの質問に戻ることになります。私がすてきだと思うのは、あなたが問いかけながら、同時に、問いかけた（責任と非／代理の）問題を簡単に解決することはできないと言いつづけるところです。そのたびに課題が新しくなるからこそ、人は映画をつくるのです。彼女たちが気に入ってくれたのは、自分をどんなふうに見せるかを自分で選んだ部分のようです。自分で選ばなかった役については、つねに問題がありました。「普通の」人を演じたり、六〇歳の女性の役をやるのは面白くないわけです。前にも言ったように、なかには心配する人もいました。アウトサイダーから見て、彼女たちの再演インタヴューがヴェトナム政府にきわめて批判的に映るとしたら、ヴェトナム人観客にとっては非常に微妙なものを孕んでいます。女性たちは単に資本主義への憧れから社会主義を批判しているわけではないということも、インタヴューを見れば明らかです——彼女たちの反応にそんなものは微塵もありませんから。それどころか、彼女たちがはっきり言っていたのは、人間の人間による二つの搾取のあいだで、どこに身を置けばいいかわからないということです。これもまた、ヴェトナム特有の状況ということではまったくありません。わけてもいままさに中央・東ヨーロッパで起きていることを思えば、そんなことが言えるはずもありません。それらの地で諸民族が闘い求めている変化は、「自由な西側の」イデオロギーへの単純な移行などとは無縁です。こうしたニュアンスがインタヴューに濃厚に表れていることと、女が置かれている淑女－女中－猿という状況への問いかけもありましたので、女性たちは共同体にどう判断されるかをとても気にしていました。彼女たちが最初に映画を観た時に囚われていたのは、例えばそういうことです。でも何度も観るうち、自分たちが貢献した映画を誇りに思ってくれたようで、あの映画がコマーシャルビデオのように共同体に流れればいい、とも思ってくれるようになりました……夫たちのうち二人は、とても感動したと言ってくれたのですよ。

マルヴィ　冒頭に使われたテクストはどのように選んだのですか。何を基準にしたのでしょう。

トリン　映画のナレーションでもわかりますが、基準をいくつか挙げると、年齢、仕事ないし専門職、経済状況、インタヴューされる人が育った文化的地域、批評的能力、そして時に人間としての相性の問題などがあります。初めは私ももう少し「政治的に正し」かったので、多様な考え方や幅広い職業を取り入れようとしました。音楽家や魚の養殖家を入れてみたりもして。外国大使館のレストランで接客業をしている人と、二人の医師、医療技術系幹部は映画に出てきましたね。最後に挙げた三人は最初から選んでいたのですが、それは彼女たちの物語と分析が幅広かったためです。思うに、この女性たちが他の女性を助ける仕事をしているという事実――肉体的のみならず心理的な女の痛みを救うために、もてる技術を捧げているということ――が彼女たちを際立たせ、女の身体や精神の健康とかかわるなかで、女の状況を深く広く判断する力を獲得したのでしょう。

私が彼女たちの意見に同意したかどうかはともかく、彼女たちの話は知識に裏づけられ、豊かで、胸を打つ――社会的であって同時にあくまで個人的な――ものでした。患者個人に関わる知識を彼女たちがいっさい漏らしていないにもかかわらず、そうなのです。それに対して養殖家のインタヴューなどは、映画の素材としては個人的なものであるにすぎず、従って単純過ぎるということになったと思います。映画はとても長かったので、選択を絞る必要がありました。養殖家の話は個人的過ぎて説得力に欠け、反共産主義の単純なかたちという誤解を受けやすいものでした。体制を批判するのですが、それを食べ物の比喩を使って、米と魚醤油から水っぽいジャガイモへという主食の変化を、マルクス・レーニンという外国思想の強制的消費に喩えるのです。

肉体労働者階級の代表をここに登場させて、多様な素材の集合体のうちに生まれる繋がりを追求することで、作品の整合性を保とうとは思いません。例えば、あの映画には女性の肉体の私有・簒奪と、それを敷衍するかたちで、ヴェトナムという国家の私有・簒奪も様々に描かれています――ヴェトナムは、異なる歴史の瞬間に異なる外的な力によって所有され、奪われます。ヴェトナムで愛される歴史的ヒロインを描く多くの物語に加え、一つの恋愛詩があの映画で決定的な役割を果たしています。それが人口に膾炙したキエウの物語で、彼女は父のために自分を犠牲にして娼婦となり、肉体を売っても父の名誉を守ろうとします。こうした要素は医師を選んだこととも密接に結びついています——一人は北、一人は南の出身、三人目は北の医療技術系幹部で、彼女が医師たちをイデオロギー的にコントロールしていることは、医師の分析が強く示唆しています。

最後に、そうした選択をする際に考慮に入れるのが地域差で、ヴェトナム人はいまも地域差にとても敏感です。つまり文化的・政治的に言って、映画の声はヴェトナムの三つの地域——北、南、中央——を体現するものでなければなりません。これによって、インタヴューされる人の文化的背景と結びついたテクストの選定が決まり、役者の選択も決まります。ヴェトナム語を話す時はとくに。そして最後に忘れてはならないことですが、民衆詩を歌う時は訛りが強く出ますので。

マルヴィ　では、例えば中央出身の女性が英語を話す時、その声は他の女性たちと違う訛りをもっていたのですね……気がつきませんでした。

トリン　それは当然ですよ。そうした点で、言葉は頑迷なまでに還元しえない独自性を示すものです。私はそれを英語話者の観客に伝えられないし、それが翻訳の限界です。ヴェトナム人には自明のことで、私のもとに寄せられた感想からも、彼らの関心がこの点に集中していたのがわかります。いまお話ししたように、そうした地域的決定性は民衆詩にも聞きとることができて、一人の人が歌っているのですが、文脈によって三つの訛りを使い分けています。しかし、地域主義的志向性をたどっていくと、ヴェトナム人共同体の一部のヒエラルキー的分離主義に行き着くことにもなりますが、仮にそうだとしても、それを政治化し、批評の戦略として応用することはできます。それが大変有効だと思うのは、例えば、ヴェトナムの現実を共産主義と資本主義に還元することを避け、中央の文化的役割を取り込み、北-南の二項対立をまさに脱中心化しようとする場合です。

このところヴェトナムの中央地域は、西洋的な言葉の意味における権力と安定を表していません。それどころか物理的に言って、もはや行政府の場ですらないのです。また、政治的・文化的に言っても、第一世界と第二世界の規制のあいだで、不安定な土壌を形成しています。中央の地域はつねに伝統文化と近しかったのですが、南は西洋の近代化政策を取り入れ、北はロシアと中国の影響のもと、「封建的かつ後進的」とされる伝統的習慣を廃絶しようとしています。では、この「伝統」に何が起きているのでしょう——ヴェトナムのアイデンティティを定義する時、この三つの地域は揃って、伝統はわれらのものと主張してやまないのですが。まさにこの点において、中央が抵抗の場としてもちうる可能性に気づくことになります——国家の遺産や本質主義的アイデンティティの権威を修復するという意味ではなく（いずれにせよ、正統な過去をただ回復するというのは、「非正統的で」非現実的なゴールです）、「空虚で」、非同盟の、つねにまだ占領されざる空間を提供するという意味においてであり、そこでは過去と現在のあいだの緊張が政治化されますから、否定的でもなければ、単に肯定的でもないのです。

マルヴィ　内容についてあと何点かあるのですが、そのあとで形式の話をしましょう。形式は本当にみごとなものですから。でも、よくわからないところもありました。インタヴュー——モノローグ——を冒頭に据えて虚構性を示すところで、あれはフィクションというより、語られる証言が語り手のものでないことを示しているのではないか、と思ったのです。女優と言葉を切り離して、正統的な主体が語っているのではないことを示したかったのではないでしょうか。批評としては、最後に女優たちが自分として語るところで、かなりむずかしくなってしまったように感じました。何か正当的な主体性という考え方に戻ってしまったようで、女優と役柄のあいだにあると思われた関係が、正統的な語りという問題にちょっと逆戻りしたような。

トリン　それは先ほど、作品の構造的側面をめぐってアイザックの質問にお答えしたことと、まるでそぐいませんね。もちろん、あなたの読みも等しく有効ですが、願わくは、もう一つの読みを生む手がかりも、あの映画のなかにあるといいのですが。語りとは、巧まれるものだと思います。ですから、再演インタヴューの虚構性だけでなく、ドキュメンタリーの実践においてインタヴューが一般的に孕む虚構性も明らかになったのちには、「本当のインタヴュー」で女性たちが語る言葉がたんに「真実らしい」とは、もはや考えられないのではないでしょうか。インタヴューを通して本物の現実を直接手に入れるということが疑問に付されているわけで、「本当のインタヴュー」に至る前に、観客の批評能力が求められているのです。カメラとマイクを据えて、例えばお昼を食べている女性の「自然な言葉」をとらえようとするインタヴューにしても、再演インタヴューと同じくらい演出されたものです。ですが、観客が「演出」をより自明視しているであろう時には、それはより隠れて、見えにくくなっています。なぜなら、それはもはや舞台装置(セット)や言葉によっては感じとれず、位置づけや枠取り(フレーミング)、編集や文脈を読む作業によるしかないからです。その上、女性たちは話す時どんなふうに聞かれたいかを「選んだ」と言ってよくて、たぶん——。

マルヴィ　例を挙げていただけますか?

トリン　最後にあるヴェトナム語のインタヴューは二人の働く女性のもので、一人は水力発電会社、もう一人はハイテク電子機器の会社に勤めています。なぜ映画出演を引き受けたのかという問いに対し、一人の女性の答えは、夫に相談したら「われらの母国」に貢献するよう励まされたので、というものでした。そうして、彼女は映画に出る際の恥じらいを克服したのです。加えて彼女は、夫の友人にからかわれたという話も披露してくれました。「わからないぜ、抜群の演技力でアメリカ人に注目されて、ハリウッドスターの未来が待っているかもしれないじゃないか」などと言われて。インタヴューしたもう一人の女性も、自分の貢献は「個人の問題でなく、共同体全体に関わるもの」と考えていました。似たようなエピソードですが、つづけて彼女も、友人たちの反応と、「私が六〇歳の女性を演じると聞いた時の彼らの仰天ぶり」を話してくれました。

こうした答えのなかで私が注目するのは、映画の前半で演じた役柄についても、「自分自身で」語る時に担う役割についても、女性たちがきわめて意識的なことです。彼女たちははっきりと、映画作家個人ではなく、共同体とその権威に向かって語りかけていました。そしてある意味で、演技者としての欲望を映画界に向かって表明してもいたのです。「逃れゆく生」をつかまえるとか「真実」の言葉をとらえるとか、そういうことではありません。彼女たちの「本当の」台詞から伝わらなかったであろうことも、明らかにあるのです。それは例えば、「自分自身で」答え、一人称の主体として語るという状況になった時、二人の女性のうち一人が克服しなければならなかった、とてつもない困難です。カメラの前で完全にがちがちになり、質問に一言も答えられなくなってしまったのです。長く気まずい沈黙のあいまに、彼女は言いました。「何て言えばいいのですか？」「どう答えたらいいのでしょう……私、話せません」。そして、いかにもという感じですが、私が言ったのは、いつも私に話すように答えればいいんですよ、何でも心に浮かぶことを言ってください、ということでした。でも、彼女がようやく話せるようになるには、長い長い時間がかかりました。本当に、「普通の」（または本物の）ことを「普通でない」（または本物でない）状況で引き出すとか再生産するとかいうのはありえないのです。ですから、選択によるものか、選択の欠如によるものか（両方でしたが）、こうした「真実」が語られることはありませんでした。かたちになったのは、女性たちの心をよぎった「何か」ではいっさいなく、彼女たちが観客に聞いてほしかったことです。そういう意味で、作品が最後に正統性を表す声に回帰したと見るのは、私にはむずかしいです。

ジュリアン　まるごとのプロセスですね、まさに。つまり、あなたの芸術はこんなふうに旅して、あなたとともにあのプロセスのなかへ入っていかなければならない……私自身、そういう問題を解決できていないという自覚があります。私のやり方は――すべてはフィクションなのだから――フィクションのなかに逃げてしまうこと。そしてファンタジーの領域に入って、その空間のなかで政治や表象について語ろうとする。同時に、ドキュメンタリー映画にも惹かれるものがあります。あの種の緊張は面白いですからね。どれにもそれぞれの法がありーー。

トリン ーーそれぞれの問題がある。

マルヴィ 逃れられない。出口なし。

ジュリアン テクストと映像を重ねて使うことについて、お話しいただけますか。そこでは被写体に語らせているわけですが、彼女たちの英語は時として、私の母や父が英語を使うのと同じ流儀でーー自分の言葉半分、英語半分ということになります。つまり、そうしたハイブリッドが起きるわけですが、おまけに彼女たちが話すのと同時にテクストも使う。それは、話していることを解読したり浸透させたりするのがむずかしい、とあなたが思う時ですね。それで、あなたの映画におけるテクストと映像の使用についてお話しいただければと思ったのです。

トリン もちろんです。あの映画ではインタヴューと翻訳の問題に取り組みましたから、言語および言語間の関係を扱うことは避けられませんでした。ヴェトナムで行ったインタヴューにはあえて英語を、アメリカで実施したインタヴューにはあえてヴェトナム語を使ったり、ヴェトナム系アメリカ人が使う様々な英語の例を並置したりすることの他に、私が試みたのは、読むこと、聞くこと、スクリーンで見ることのあいだの関係を探ることでした。例えば、字幕を流す時間の長さはきわめてイデオロギー的に決定されています。私の考えでは、大半の翻訳映画で、字幕が技術的に可能な限り長く映されているとしたらーーしばしば読むのが遅い人も楽に読み終えてしまうほどーーそこでは翻訳が縫合手術の一部とみなされるからで、それは古典的映画装置の特性であり、また、ヒエラルキーによって統合された支配的世界観を自明とするために駆使される、技術的努力の特性でもあります。

主流映画の成功は、観客に見せるもののなかに（明白なたくらみを）いかに隠しおおせるかに、まさにかかっています。従って、主体の統一性はつねに守ろうとします。ここで言うなら字幕をつけることで、読み、聞き、見る活動がすべて同じことであるかのように、単一の活動に落とし込むわけです。読む内容は聞く内容と同じ、聞く内容もおおむね見る内容と同じというわけです。私が望むのは逆にそれらを「ほどく」ことで、一定の自立性を備えた三つの別の活動として提示することです。翻訳の任務は情報を伝えることだけではないわけですから、観客が意識せざるをえないのは、例えばこの映画について言うと、映す時間を最小限に抑えた字幕を通して、言われること・歌われることと読むことのあいだのギャップなのです。

　こうした活動を同一性の「粘着力」から自由にする必要性は、語ることと見ること、書き言葉と話し言葉の関係にも見いだせます。それぞれ実現の仕方は違いますが、私の映画における言葉と映像の関係は、声を映像に合わせて使うのを拒否するもので、その逆も言えます。そういう関係においては、一つの要素の役割はもう一つの要素にただ仕えることではありません――つまり、説明したり図解したり対象化したりすることではないのです。例えばナレーションは、全知のものとして映像に「釘付けにされる」必要はないのです。インタヴューが陥りやすい窮地はここにあり、画面いっぱいに話し手の顔が映るトーキング・ヘッズ的な問題をどうするか、音と映像が同期する固着性をいかに緩めるかというのはむずかしいことです――トーキーに「平板な映画（フラット・シネマ）」なる名前が与えられたのはこのためですし、だからマルグリット・デュラスのような映画作家は、リアリズム映画流に声を口に（彼女曰く）「突っ込む」習慣から離れる必要があったのです。

　言葉と映像の非‐従属関係をめぐるこの議論は、『姓はヴェト』で映像にかぶせて言葉を重ねたことに繋がります。読む活動と聞く活動のあいだにも少し差異があり、その結果緊張が生まれるのですが、それはここでは、テクストと女性が話すことの若干の異同によって作り出されます（実はそれは、女性たち自身が話す時にテクストを言い直したのです）。差異が知覚されるのは、テクストがいつも語りと同時に入るとは限らないからです。また、スクリーンにとどまっている時間が短いので、観客は聴くことと読むことを同時に行いながら、少しずつ聞き逃し、読み逃さないわけにいかないからでもあります。観客が二つの活動を同時に行おうとして経験する緊張は、違う次元においてではありますが、書き起こされ、翻訳された話を再演した女性たちが経験した緊張でもあります。彼女たちが要求された努力には二種類あって、一つは書き言葉を話し言葉に移行させること、もう一つは、それを習得していない言葉で述べることでした。

　ディアスポラ、もしくは第三世界の諸国民が話す英語を、メディアは一般的に単なる外国語のように扱い、字幕をつけることもよくあります。私にはそんな覇権主義的な態度はとれませんが、同時に、私が英語話者に大きな努力を強いていることも無視できません。ですからご明察の通り、私がテクストを使ったのは観客の一助とするためでもあります。女性たちは外国語訛りで、滑舌の問題もあり、インタヴューを追うのが難しくなる瞬間があります。ですが、テクストは単なる字幕として提示しているわけではありません。テクストには議論したような独自の機能があり、審美的に言えば、一つの映像に重ねたもう一つの映像として扱っています。語っている女性の映像との関係において枠どり、構図を決めたテクストは、しばしばイメージを全面的に侵略します。

マルヴィ　再撮影の手法は以前にも……。

トリン　いいえ、他の映画では使っていません。

マルヴィ　では、再撮影を使われたのは初めてなのですね。それはあなたにとって、この文脈で何を意味するのでしょう。なぜそれを使ったのか、そしてそれはどんな共鳴を引き起こしたのでしょう。

トリン　様々な意味がありえます。第一に、時間の問題があります。私は物語と大衆の記憶の領域で仕事をしていたので、線的な時間構造には興味がありませんでしたし、ヴェトナム史の特定の時代を再構築するつもりもありませんでした。再演インタヴュー同様、古い記録映像が示唆するのは、それが存在した時と場所と文脈です（インタヴューに先立つ視覚的引用も、一つには女性たちが語る時代を特定する働きをします）。でも、そうした映像間に、また、映像と語られるテクストのあいだに生じる関係は、固定した時と場所の概念を置き換えつづけます。ですから、挑むべきことは、白黒のニュース映像や写真がもつ個別性そのものを使いながら、複数の過去と未定の現在・未来に向かって手を伸ばすことです。

一例をあげますと、一九五〇年代に南北で起きた難民の動きを伝える映像に重ねたのは、若い女性が妹に出した手紙で、母と娘たちがアメリカへの入国許可を待ちながら、グアムで（一九七五年に）ともに過ごした時を回想します。ここで焦点が当てられるのは、五〇年代の難民の苦境でもなければ、七〇年代のそれでもありません。むしろより重要と思えるのは、多くの時代、多くの場所で、女が――女として――くぐり抜けなければならなかった問題の特異性です。それは母親の回想シーンのなかで語られるもので、またしても「足で戦争を逃れる」経験をして、彼女が味わなければならなかった苦悩とレイプの恐怖に基づいています。ですから、観客がたどる五〇年代の難民の映像で、女は判で押したように野良着と暗い色のズボンといういでたちですが、同時に聞こえてくるのは、地味な服装をしなければならないという母の信念と、一九七五年の国外脱出（エクソダス）においても娘にそうするように説く言葉で、それは「女としての私たちに注目を集めないため」なのです。

もう一つの重要な例はエンディングシーンで、一九五〇年代、難民のグループが小舟に乗って海に浮かぶコマ撮り映像に、現代の「ボートピープル」、より最近では「ビーチピープル」をめぐる状況へのコメントが流れます。再撮影がここで押し広げるのは歴史的時間であり、映画的時間でもあります。それは生のはかなさにかたちを与え、そうした命がけの逃亡がもつ無力さを浮き彫りにします。ちっぽけな人間たちが小舟に乗り、大海原を漂う姿の卑小さがまのあたりにされる。けれども、そうした場面が記録されたという事実は、観客に見ている者の存在を思い起こさせもします。難民の姿は遠くからカメラでとらえられ（そしてもう一台のカメラで再生産され）ました。ですから、希望はあるのです、目撃者がいる限り――映画の言葉を想起するなら、証人その人が証人なしに死ぬことがない限り。古い記録から素材を選び、別の文脈に置き直し、再撮影化しながら、その変容が目にされたわけですが、言葉を換えると、私にとってより興味深いのは、女性や難民、亡命者の苦境に思いを馳せることであり、戦争に対する間接的な恐怖やそれにつづくサイゴン陥落――それによって、ヴェトナム人ディアスポラが現代に不穏な勢いで拡大したわけですが――を焼き直すことではありませんでした。

あなたが鋭くも用いられた言葉に戻ると、再撮影は置換を招き、置換は共鳴を引き起こします。ある局面において、そうした共鳴を抑制せずに理論的説明を加えるのは、きわめてむずかしいことです。プーシキンなら「詩は少々愚かしくなければならない」と言うところでしょう〔一八二六年五月、プーシキンが友人の詩人、ピョートル・ヴャゼムスキイに宛てた手紙の一節〕。けれども、そうした限界を否定せず、別のレベルで議論を進めるなら、ニュース映像や写真を映画実践――とくにドキュメンタリー実践――に使うことには、それなりの問題が伴うはずだと付け加えるでしょう。映像は真‐価と誤‐価をともにもっています。言い換えれば、映像とは何といってもメディアの記憶を意味します。そこでは、異質に見えるもの、読めるものを作りたいという欲望が必ず伴います。あの映画は古いニュース写真を選んで再生産しているだけでなく、それを入念に再枠取りし、脱‐再構成し、かつリズムをもたせ、様々な差異としてくり返しています。いうまでもなく、ヴェトナムのメディア映像はイデオロギーに満ちているばかりか、ジェンダーの決まり文句（クリシェ）にも満ちています。ですから重要なのは、単にニュース映像をその文脈から取り上げ、新しい文脈で機能させる――例えば流れに逆らってフェミニズム的に読む――ことにとどまらず、それに新しく語らせることです。

おそらくここで例としてあげられるのは、非常に粒子の粗い白黒映像で、三人の女性がゆっくり動く身体の一部が映し出される、冒頭のシーンです。彼女たちは全部で三回映画に出てきますが、そのたびにリズムや枠取り、視覚的な可読性が微妙に異なります。観客が三度目に彼女たちを見る時は、もともと撮られた通りの姿で、オリジナルのサウンドトラックが流れ、男性ジャーナリストらしき声が伝えるところでは、彼女たちは捕虜で、その身体は「伝統的に武器を運び、村に潜入し、情報を提供するために、敵によって使われてきました……」。同じ映像に何度もアプローチすることは、時に共鳴を引き起こすことになり、まさに素材を変形するのに役立ちます。ちょうどキエウの物語のように、何世紀にもわたり、各政府のイデオロギー的要請に都合のいいように、戦時の女性を映すメディア映像は撮られてきました。そうした映像の背後にある理念において、女性が主体として立ち現れることはまずなく――十分な証言をすることもついぞなく――ただヒロインとして崇め奉られるか、自らの歴史の傍観者、観客、そして亡命者として、犠牲にされるだけなのです。

Sitting on a reed, leaning against an apricot branch

and the willow to the west

Whom shall I befriend for a lifetime?

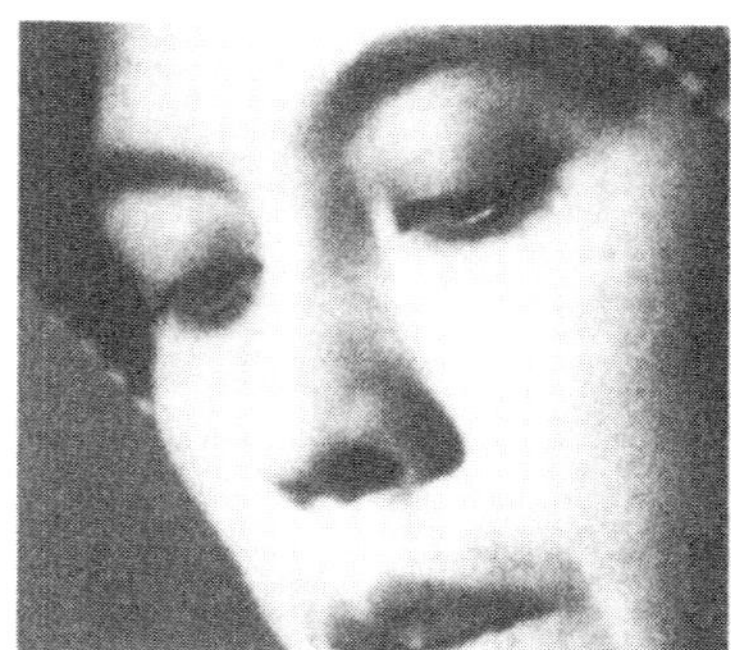

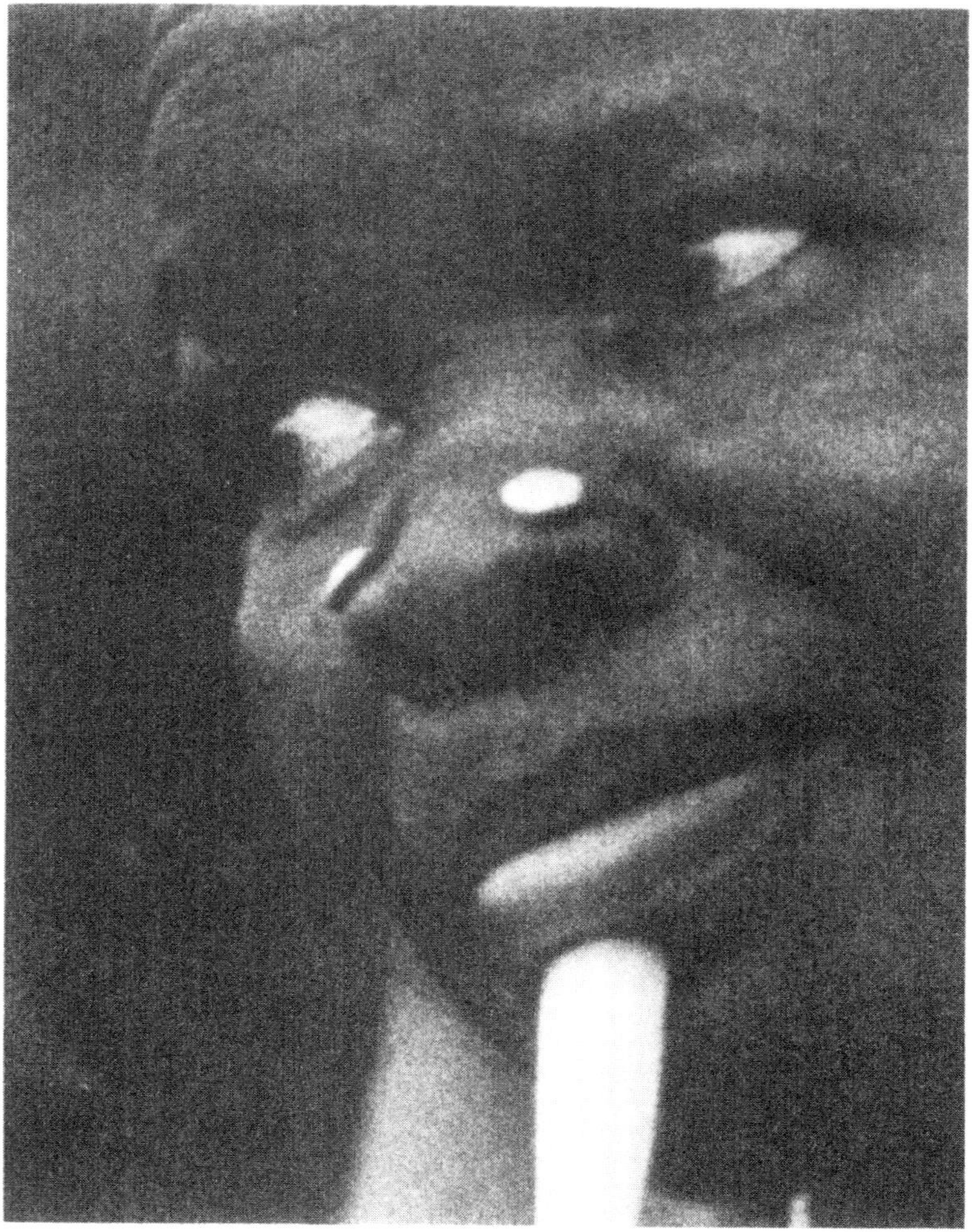

NS

第一〇章　専門化した検閲

ロブ・ステファンソンとの対話

一九八五年一〇月三一日、サンフランシスコで開催されたフィルム・アート・ファウンデーション・フィルム・フェスティバル、そして、バークレーで開催されたパシフィック・フィルム・アーカイヴにおいて『ありのままの場所――生きることは円い』がプレミア上映された際に、ロブ・ステファンソンによって行われたインタヴュー。初出は『ミレニアム・フィルム・ジャーナル』一九号（一九八七―八八年秋冬）。

――『ルアッサンブラージュ』と『ありのままの場所』とのあいだにある差異とは何でしょうか。

トリン　まず、明らかに異なるのは作品の長さです。『ルアッサンブラージュ』はダイナミックな短編作品であり、一方、『ありのままの場所』は過酷なほど長い作品です。『ありのままの場所』が長いのは、その時間が映画やテレビの市場で示されている最長の時間制限――ドキュメンタリー映画であれば九〇分、劇映画であれば一二〇分――を超えているからだけではありません。数名の観客がこれに関して述べていますが、人は実際にテレビの前では何時間も座っていることができ、さらに映画では物語を買ったり捨てたりしながらより長いあいだ座っています。つまり、映画が長いとすれば、それは一つ一つのショットが時間つぶしのようであり、また内省をうながすかのようなカメラワークで撮られているからでもあります。一方、他の観客が言うように、人は自分自身について深く考えるように求められる時、身悶えするのです。『ルアッサンブラージュ』が示すそのような内省は、『ありのままの場所』においても、最初の観客である監督と同じく、観客に対しても戻ってきます。しかしながら、『ルアッサンブラージュ』で撮影と編集において私がとった戦略――ジャンプ・カット、不完全なパン撮影、断片だけでの構成、複合的なフレーミング――とは、きわめて異なります。『ルアッサンブラージュ』では、それらは瞬間ごとに散りばめられているため、観客は映像の内容を特定することができません。同じ意図は『ありのままの場所』にも浸透していますが、そこでは時間的長さと空虚な（脱中心化された）循環運動によって成し遂げられています。このことが示しているのは、『ルアッサンブラージュ』は差異と取り組む一つの方法であり、それとは異なる方法で『ありのままの場所』は製作されているということです。

――私にとって、『ルアッサンブラージュ』ははるかに分断されていて対決的姿勢をもつように思われます。一方、『ありのままの場所』はもっと滑らかに構成されているように見えます。

トリン　確かに『ルアッサンブラージュ』のなかには離接的（非‐関係的）な側面があります。それは脱構築のステップであり、そこでは異を唱えることができ（たんなる否定としての「ノー」ではなく）、また、細心なところに注意を払う必要があります。『ルアッサンブラージュ』はそうした作品であり、あなたが指摘された二作品の差異はもっとわかりやすいかたちで明らかにすることもできます。『ありのままの場所』では、対立や挑戦といったものは、この作品が深遠で広範囲にわたり「離接的」であるにせよ、「表面的」にはそのように見えないという事実そのものから生まれています。『ありのままの場所』では、「離接的」の意味が同時に「接続的」なものをも指すということは明らかです。そこでは他者を除外することはないし、（主体の）脱‐中心化が同時にたんなる分離を意味することはありません。この作品には全編を通して連続性のようなものが感じられますが、しかしそれは、冒頭から結末へと視聴者を導くような閉じた線状の継続性ではありません。旅程を作る際には出発と到着の印を付けておきたいと思うかもしれませんが、生の持続的な流れというものは視聴者をどこにも誘うものではありません。あなたが「滑らか」と思われたのは、おそらく多くの視聴者、なかでも女性たちが「ものごとがとても穏やかに進行している」という言葉で表現したものと同じだと思います。

離接性というより明確な形式との関連で差異の問いに戻りますと、私が取り組んでいる差異は類似に対立するものではないと言えます。差異の問題を民族的相違や文化的分離の問題として単純化することはできません。差異の概念のなかには、差異だけでなく、類似も含まれます。例えば、『ありのままの場所』の最初に見られる差異はエキゾチズムに近いものです。つまり、このシーンは思春期の踊りのそれであり、そこでは割礼をした若年の男子が椰子の葉で作られたアンサンブルを「エキゾティック」に着ています。作品の最後では、同じ踊りが再び映し出されますが、そこではより広い文脈のなかでの重要性が拡張され、のちほどそのなかで踊りが映し出されます。そこに見られる生の感覚は私にとっては圧倒的なものであり、「衝撃」を受ける人もいることでしょう。人々が密集しており、多様な動きが映し出されるこの場面を、観客は一つの出来事としてとらえることができないからです。人は話しを制する力を「失い」、私の場合には、制しようとする欲望さえ失います。同じシーンを受けとめるにしても、このように相異なる反応を経るのです。

――映し出された二つの出来事のあいだで起きることによって、そのような違いが生じるのですね。テクストにも同じアイディアを使っておられるのでしょうか。

トリン　こうした戦略は作品全体を通して使っています。視覚においてだけでなく、音楽、さらには言葉によるナレーションにおいてはより頻繁に使っています。例えば、出来事を見る時、あるいは、発言に耳を傾ける時、私はすべての説明を列挙するのではなく、イメージと音楽と言葉の移りゆく関係を一体化しているのです。明確なイメージのつながりに結びつく説明を何度か耳にすることになりますが、それらはいずれも異なる視覚的な文脈と並列関係にあります。このように、最初のつながりのなかで作られる意味は、絶えず置き換えられるのです。作り変え、拡張し、補い合う。意味はプロセスのなかで相互に作用し合うのです。

――そうすると、この作品は観る回数が増えるにつれ、新しく観られることになるのでしょうか。

トリン　私を含む多くの人は、この作品をまるで現代音楽（実験音楽）の一編を聴くように観ています。

そして、この作品がもつ非‐表現的、非‐メロディー的、非‐物語的な要素はさらに別の注意を喚起します。音を音として、言葉を言葉として聴き、イメージをイメージとして観るのです。したがって、感情が絶え間なくざわめくことが可能となるような清浄な心の状態を保っておく必要があります。人生がそうであるように、人は準備ができている時にしか、本当の意味で観たり聴いたりできないのです。つまり、人は純粋に知りたい時にしか、異なる文化を吸収することはできないというわけです。仮にこの作品をせき立てられながら観るとするなら（時間的なプレッシャー、例えば、刹那的に向き合い、刹那的に内容について考え、すぐさま作品を消費し、作品に満足する、といったように）、あるいは、様々なイデオロギーをあらかじめ抱いて観るなら、その視聴体験は、苦痛を伴うとはいわなくとも、苛立たしいものになることはありえます。心が開かれた状態になく、すべての音に対する潜在能力が閉ざされている時、音楽に身をゆだねることはできないのです。

――映画製作における物語と実験性をテーマにしたあるパネルディスカッション（一九八五年一〇月二七日に、サンフランシスコ・シネマテークにて開催）において、あなたは本作品における三つの声を一つの声として読まれていますね。

トリン　あれは私が三名の女性の声を言葉によるテクストとして使っていることに一部の観客たちが反応したことに対して実験的に応えたものです。そこにはわかりやすい傾向があり、三つの声のうち一つの声が好まれるというものでした。数名の観客から次のような質問がありました。『ルアッサンブラージュ』ではあなた（すなわち、私のこと）の声はとても効果的だったのに、なぜここでは三つの声が使われているのですか」と。私自身は他の二つの声の方が好きなのです。それらの声には、私にはない音の気配があるからです。例えば、音楽的なもの（音の組み合わせの高さ、低さ、中間領域）、文化的、民族的なもの（黒人、白人、黄色人）、様式的なもの（断定的／推論を排したもの、断定を排したもの／矛盾するもの、断定を排したもの／揺らぎやすいもの）などです。一般的に言うと、それらは声が聴覚に対してもつ潜在的な力なのです。それらの声が語っているのは、異なりつつも相互に関連のある事柄についてです。三つすべてのパートを一つの声で読み上げると、聴覚上に起きる経験を平らにし、本作品の批評的鋭さを鈍らせることになります。一方、その語りを通して、それらの声は三つの方法で情報を解き放ち、また、支配的なドキュメンタリー映画に顕著な情報提示の方法を揺るがしもするのです。

さらに、観客を悩ますのは、これら三つの異なる声から（当然のこととして）立ち上がると予測されていたせめぎ合いが欠如していることです。〈黒人〉と〈白人〉、個人と世界のあいだのせめぎ合いです。それらの人々にとっては、せめぎ合いを通して差異を凝視することの方がはるかに興味深いのです。これら三つの声について書くに際して（第一はアフリカの諺、第二は白人の論理、そして、第三は個人的経験に近いもの）、私は一つの声を他の声に対立させたくはありませんでした。せめぎ合いにより生じる問題は決して明確なものではなく、私は物事を対立によるせめぎ合いのなかにとらえたくはなかったからです。

――この作品に対する反応として、観客はこれら三つの声を一つの声として受けとめていますか。

トリン　そうではなさそうです。ただ、そこに見られる差異を曖昧なものと見る人もいるようです。

――そのように、あなたが事前に思い描いていたアイディアの数々は観客に届いていると感じますか。

トリン　この質問は私もしばしば自問します。観客から十分なフィードバックを得るまで作品の意図について説明を避けるということは、私にとっては有益な企てでした。伝えたいこと、伝えたくないことが観客に意図した通りに理解されると思い込むのは危険なことです。観客のあいだで筋の合わないような否定的な意見を受ける時、私はいつも自分の作品はどこか余所の場所にあり、そのような解釈に対しても開かれているのだということを意識しています。この作品には、私がまだ触れていないような数々の側面があります。というのも、まだ観客から十分と言えるほどの感想を受けていないからで、感想が作品を通して示されるにはまだ時間がかかることでしょう。しかし一方で、製作者は自身の映画を解釈する時、多くの観客の意見に追随するなかで、様々な感想の上に自分の考えを組み立てることもよくあるのです。そうした考えは、最初に自分が思い描いていた考えと完全に合致するものではないかもしれませんが、製作者は議論を強く求める性分ゆえに、自身の意図のうちに生じた亀裂を強化し、新たに書き込んでいくこともあるのです。

――ある映画批評で、あなたの作品が「反‐ドキュメンタリー」であるといったように書かれていました。これはあなたの作品の特徴を言い表していると思いますか。

トリン　まったくそうは思いません。批評的であるゆえに誰もが直面するリスクとは、多くの観客が「反(アンチ)」という言葉と安易に結びつけられた作品を求めてしまうことにあります。例えば、「反‐人類学」という言葉が、私や私の作品を特徴付けるものとして用いられてきました。けれども、私には関心のない言葉です。もしそれが、私の作品を観客がいかにとらえているのかを表しているとすれば、面白いと思います。しかし私にとって、何かに対して反(アンチ)であることは、一つの反応にすぎず、そのような反応には関心がありません。私が光を当てたいと願う様々なもののなかでより関心を抱いているのは、特殊化し、専門化した「検閲」の種類について問うことです。その検閲とは、特定のイデオロギーを有効にする目的で存在する慣例から生みだされるもので、それに反して慣例を打ち破るものではありません。自身の作品の外側にある規則を恐れないでいることと、「反(アンチ)」と名乗ることは、はっきりと異なります。もし私の主たる関心が、一つの刺激に対する一つの反応の連なりを並べることだとすると、私の作品はとても限られた視野しかもたないものになるでしょう。

――あなたの作品は、ドキュメンタリーの概念を押し広げていると思われますか。

トリン　押し広げるというのは、よい表現だと思います。私はつねにドキュメンタリー映画と実験映画の境界で作品を製作しています。いくつかの境界やアプローチのまさに限界に身を置いて映画を製作する時、

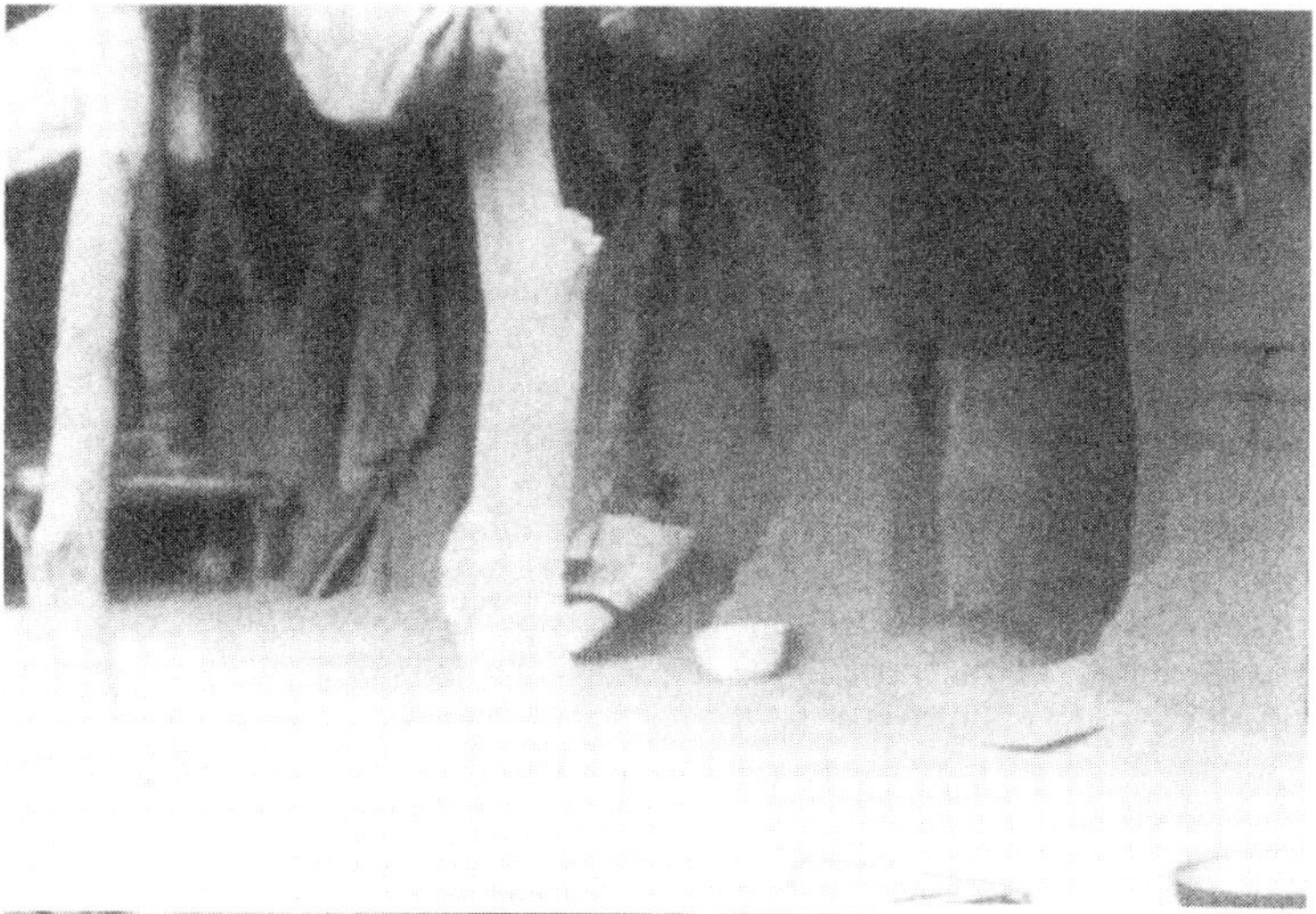

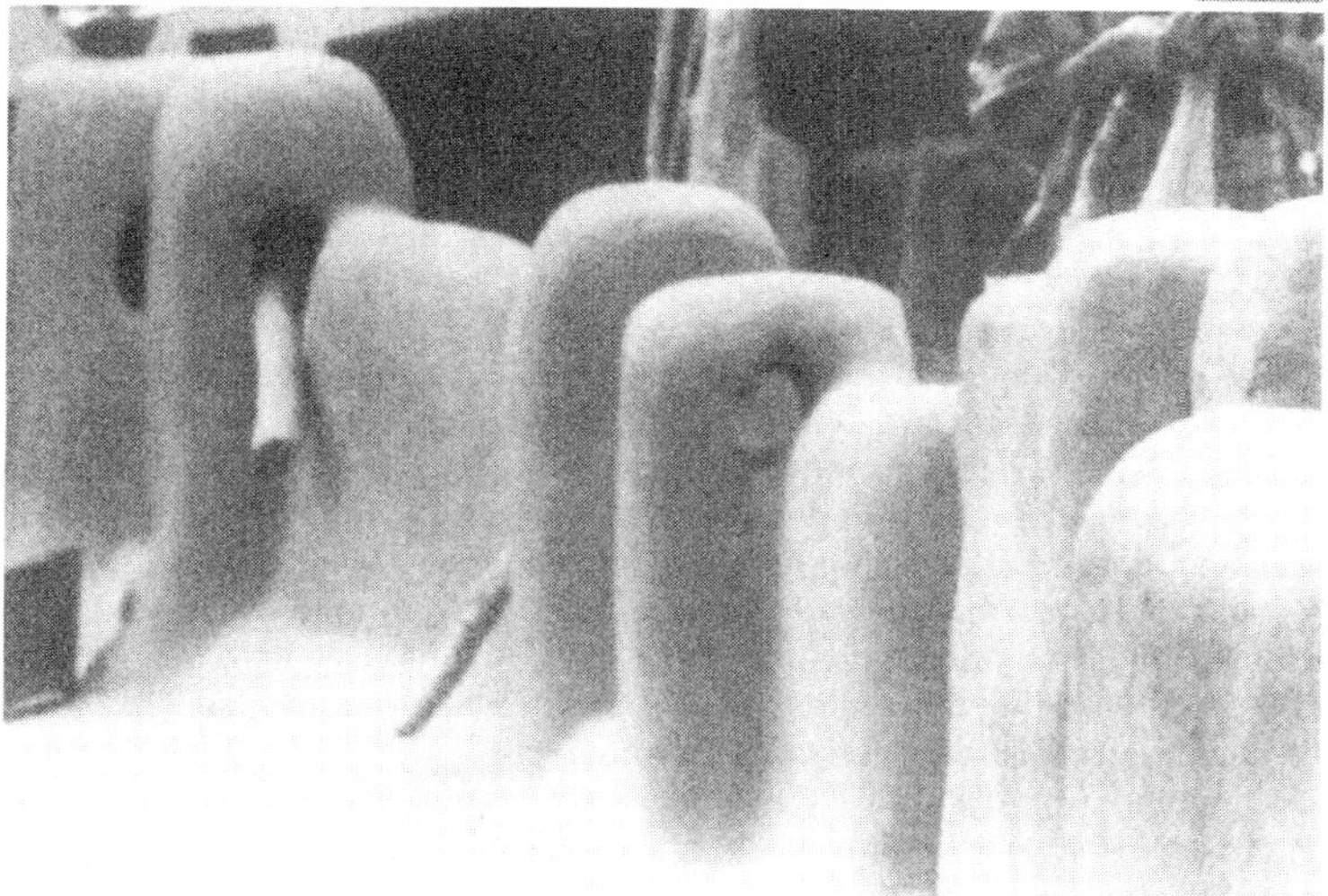

NS

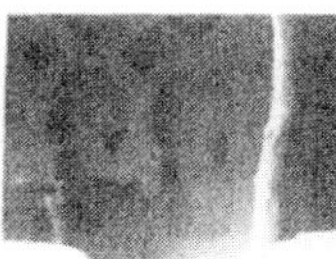

人は完全に内側にいることも、外側にいることもできません。自身の作品を境界に向けて行き着くところまで押し上げ、その先端の部分で絶え間なく進みつづけようとするなら、境界のどちらか一方へと落ちてしまうリスクに絶えずぶつかります。その一方で、境界を取り消し、修正し、作り直しもするのです。『ルアッサンブラージュ』と『ありのままの場所』は、ドキュメンタリー映画、アート映画、アヴァンギャルド映画に関連する場所で順次上映され、また、『ありのままの場所』は近年いくつかの組織が関心を寄せるなか、より広く知られるようになりました。映画祭でのカテゴリー付けの問題はいつも私には悩みの種となってきました。私は自身の作品をどのような審査員に観てもらいたいかをまったく独断に基づいて決めなければならず、ほとんどの場合、その決断が吉とでることはありませんでした。事実を指向する眼差しは実験を嫌い、その逆も然りです。それは、科学映画と実験映画が決してお互いを必要としてこなかったことと同じです。

――自分の意図通りに作品が観客に観られることは重要だと思いますか。

トリン　観客に作品が重要だと思わせる理由はありません。本物らしさ（オーセンティシティ）という支配的イデオロギーに追随する人たちのあいだでは、次のように主張することで自身の作品を（意識的かつ無意識的に）有効にしようとする傾向があります。「私たちは自分の作品を人々に観てもらってきた。そして、これは観客の反応そのものである。観客は私たちにあれこれ変更を求め、私たちはその指示に従ってきた」。例えば、「狩猟は完全な静寂のなかで行われなければならない」ので特定のシーンから音楽を抜き取るといったように。時に、少しでも本物らしさ（オーセンティシティ）が作品に刻み込まれるように、私たちは現地の人々がスクリーンに未編集の映像（フッテージ）を凝視する姿を目にします。しかしそれは、私たちを新たな場所に導くものでも、未知の次元を対象文化に付け加えるものでもありません。そうした追加映像は、往々にして現地の人々が作品を好ましく感じ、作品内容を認めているということを私たちに示す意味しかないのです。したがって、私たちがそれによって手に入れるのは、実際には映画製作者の視点ではなく、いわゆる「共有された」視点です。そうした歩み寄りの姿勢には次のような説明が可能です。それは私が彼らをどのようにとらえているのかと同時に、彼らがお互いをどのようにとらえているのかを示している、と。

――あなたはご自身の作品を消滅しつつあるものを保護するといった観点からとらえられたことはありますか。

トリン　ありません。私が考えるのは意識を表面化させることです。仮に観客がこの作品を消えゆくものの存続に役立つものと思うなら、それはうれしいですが。

――「意識を表面化させる」とは、具体的にどういう意味ですか。

トリン　観客は『ルアッサンブラージュ』を観て、自分たちがいかに人種差別主義的であるかを理解できると言います。『ありのままの場所』を観た他の観客は、自分たちがどれほど身のまわりの環境と交流しなくなってしまったのか理解できるとも言います。そうした問いかけは、私たちがどのように生きているかという一般的な問いにつながっていきます。私にとって問題なのは、失うことではなく、忘れたり恐れたりすることです。互いに交流することを忘れ、製作する側－される側の役割を忘れ、（システムとの）不分離、非協力、非同盟としての差異に関わる作用を忘れ、換言すれば、人は覇権主義に同意することも貢献することも必要ないことを忘れることです。

――あなたはご自身の作品が民族誌学的な映画製作に影響を与えていると考えられますか。

トリン　それは私の目的ではありません。そうであれば嬉しくはありますが、たんに民族誌学的な映画製作に影響を与えたいからというだけで映画を作ることはありません。作品は民族学を越えてはるかに広い観客に語りかけるのであり、そちらの方が重要なのです。

――ジャン＝ポール・ブルディエとはどのように協働しておられますか。

トリン　私たちはフィールドリサーチのほとんどを一緒にしています。ジャン＝ポールは土地に根ざした（ヴァナキュラー）建築に対して情熱をもっています。彼は何年ものあいだ、西アフリカでの調査旅行を組織してきました。そこから生まれた成果の一つとして、共同で執筆した『アフリカの空間――ボルタ川上流域の生活デザイン』を挙げたいと思います。他にも私たちにはアフリカの建築に関する書籍を出版するプロジェクトがあり、この八年のあいだ、その研究に関わってきました。ジャン゠ポールは『ありのままの場所』のプロデューサーとして、資金集めの筆頭としての責任を負いました。また、撮影を成し遂げるべく何度か旅に出かける計画を整え（予算、機材、行政上の担当者に連絡し承認を得る、など）、撮影を行う場所の選定においても責任を負ってくれました。撮影を準備し、撮影を実現しただけでなく、編集作業にも参加してくれました。一般的に言えば、私たちの協働は多くの点に収斂しています。しかし、作業の進め方は異なります。

――『ありのままの場所』は、最初は『空間上の儀式』という題名で、より短い断片的映像の連なりとして考案されていました。いつの時点で、長編作品にすることを考えられたのでしょうか。

トリン　編集段階に入った時です。観客にある程度の投資、つまり、ある程度の注意喚起や忍耐といったものを求める経験を用意することが必要だと気づいたのです。多くのアフリカ人の友人がよく言っていたことですが、アフリカの文化を理解するには、非常に忍耐強く、寛大であることが求められるのです。

――二つの作品にはアルビノの子供が登場しています。同じ子供ですか。

トリン　とても面白い質問です。『ありのままの場所』の数場面を撮影するのにセネガルの幾つかの場所に戻ったことがありました。『ルアッサンブラージュ』に登場した数名の子供たちは『ありのままの場所』に登場していますが、少し成長して大きくなっています。アルビノの子供は同じではなく、そのショットはベナン共和国で撮ったものです。差異のなかに反復させるというのが私の手法です。

――『ありのままの場所』は、アフリカの生活のなかでの心地よく、個人的で、美しい側面を探求しているように思います。そこには私たちがアフリカについてよく耳にする混乱はありません。

トリン　混乱と飢饉のイメージだけがアフリカを描くうえで唯一の「正しい」イメージでしょうか。仮に私がアフリカの貧困について映画を作ることになれば、訪問する先々で目にする貧困だけでなく、私が選んで映画で示すものすべてが私の抱いている貧困の概念に応じたものとなる必要があります。まず問題となるのは、なぜ洋梨ではなく林檎を選ぶのか。次に問題となるのは、あなたの林檎は私の林檎と同じなのか。なぜあなたがあなたの林檎を見るのと同じように私は自分の林檎を見る必要があるのか。その一方で、これらの問題はあなたが焦点を当てたいもの、あなたが選んだ主題をもち出すために強調したいポイントと関係しています。さらには、先進国と第三世界とのあいだにおける関係性のなかで、あなたが自身と他者をどのようにとらえているのかとも関係しています。私が西アフリカの田舎で経験したのは混乱ではありませんでした。また、西洋がアフリカについてすでにたっぷり抱いているようなイメージに寄与する必要性も感じませんでした。第三世界の他の地域と同様、アフリカも不安定な状況にあるかもしれません。しかし、私にとって、アフリカは知性に満ちています。私たちすべてが生きるこのグローバル・ヴィレッジ（地球）というものをいつも思い出させてくれる、そんな知性です。『ありのままの場所』で私が取り上げようとしたのは、生きることは円い（living-is-round）という経験です。観客はこの作品を通して居心地の悪さについて語ることもできるし、同様に、よろこびについて語ることもできるのです。

あらためて、ある政治的・芸術的状況において美を非難しようとする広範囲な傾向は、イデオロギーの文脈でとらえられるべきであり、そこでは、美と政治、美と生活は互いに相容れないものとして存在しています。美のための美を信じる人とそれを避けようとする人たちは困ったことに同じイデオロギーに荷担しています。すべてではないにせよ、今日のアヴァンギャルド・シーンにおける反‐審美的な傾向の大部分は、まさにもう一つの審美的な形式としてとらえることが可能なのです。多くの人は、支配的なイデオロギーのなかで美がどのように機能するかを理解し、自身や他の非支配的文脈における美との差異を明らかにする代わりに、ただそれを検閲し、次のような妄想に耽るだけです。仮に支配的な物語の伝統（プロット、ドラマツルギー、形式的な美しさに関して技術的に洗練され完璧であることを重視する）を打ち砕くなら、現実はおのずと最も本物らしいかたちで立ち現れる、といった妄想です。私が作品を通して取り組んでいる美とは、私が人々のなかに、またその環境をかたちづくる要素の一つ一つのなかに見いだす美しさがもたらすものです。著名な民俗学者・民話研究者のプロップが述べているように、「民話は美的に完成しているだけでなく、そこには深遠なメッセージが込められている」のです。ここでは、美しさ、機能、そして、霊性も密接に関連しています。すべての映画館は、商売道具であり、芸術の職場であり、聖域でもあります。このような美も西欧の文脈では消費物にされてしまうという恐れに関していうと、すべての作品はある意味で商品です。私もそのような状況を避けることはできません。私は自身を欺いて自分は消費の外側で創作しているなどと考えることはできないからです。しかし、映画を消費することをより困難にすることはできます。それは作品の長さ、観客に求める配慮や忍耐であり、同時に、容易に短くカットさせることなく作品を上映してもらえるように興行側に働きかけるのです。

NS

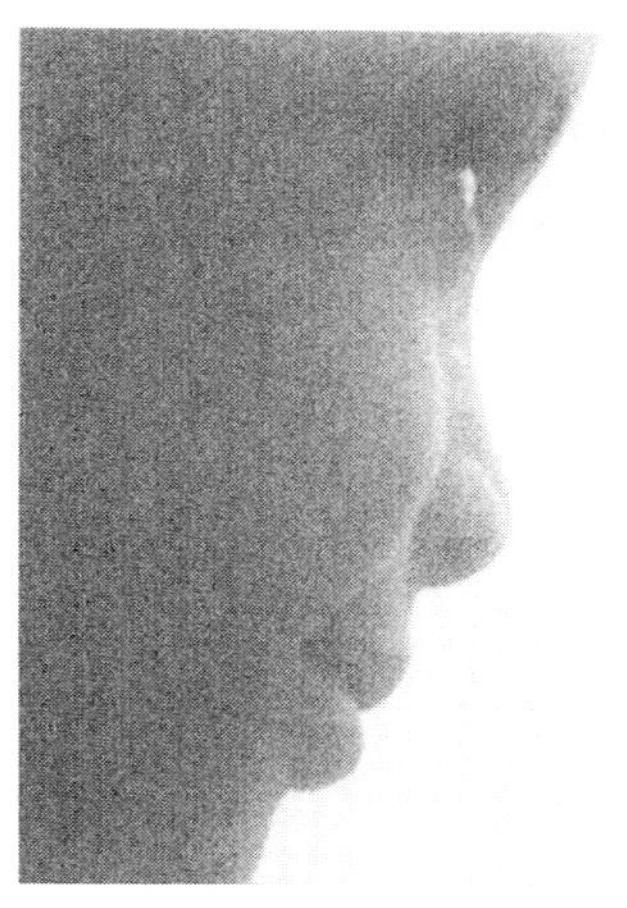

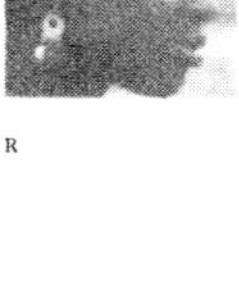

R

第一一章　映画が始まり、沈黙が訪れる

コンスタンス・ペンリー、アンドリュー・ロスとの対話

コンスタンス・ペンリーとアンドリュー・ロスにより一九八三年に行われたインタヴュー。初出は『カメラ・オブスキュラ』一三、一四号（一九八五年）。

ペンリー　あなたは『ルアッサンブラージュ』のなかで、ドキュメンタリー映画の形態や民族誌学的手法の慣例について語っておられますが、この点に関する幾つかの非常に具体的な質問から始めたいと思います。編集、音、音楽、ヴォイス・オーヴァーの使い方には特に興味深いものがあります。例えば、編集では次のようなことに気づきました。被写体を容易には確認しにくいほど極端なクローズ・アップ（近距離撮影）やロング・フォーカス（遠距離撮影）があり、少なくともあるショットは焦点がまるで合っていません。一つの出来事や動きを映す場面で複数のジャンプ・カットが用いられ、アングルを変える際にも慣例となっている三〇度に満たないことがしばしばあります。ショット・サイズに変化を加える場合も、より近距離の映像を求めて被写体に近づき、包括的な映像を求めて被写体から距離をとるといった必要性からよりも、リズムに呼応してなされます。ヴォイス・オーヴァーで語っているように、あなたは撮影術のABCに従ってはいません。

トリン　この作品では、映像、音楽、ヴォイス・オーヴァーに対しては、ほぼ同様の戦略を用いたと言えます。この映画を作ることは、ある意味で、境界や限界を経験することでした。そこでは多くの活動が一つに束ねられていますが、最終的にどういう結果を生むのか私にもわかりませんでした。現地での撮影や録音も、現地を離れてのシナリオ作成や編集も、あらかじめ想定した趣向や決定ずみの計画に合わせて行ったわけではありません。ご覧になったような多様で数限りない素材を同時にモンタージュしていく過程のなかで、この作品は初めてその輪郭を表したのです。自分が何をしたくないかははっきりと自覚していましたが、自分の追い求めるものが何かはプロセスを進めるにつれてやってきました。作品を撮り始める前に抱いていたあらゆる動機は、作業を進めるなかで例外なく消滅していきました。その結果、何か新しいものを発明するのではなく、映像、音、言葉それぞれの内部的つながりや、あいだのつながりを再発見する過程に、創造性が宿ることになったのです。例えば、途中で途切れてしまうパン撮影、ジャンプ・カット、あるいは距離そのものを「演出」として使うこと――つまり、あなたが言及されたような、始まりも終わりもないような移動撮影（トラベリング）や、観る側が映像の内容を完全に把握するにはあまりに時間が短かったり、極端に近距離あるいは遠距離からの撮影――は、内容と文脈のバランスをとる試みととらえてもよいでしょう。つまり、狙いはドキュメンタリー映画の「被写体指向」のカメラ・アイを通して観るのに慣れている一般的な態度を揺さぶることにあるのです。一つの出来事に対して繰り返しジャンプ・カットを用いているのは、「最良」の構図を選ぶのにためらいをもつことの現れかもしれません。それはまた、空間および時間の持続性を引き裂くリズム的装置として機能し、刻一刻と移りゆくはかなさ、壊れやすさのなかに物事をとらえることも示唆しています。極端なクローズ・アップは観る側に撮影者の覗き見的態度を思い起こさせますが、それは同時に、私たちを映像のただなか、つまり、物事の織りもののなかに引き込みます。たんに被写体（終点）に焦点を絞り、その映像を映しだすようなことはしません。同様の戦略は、音楽を途中でカットしたり、日常的な言葉を音楽のように使ったりする手法にも認めることができます。

ペンリー　この作品には字幕（サブタイトル）が使われていないので、声が語る内容を知る術はなく、ただ音や音楽として聴くしかありません。

トリン　その通りです。翻訳の問題に関しては、あとで立ち戻ることになるでしょう。いずれの外国文化に接触する際にも、その最初の出会いの一つは、その国の言葉の音の響きが架け橋となります。アフリカの国々を訪ね歩くなかで、自分がどこに、どの国の人といるのか、すでに国境線を越えたのかを知ることができたのかは、まぎれもなく、辺りの人々の声の抑揚や発声がもつ音楽性を通してでした。音楽的コミュニケーションおよび情報としての言語、これこそが私がこの作品で明らかにしたかったことです。言葉の意味を完全に理解している場合にも、はっきりと語られていることより、語られていないことへの関心から声に聴き入ることがしばしばあります。この作品での私の関心は、旋律および発せられた声の粒子／肌理（きめ）——抑揚とリズムの組み合わせ、あるいは身体と口にされ耳にされた音との関係——にありました。したがって、英語のヴォイス・オーヴァー（私の声）と同様に、人々の会話や年輩の女性の声に対しても、私が最も印象的だと思える組み合わせや関係が際立つように、カット・アップや反復を施しています。「事実に基づいた」映画において、人々の口頭証言を以前にもまして重視する教義（ドクサ）に賛同する多くのドキュメンタリー作家にとって、そのように会話を切り刻む行為は無遠慮にうつるかもしれません。しかし私にとってそれは、言葉に宿る音楽性を引き出す方法であると同時に、言葉をもっぱら意味として消費する傾向への抵抗でもあるのです。同じことは音楽の編集にもいえます。もし踊りの最中にマイクを差し向ければ、全体的な雰囲気はつかめると一般的には思われています。マイクはものごとをありのままに再生すると思われているからです。しかし、私が録音する音楽は、私が現地で耳にする音楽とは明らかに質の異なるものです。それが平べったい音に聞こえるか、より強く聞こえるかは、録音者の耳や機材の使い方に左右されます。これは編集の過程においてさらに明らかになります。一方、映画のなかで音楽はコミュニケーションのためのつなぎ目の一つであり、観客をスクリーンに近づけます。しかし、音楽の役割とは、多くの場合、機能的で装飾的なものです。

例えば、特定の行為や感情を印象づけたり、登場人物の思いなどを強調するような場面です。音楽に対するそのようなアプローチに、私は何の魅力も感じません。私は映像の切り刻まれたリズムと明確に対比させるかたちで継続性をもたらすべく音楽を使用することも時にありますが、継続性を掻き乱す類の音楽もあるのです。

ロス　それに加えて、音と場面のあいだで交わされる対話には、非常にアンビヴァレントな瞬間が幾つか認められます。例えば、ドラムの鼓動が女性たちのトウモロコシの実を打つリズムとほぼ重なると思える時にも、つまり音とシーンのリズムが調和したと思えるような時にも、それは一瞬に過ぎず、そのあと、同調性は再びずれていくのです。明らかに、これは意識的に選択された編集の結果だと思われます。

トリン　その通りです。同じ手法で多くの部分が編集されています。もう一つの例は、「セレール人の土地」というナレーションで始まる場面で、そこではある女性とその子供が映し出されます。女性がまず話し始め、つづいて私――ヴォイス・オーヴァー――が話し始めます。観る側は一瞬、音声が同調することで私の声が彼女の声であるかのような錯覚を経験します――これはドキュメンタリー映画によく使われる手法で、ある声を別の声の代わりに用いたり、「他者」となり代わったり、あるいはその立場から語るのです。しかし数秒後、彼女の声ではなく、ふたたび私の声が聞こえてくることに観客は気づきます。あなたがアンビヴァレントだと評価なさるのも、換言すれば、そこに製作者の操作性、つまり事実主義や本物らしさ（オーセンティシティ）との戯れを認められているからでしょう。

映画の音楽を議論するにあたっては、沈黙の問題も取り上げたほうがよいでしょう。多くの作品では、タイトルが映し出されるとともに音声が使われ始めますが、それは観客を特定の雰囲気に導く典型的な手法です。私の作品はタイトルが映し出されても沈黙が流れるままで、あとにようやく音楽や雰囲気が呼び込まれるのです。沈黙はこの作品では重要な役割を担っており、作品が呼吸するのに役立っています。確かに、沈黙は人を不安にしたり、混乱させることを知っています。というのも、この作品が沈黙で満たされるたびに居心地の悪さを感じる観客がいることを、彼らの反応から確認できます。あらゆる音を排除してただ沈黙を残す代わりに、なぜ自然の音を背後に使わないのか、と問う親友もいました。ただ私は、沈黙にはたんに人を不安にし混乱させる以上の効果があるとも確信しています。沈黙は予期すべきものを宙づりにし（音楽はいつも次に何を予期すべきかを知らせます）、まさにこの作品における漆黒のカットのように、休止や息つぎの一時を保証するものとして欠くことのできないものです。『ルアッサンブラージュ』に流れるリズムは非常に速いものですが、もし沈黙と並んで時に応じてはさまれる漆黒のカットがなければ、ダイナミズムを欠く単調なものになってしまうでしょう。スクリーンに暗闇を映しだすことは、地理上のある場所から別の場所への移動を示すと同時に、視覚上の息つぎとしても機能します。そして、まさに同じ機能が沈黙のなかにも認められます。つまり、音楽の隙間を縫って現れる一瞬の沈黙があるからこそ、人は音楽に対してより意識的になれるし、一切の期待を抱くことなく沈黙のなかに佇むこともできるのです。

ペンリー　いまのお話に幾分関連があると思うのですが、この作品には繰り返しがとても多く使われています。音や沈黙、特定の映像や漆黒のカットが、ある種の説明の代替物として機能するかのように反復されます。つまり、ナレーターは何が起きているかを説明するのではなく、ただ何かを繰り返すのみです。そして観客は、そのように繰り返される出来事や要素のあいだに自身でつながりを組み立てなければなりません。

トリン　その通りです。そして反復は様々な目的に役立てることができます。例えば、語りのテクストで用いた反復（文章の断片）は一つとして同じものがありません。反復されるセンテンスから単語を一つ抜き去りさえすれば意味をずらすことができるのです。私たちも観る側に立てば、映像とそれに伴うコメントを一致させせかつ関連づけることで意味やメタファーを固定してしまいがちです。同じセンテンスを微妙に異なるかたちで、あるいは絶えず変化する文脈のなかで繰り返すということは、そうした固定化を揺るがし、耳と目、映像と言葉のあいだの複数的で移ろいゆく関係を知覚する手助けとなります。反復が冗長な科学的一人文学的説明の代わりに機能する場合、様々なかたちで反復されるセンテンスや映像の流れから何を汲み取るかを決定する余地は観客側に残されることになるのです。

ペンリー 人類学の方法を批判するうえで非常に効果的に用いられる反復の手法は、村の藁葺き屋根の特徴的なパターンのショットと、デザイン的に類似した女性の髪の結び目や編み込み模様のショットが並置される場面のなかに確認できます。例えば、レヴィ＝ストロースのような人類学者ならそのような印象的な対応関係に精巧な説明を加えるでしょうが、この作品ではそのようなことはしません。

トリン はい、その通りです。私のアプローチはいかなる意味の固定化をも回避するのです。大方の人類学的表象では、諸記号間の関係を定め、文化コードを解読する試みは、知識を語る声、事実に基づく真実を語る声により平板化されてしまいます。映画ではこれと同じことが撮影や編集、解説そして／あるいは戦略としての「トーキング・ヘッズ」の全能性に反映されています。『ルアッサンブラージュ』がとる戦略は、「他者」に関する人類学的知のあり方、つまり人類学者が外国文化をいかなる眼差しで見つめ、メディア、あるいは、この場合には映画を通していかに提示するかを問い直しているのです。

ロス ただ、民族文化的な事象を分析する際に、こうした反復の問題全体をいかに解釈するかは、構造人類学の最近の批評において重要な論点となってきました。例えば、クリフォード・ギアーツの研究の多くは、儀礼が普遍的な機能の表現ではないこと、さらには普遍的な構造的役割とも一致しないことを実証しようとしてきました。それぞれの儀礼は、繰り返される限りにおいてその都度、異なる個別的でローカルな状況に関わるものです。つまり、それぞれの文化のもつ社会的意味に対しては「ローカル」な解釈を構築することしかできず、その機能を権威的立場から構造的に分析することなどできないのです。

トリン それには同意します。ただ、その一方で、ギアーツの研究は、多くの人類学者のそれと同じく、科学的仰々しさに満ち溢れています。仮に人類学を絶えず無効にしてしまう要素があるとするなら、それは明らかに人類学が科学的知識を基礎にした学問であることを進んで主張しているところでしょう。この主張は、意識的にも無意識的にもなされています。（アプローチの方法に関しては、様々な自己批判を行ってきたにもかかわらず、）それは人類学発展の歴史を通じてすべての著作に浸透しています。ここであらためて問わねばならないのは、科学的知識そのものよりも（実際、多くの人類学者は科学的知識に対して批判的態度を示しています）、むしろ人類学的ディスクールのもつ科学主義に根拠を与え、普遍化すべくとられる様々なメカニズムです。ギアーツのように、そうした人類学的言説が普遍性を主張することに批判的な人々でさえ、人類学者の解釈が他のどんな解釈とも異なるのは、それが「発展途上にある科学的分析システムの一部」であり、人類学者によってなされているからだと明言するでしょう。それも、率先して。これは専門化され制度的に合法化された知識の蓄積を暗示しています。私が作品に込めた意図の一つは、制度化され専門化された知識に基づいて文化に接したところで、その文化をよりよく**知る**ことにはならない、と示唆することにあるのです。

ペンリー　『ルアッサンブラージュ』には、そうした権威に満ちた疑似 - 科学的なドキュメンタリーの声の確かさを転覆するもう一つの戦略があります。つまり「フィクショナル」な技法です。例えば、（ショットの組み換えの際）幾つかの場面では、視線が偽って組み合わされています。ある場面では、一人の少女がスクリーンの外側を見つめるショットが映し出され、次のショットで動物の亡骸が映し出されます。つまり、少女がその動物を見ているような印象を与えるのですが、実際はそうではありません。また別の場面では、ナレーターが「たくさんの視線でできた輪のなかのレンズという輪を通して私は見る」と語ると、ある女性が画面の外側にいる別の女性を見つめ、その女性はさらに画面の外側にいる別の女性を見つめるといった具合に、一連の視線合わせが映し出されます。しかし、この視線のリレー、つまり女性たちが次々に視線を送り合うというフィクションは、編集によって作り出されたものです。「ドキュメンタリー」のイメージを虚構化しているもう一つの例は、この作品で扱われている火のテーマに認めることができます。ヴォイス・オーヴァーにより、ある民族の民間伝承では女性が体内に火を蓄えているために火の起源であると信じられてきた、と語られます。そんななか、森林が燃えるショットが繰り返し映し出されると、それを実際の火事の記録として理解すべきなのか、女性の体内に秘められた神話的火の映像として理解すべきなのかわからなくなります。現実の火らしいと思われるのは、他の場面で女性が料理をする際に火を燃やしつづけようと息を吹きかける様子が映し出されるからです。けれども、あの火事がフィクションなのかドキュメンタリーなのかは、最後まで曖昧なままです。

トリン　私はいつも意識的あるいは無意識的に、ある種の中間的な領域で活動をつづけてきました。火に関して指摘された問題は、声やテクストにも確認できます。例えば、「二〇億もの人々が自分たちを低開発国と称するようになるまで、ほとんど二〇年もかからなかった」という非常に現実的なナレーションがあり、そのあとすぐに、火の起源を女性に求める伝説のナレーションがあります。では、女性たちはこの火をどこから獲得したのか。それは、彼女たちが土を掘り起こす際に使った棒の先や、彼女たちの指のなかからなのです。この作品には、こうした中間性が随所に見られます。

ロス　映画の慣例についての意識的かつ論争を呼ぶ逸脱に関してはすでに議論してきましたが、それに加えて、この作品には、必然性を伴わない偶発的なディテールが映画の意味を秩序づけるという、様式上の役割を引き受ける瞬間があります。私が念頭においているのは、例えば、普通は周縁に追いやられるような物事の細部を丹念にカメラが追い、表面に出すことにより、様々な「プンクトゥム（細部、部分的特徴）」効果を生みだしている点です。私が気づいたものとしては、女性の乳房の周りを飛ぶ蝿、村人の手に握られた鮮やかな黄色のプラスチック製カップ、トウモロコシをつぶしている女性には不釣り合いの赤いブラジャー、二人のアルビノの子供にあなたが寄せられている関心があげられます。こうした余分なものを映すことは、映画に適した素材を吟味する際の条件として、どれほど必要と思われますか。

トリン　最初に言っておきたいのですが、私の作品はただ逸脱にまつわるものではありません。慣例を破ることは私の主要な関心事ではありません。そうしたとしても、依然として慣例にとらわれていることに変わりないからです。実際、私が選んだショットや編集の幾つかは非常に慣例的なものだと思います。人類学的な先入観や期待感に基づいて撮影していたことに気づき、途中で中止しなければならないことも何度かありました。そのようにして撮影されたこの作品には、結果として、いかなる一方的な立場もありません。ある行為を、その出発点から終結点まで追うことはしません。撮影したものや人に具体的な意味はなく、そのため、いかなる単一の理論的解釈からも自由なのです。一つ例をあげましょう。木を彫る男性のショットが作品中にありますが、それは彼がどのような彫刻を作っているのかを示すためではありません（したがって、完成した彫刻に関する情報はありません）。彼の手の動きとサウンドトラックのリズミカルな音楽が呼応するなかで、木を彫る男性が映し出されているにすぎないのです。私が言いたいのは、明白な必然性を欠いた映像はこの作品において重要な役割を担っており、解釈の多様性をもたらすには、作品の大部分を私が完全にコントロールすべきではない、ということです。映画の製作過程およびそのあとの経験のなかできわめて興味をもちかつ驚かされたのは、映像化される主体と撮影者とのあいだに定義しえない何ものかが瞬時にして生成するような、複数の要素が出会う瞬間でした。観客は私の目に映るものを不意に目にすることになります。そんな観客の目を通して私自身も素材を再発見するのです。眼差しや微笑みであろうと、身振りや頬にさす赤みであろうと、こうした瞬間は言葉では表現しがたいものなのです。

ロス　それは主観性の問題でもありますね。すでに示唆されたように、ドキュメンタリーの製作、あるいは理論と実践において差し迫った問題の一つは、言うまでもなく客観性の問題、つまり映画と自然なもの、本当のものとの関係です。――この関係は主観性を完全に排除しようとする試みによく見られます。客観性に関するそうした経験主義的な仮定に、あなたは明らかに居心地の悪さを感じておられます。しかし、あなたはご自分の作品を何かしらのかたちでご自身の主観に関わるものとお考えでしょうか。それとも、何よりもまず主観主義への批判としてとらえておられますか（ここでは、主観性と主観主義のあいだには明確な差異を認めるものとします。つまり、映画の製作および鑑賞において支配する側に立つような偏向を中立化しようとすることはできますが、発話の源である主体を完全に消し去ることはできません）。

トリン　それは、『ルアッサンブラージュ』に関する公開ディスカッションにおいて、よく問題になることです。この作品を、明らかに客観性を批判しているとの理由から、ドキュメンタリーによく見られるものに真っ向から対立する立場をとるものととらえる人たちがいます。つまり、この作品には客観的な観察者ではなく、主観的な観察者がいるというわけです。客観性を批判することがかならずしも主観的（主観主義的）な立場を伴うとは限らないことを理解する人々でさえ、（現在、私が製作している映画の話をしながら）次のような質問をしてくるのです。「新作は前作と同じようなものになりそうですか？」と。そう質問することにより、作品で用いる戦略について言及しているのです。このような質問が明らかにするのは、映画を観る際の慣例的な態度です。ただ、そのような質問がなされるのは、実に当然なことでもあります。なぜ慣例的かというと、規範として有効とされる戦略を用いる映画は、その戦略を何度も繰り返し利用することができ、誰もそのような作品が「同じ」だとは言いません。実に当然だと言ったのは、私の映画の場合、戦略と映像化される主体および撮影する主体が緊密に結びついているため、それらを切り離して考えることができないからです。この場合、主観性と主観主義のあいだに差異を認めることは有益かもしれません。それは、あらゆる客観性のなかには必然的に主観性が含まれることを意味するからです。問題は、そのように考える際に（主観性と客観性の）程度および区別の問題をどのように扱うかです。主観性とは限りなく細分化するものであることを認識する時、いわゆる「主観の科学」、私の好きな表現を用いるなら「主観実験」を実践することができることにも気づくでしょう。――そして、その実験とは特定の発話に限定されるものではなく、映画のなかのすべての言葉、映像、ショットに浸透するものなのです。

ペンリー　この作品は人類学に触発されたものであるにもかかわらず、あなたの考え方や映画製作のアプローチにおいて支配的な影響を及ぼしているのは、レヴィ＝ストロースよりもバルトだと思われます。あなたの立場と（とくに『表徴の帝国』において）〈東洋〉を相手に思考の冒険を試みたバルトのあいだには、どのような類似点と相違点があるとお考えですか。というのも、ご存じの通り、バルトは日本や中国へのナイーヴな心酔とも言われるもののために批判されてもきたからです。

トリン　それはその通りです。しかし、私がバルトや西欧の現代音楽、フェミニズム、ポスト構造主義に関心を寄せる主な理由は、私の考えでは、それらの思考様式が非西洋的な思考を「排除」せず、非西洋的思考にも訴えるところが多いからです。つまり、影響は双方向的なものだということです。私の作品がバルト的であるということ自体がすでに覇権主義的スタンスをとっていることを意味します。ポスト構造主義がいまあるかたちと性質を獲得したのは、非西洋主義的思考の存在を抜きには考えられません。現代音楽がクラシック音楽の枠組みからの飛躍に成功したとすれば、それは非西洋音楽が西洋音楽に浸透したおかげなのです。

ペンリー　それと同様に、あなたは著作で一貫して、われわれにデリダと仏教の禅とのあいだに強い類似性があることを認識するよう求めています。禅とデリダには存在とアイデンティティの形而上学への批評という点で似たものがありますが、実際にあなたはデリダを主として禅の思想を通して理解されているようです。バルトに関心を抱かれるのも、バルトをそれ以前の関心や考え方、つまり非西洋的思考様式に取り込めるということに由来しているのでしょうか。

トリン　そうです。例えば、バルトには『それでは中国は?』〔*Alors la Chine?*〕と題されたテクストがありますが、(バルトの他の著作と比較して)その著作の凡庸さに驚きました。そして、その凡庸さゆえにとても気に入っています。この比較的マイナーな、個人出版されたテクストのなかで彼が語っているのは、(同業者たちの)プレッシャーの下で中国について語ることの困難さであり、それゆえに、中国を記述する際の「正しい」ディスクールをいかに手繰りよせるかといった問題です。私がバルトに親近感を抱くのは、言説を——肯定することも否定することもなく——保留しようと試みる点にあります。それは私が映画で語っているように、他者について語ることを拒む姿勢でもあるのです。

ロス　他者の問題を、より一般的な意味において、あるいは、〈非西洋〉的概念の〈西洋〉への浸透というより具体的な意味において取り上げるなら、あなたの著作の特徴と思われるものに触れることになるでしょう。それは、〈東洋〉と〈西洋〉を二元論的両極として一枚岩的に記述する立場を受け入れ、かつ展開する傾向であり、つまり、〈西洋〉の論理と〈東洋〉の非同一性がもつ他者性とのあいだの対立です。ただ、その文化的対立は、あなたの映画における慣例的な試みが揺さぶりをかけているものでもあります(実はその裏には、アジア人女性としてのあなたが、〈第三世界〉に抱く西洋の紋切り型的ヴィジョンを転覆せんとするもう一つのアイロニーが潜んでいるのですが)。この対立またそれがあなたのご著作ではいかに措定され、映画内で崩されているのか、その差異についてお話しください。

トリン　意義深い批評をしていただいたと思います。確かに、私の作品は最初の段階では西洋に一枚岩的発想でアプローチする傾向があります。ただそのあと、製作の過程では、〈東洋〉と〈西洋〉は出会いと別離を繰り返すことで、そうした概念は崩れ去ってしまいます。しかし、それが私の著作より映画でより崩れているとは思いませんし、「対立」という言葉や著作を映画に対立させるやり方には違和感を覚えます。現代芸術をテーマにした著作『作品なき芸術』〔*Un Art sans oeuvre*〕のなかで、絵画や文学、音楽における非

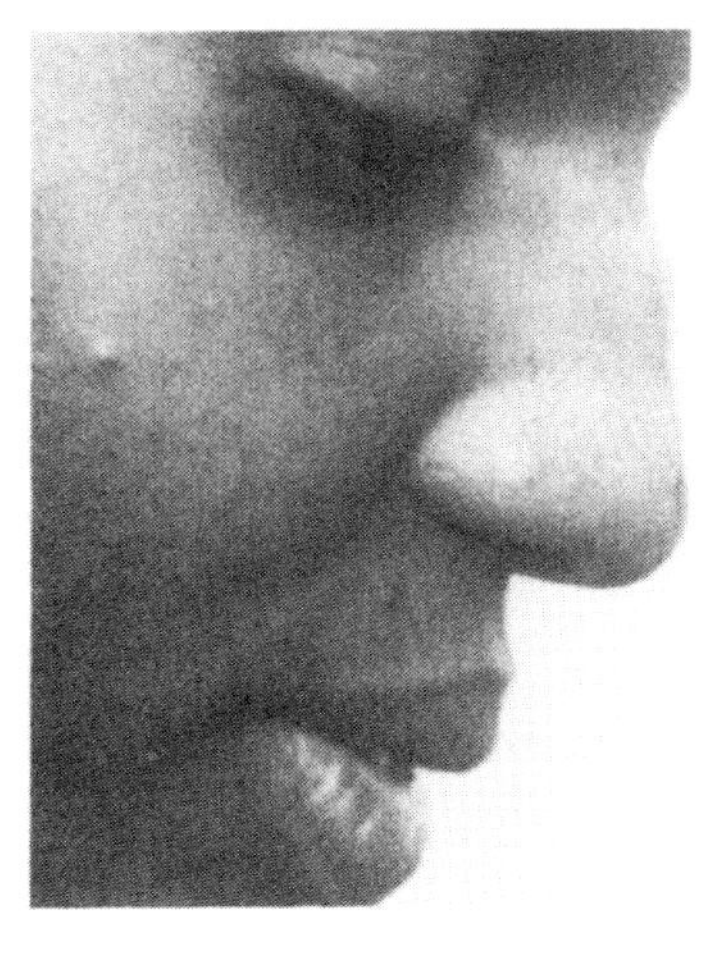

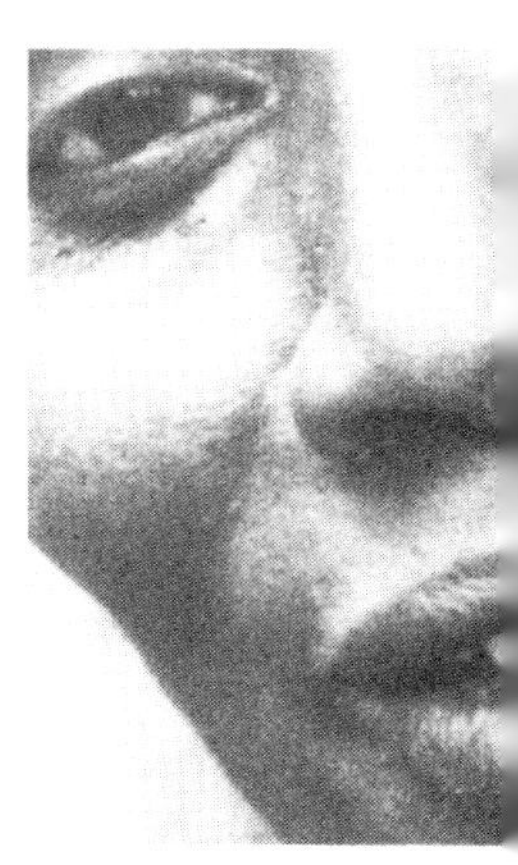

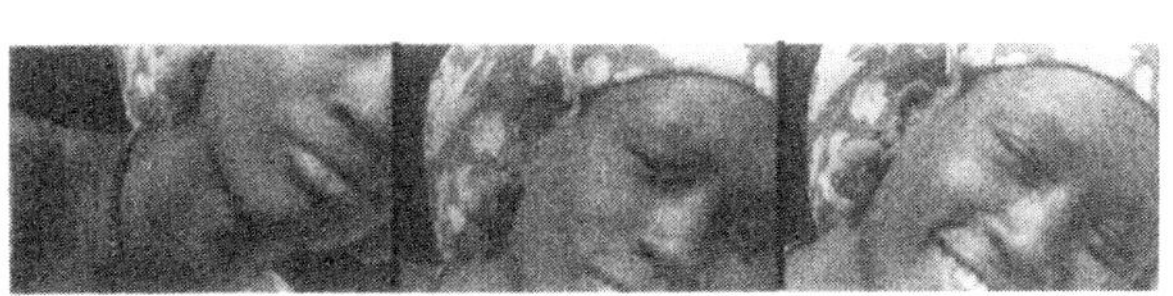

R

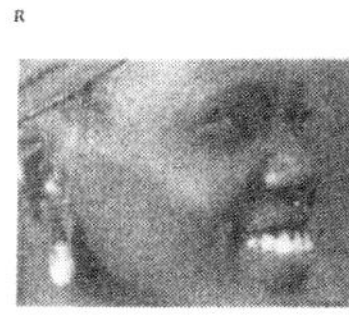

二元論的な思考――それは東洋哲学の特徴である――へと向かう傾向を議論し説明する際に取り上げた例はどれも〈西洋〉のものです。また、第三世界のフェミニズムを取り上げた最近の著作では、人称代名詞に関する多くの問題と向き合いました。「(大文字の)私」は白人の価値観と非白人の価値観の両方に呼応してしまうので、非一枚岩的な立場を生み出すためには、人称代名詞の全領域――われわれ、彼ら、(大文字の)私、(小文字の)私、あなた――を使わなければなりませんでした。

ロス　いまのお話を補うものとして、あなたはそうしたイデオロギー的な東洋－西洋の区別に仏教思想がいかに関与しているとお考えなのか、もう少しお話しください。例えば、あなた自身が仏教を文化的に吸収なさるのと、六〇年代のケージやギンズバーグが際だった例であるような、西洋が禅の思想に示す関心とのあいだには、どのような違いがあるのでしょうか。

トリン　この国には、仏教に対して私のやり方にとても近い受容の姿勢をとる人々もいますが、他のアジア人たちの受容の仕方により近いものを示す人々もいます。おそらく西洋でよく知られている二つの例は、禅に関して数多くの記述を残したアラン・ワッツ、そして仏教とりわけ禅に深く影響を受けた作品で知られるジョン・ケージでしょう。ケージの仏教への関わり方は、仏教という確たるものは存在しないととらえている点で、とてもダイナミックなものです。仏教はその場その場に応じてかたちを変えなければならない。つまり、仏教は教義や哲学ではなく、生きる作法なのだと彼は言います。したがって、アメリカにおける禅は、アジアにおける禅と同じく、明確には定義できません。アラン・ワッツのような立場の人は、ジョン・ケージのアプローチはまったく西洋的なもので、アジアの伝統的な禅信仰者の態度とは大きくかけ離れたものだと言うかもしれません。そこには非常に固定的な禅のとらえ方があるように思いますが、一方、アジア人のなかにもそのように仏教をとらえる人もいます。

ロス　この議論の中心にあるのは、明らかに正統性(オーセンティシティ)の観念です。あなたの作品、著作と映画の両方ににおいて、正統性を称揚することの政治的効果に対するあなたの態度には、ある変化があるように思えます。

ペンリー　一定の期間を経るなかで、その特徴は顕在化してきたように思います。つまり、最近の作品ほど批評性が高まっているように思います。

トリン　初期の作品よりも最近の作品の方が「正統性（オーセンティシティ）」の概念に対してより批評的だということですか。

ロス　そうです。芸術におけるモダニズムを扱ったご著書『作品なき芸術』におけるあなたの立場と『ルアッサンブラージュ』における最近の視点とを比較すると、確かに矛盾があるように思います。著作では最終的に、アイデンティティや主観性のあらゆる形式を消し去る試みに価値を認めるモダニスト――ケージ、アルトー、マラルメ、デュシャンおよびダダイスト――を特権化しています。対照的に、ウォーホール、シュトックハウゼン、ブーレーズ、ビュレンなど、より意図をもって創作するアーティストたちは、具体的な政治状況や作品が及ぼす効果を過度に計算しているとして批判しています。しかし私たちには、『ルアッサンブラージュ』が属すのは、あらゆる立場を避けようとする前者のグループよりも、一つの立場をとることを必要とする後者のグループに思えるのです。あなたがこの区別に同意されるかどうかわかりませんが、もしそうなら、それはあなた自身の考え方が変わったということでしょうか。

トリン　その解釈にはとても驚きましたが、あなたがなぜこの作品を第二のグループに入れるのかとても興味があります。

ペンリー　それは、俳句を書く一方で、人類学における白人男性の偏見を批評することは可能か、という使い古された問いかけとして要約することができるでしょう。あなたのテクスト――私がとくに思い浮かべるのは「多義的な無――バルトとアジア」（『サブスタンス』一九八二年冬号）という論文です――では、科学的手法がもつ還元性と、認識論的により開かれた俳句の構造とを比較されています。俳句を（一部、バルトを引用しつつ）「事物を「幻影の脆い原質」としてとらえること」と表現し、それを「評釈を欠くヴィジョン」として称揚されています。こうした俳句の評価に明確に見られる中立性という初期の戦略と、いまあなたがなさろうとしている議論とのあいだに矛盾はあるのでしょうか。

トリン　その二つが矛盾するものだとは思いません。つまり、この二つの立場は、関連する諸問題に対して相互に補完し合うアプローチなのです。初期の作品では、非‐起源、非‐作者、非‐アイデンティティにまつわる諸問題を扱い、近年の作品では、非‐正統性、非‐客観性、非‐意味にまつわる問題を扱っています。ケージの立場を中立的スタンスと要約したり、そこに中立性の戦略を認めること自体がすでに彼を誤読していることになります。ケージの不確定性とウォーホールの中立性や非‐個のスタンスは同じではないし、それは私の著作でも論じています。そのように解釈するから、あなたはケージ（そして、あなたが第一のグループに分類したアーティストたち）の立場を、先に言われたように「アイデンティティや主観性のあらゆる形式を消し去る」試みと考えられたのだと思います。私は彼の作品に対しても仏教に対しても、そうした幻想を抱くことはありません。しかし、私自身の立場に関して言うと、あなたのご質問は理解できます。それは『ルアッサンブラージュ』が完成したあとに、私がこの作品を合理的に説明してきたことと関係があると思います。ある種の観客の反応やこれまでに受けてきた質問の性質を汲めば、私は自分の作品について明快に語る必要を感じるのです（実際に、そうできるように取り組んできました）。これは防衛機制のようなもので、作品そのものとはあまり関係ありません。理由付けされた真実はかならずしも生きられた真実と同じではありません。ですから、もしそれが意図にまつわる問題なら、作品のあらゆる事象に意図を与えることはできます。しかし、私の作品には、製作に先立ついかなる動機も――あなたは意識的に政治的かつ論争的であることは必要だとお考えですが――製作過程に入り込んではいません。そこに私の初期作品とのつながりや、私とケージとの類似性があります（ただ、私とあなたとでは「政治的」という言葉の理解に相違が

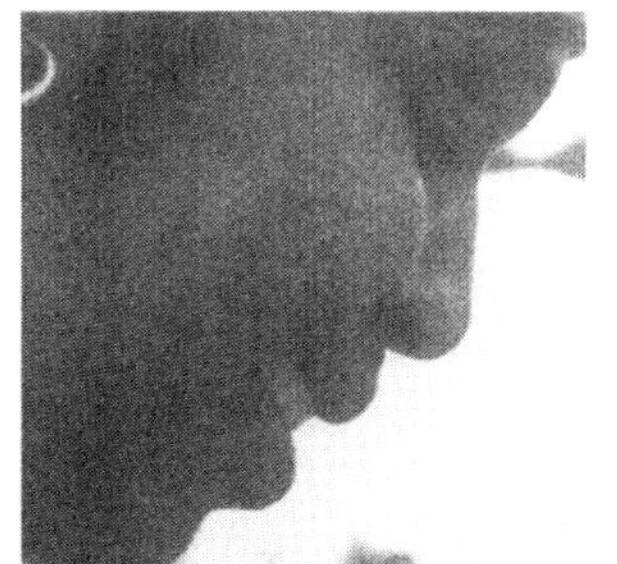

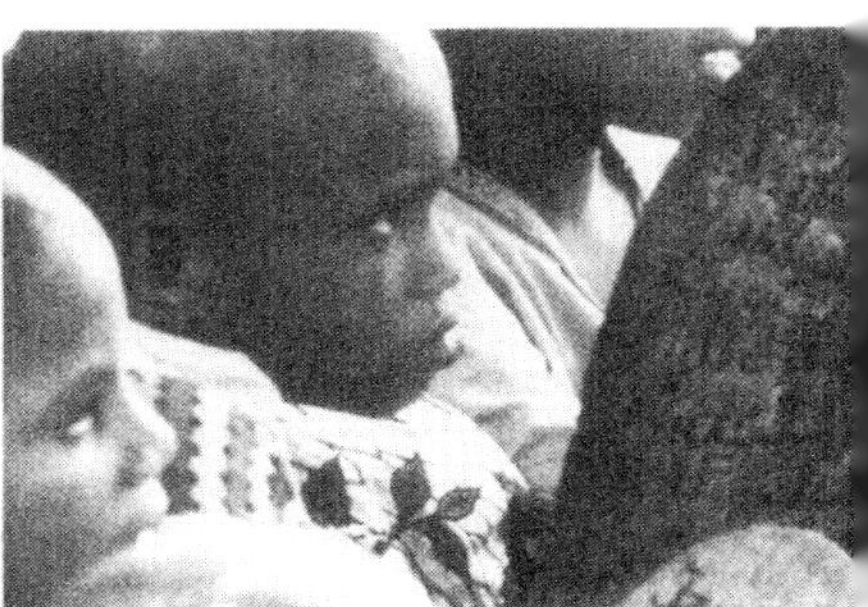

あるように思います。というのも、ケージの作品が音楽の全領域のみならず他の芸術にまで幅広い影響力を及ぼし、革命を起こしたのは、まさに彼のきわめて具体的な政治意識のためだと思うのです）。一方、ご指摘の通り、私の立場には明らかにある変化があります。初期のアプローチは、次の点において、現在のアプローチとは異なります。つまり、初期の作品に「（大文字の）私」は存在しません。そこでは、取り上げた数々の作品の声を通して代理的かつ匿名的に語っています。そして、現在の作品では、様々な「私」を断片化して織り込んでおり、そのいずれもが支配的になることはありません。いわば主体の実験なのです。

ロス　仮にそうした立場をフェミニズム的な戦略という観点からとらえるなら、ゲリラ的匿名性と（「複数の声」を通してであれ）自身を明らかにすることで責任をとることとのあいだでは、どちらを積極的に認められますか。

トリン　それは文脈によります。一般的に、後者のアプローチは西洋および西洋指向の文脈ではより有益だと思います。前者のアプローチは、匿名性が強度の否定的含意をもち、沈黙が欠如や脆弱さ、抹消としてとらえられるのみで、語らない意志として理解されない文脈では、耳を傾けられない危険性がきわめて高いからです。ただ、この二つのアプローチが重なることもあります。思考の支配的システムから脱し、攻撃を加えることのできる立場はいずれも、私のフェミニストとしてのスタンスにとって魅力があるのです。

ロス　この問題を展開して、あなたが最近上梓された著作『ネイティヴィズムの物語』（このインタヴューが出版されるまでに、書名は『女性・ネイティヴ・他者』に変更した（トリン））のなかで論じられている第三世界のフェミニズムについて少しお話ししたいのですが。西洋の革命的な政治学は、自らが想像する立場を維持するために、つねに必然的に、最も遠くに位置するような文化的事例に目を向けなければならないかのようです。そして現在、それを維持する役目に第三世界のフェミニズムが選ばれたかのように思われます。これはあなたにとって、人類学が想像上の文化的〈他者〉を必要とするのと同じく、問題だと思われますか。

トリン　はい、問題だと思います。ただ、あの著作で多くのページを割いて述べようとしたことをわずかな言葉に要約するのは容易ではありません。人類学が陥った罠の一つは、「他者」を通して客観性を主張しようとすることです。つまり、客体を主体から切り離すことができる、と考えることです。他者の文化には隠れた真実があり、その内実を明らかにするには外部の人間と内部の人間が協働する必要がある。そうした考え方は大きな誤解を生みます。一方で、それは人類学者が自らの役割を正当化するのを容認します。つまり、内部の者はより主観的に理解するのに対し、外部の者はより客観的な観点をもつという考え方です（人類学者はこのように考えて、客観性と主観性を結合させるのです）。しかし他方では、ゾラ・ニール・ハーストン言うところの「ペット・システム」を助長することにも連なります。つまり外部の人間が現地の人々を「飼い慣らし」、その人々を調査に参加させることで、人類学者の言葉に重要性が付加されるといった現象です。同様の状況は今日のフェミニズムにも見られます。自らの主張を根拠あるものにするには現地の人々の存在が必要なことから、彼らを同じテーブルに招き寄せる人類学者と同じく、フェミニストたちはマイノリティや第三世界女性たちの参加を考慮することなしには、女性一般についてもはや語ることができないと自覚する段階に入っています。ですから、大きなフェミニズムのイベントで第三世界の女性の声を紹介することは、ある文脈では、特定の問題について西洋の女性が主張しなければならないことに根拠を与え、わずかながらの普遍性を与える働きがあるのです。

ペンリー　他の何人かのドキュメンタリー作家、とりわけドキュメンタリーとフィクションのあいだに広がるまさに境界で活動をつづける人々に関するあなたのご意見をお聞かせください。私が念頭においているのは、フィリピンのキドラット・タヒミック（『悪夢の香り』）、ジャン・ルーシュやジョルジュ・フランジュのようなすこし古い世代の映画作家たちです。あなたは、いわゆる「ドキュメンタリー映画」の領域の内側で活動することを選ばれているわけですが、彼らの作品のなかでとくに重要だと思われるものはありますか。

トリン　私は、少なくともこのように自分が権威的立場におかれていると感じる状況において、他人の作品を批評するのはいつもながら気が進まないのですが、タヒミックとルーシュに関してはいくつかの考えを述べることができます。ジャン・ルーシュに関して言えば、彼は民族誌映画の分野で相当な量の仕事をこなした数少ない人物の一人だということです。ただ、彼は「ドキュメンタリー」の発展に貢献してきましたが、彼の影響力は現在、若い世代の民族誌映像作家にとって好ましいものではありません。彼の映画言語はフランス語圏のこの分野では一つの規範として受け入れられ、彼の名前は権威の紋章のようになっています。多くの革新をなしとげたにもかかわらず、彼の作品の声はつねに明示されることのない支配者の声です。この声のために、作品中の他のすべてのものは、この自らを名乗らぬ支配者をカモフラージュするためにのみ存在するかのように思えます。同様に重要なのは、彼が、映画作家（シネアスト）は触媒‐観察者だとする考えを推し進めたことで、それはシネマヴェリテのスタイルを生み出しました。そのように観察者が人為的に現実に介入することにより、一切手を加えない日常よりも「より真実に近い」反応や出来事が引き出されうると考えられているのです。人類学に関しては先ほど指摘したように、用意された状況のなかで人々の「隠された」真実を把握し顕わにしようとする考えは、どこかとても幻想的なものです。というのも、それは映画作家の主観性がもつ複雑さに対処していないからです。

キドラット・タヒミックの作品は好きです。彼の作品は慎ましく、フィリピンへの外国の価値観の進入、あるいは同化といった問題をとても非‐自意識的な手法で取り扱っています。彼には、自分自身を笑い飛ばし、その表情に確かな純真さを保たせるという類まれなる才能があります。彼は、私の作品のように観客を不安にさせるのではなく、純粋に植民地主義的価値観にとらわれることのない、もう一つの視点を提示しているのです。

ペンリー　あなたはケージに関する批評のなかで、ナンセンス、つまり、一般的な用法では意味をなさないにもかかわらず、それでもなおとても滑稽なものがもつ概念の重要性を強調されています。タヒミックの作品には、何かそのようなものがあるのではないでしょうか。

トリン　明らかにあります。それはまた、例えば禅や道教の言語にもとても似ています。多くの人は最初にそれを耳にする時、意味をつかむことができません。しかし、そこに理解「できない」言葉は一つもないという点で、言語自体はまったく明快です。ものごとが普通とは異なる作法で結合されているにすぎないのです。タヒミックの作品もそれと同じで、彼の作品が洗練されているとか、観客をナンセンスの状態に導くなどということはできません。というのも、語られることすべては実際に意味をなすからで、意味をなさないように見えるのはまさに全体的な効果からなのです。

ペンリー　いわゆる「第三世界映画」のステレオタイプ（シリアスで、政治に偏ったドラマやドキュメンタリー）には、自己言及的で、現代的で、滑稽な映画は含まれません。しかし、タヒミックは、例えば、省略的話法や反復といった多くのアヴァンギャルドの戦略をとりこむことで、型どおりの期待を覆します。

トリン　一般的に、作品のなかで映画批評や映画製作それ自体と戯れたり、自分の映画の様式自体を問うのは、どこか西洋的なものと見られています。そうした仮定はたいてい根拠を欠いており、さらには覇権主義的なものです。それは多くの場合、第三世界の映画はこうである、こうあるべきだ、と考える観客たちの先入観から生みだされています。皮肉なことに、そうした観客がより第三世界的だと感じるのは、まさに西洋映画の古典的話法をみごとに消化したうえで、自国の特殊な社会政治的問題を扱った映画なのです。これは、私たち第三世界出身者は古典的な物語映画や政治映画を作るべきではない、ということではありません。そうではなく、この種の仮定は多くの場合、意図的であるなしにかかわらず、西洋と第三世界を対立させるために使われている、ということなのです。

ロス　フェミニズムに関してぜひ伺いたいのは、まさにアメリカ内部で、文化的特殊性を主張することで引き起こされる問題と関わりがあります。アジア系、ヒスパニック系、あるいは黒人のアーティストや作家によって選びとられる、マイノリティの徴がついた文化形態は、一般的には、民族的アイデンティティを率直に賛美するものとして受けとめられます。『ネイティヴィズムの物語』で痛烈に論じられていることの一つは、この問題が多くの点で、アメリカのフェミニズムにおける本質主義への支配的傾向を暗示しているということです。

トリン　民族的アイデンティティの問題と女性のアイデンティティの問題は、私には一つの問題です。これまでこれらは二つの問題として、まるで切り離すことが可能であるかのように扱われ、アイデンティティもまた自己から切り離すことができ、手放すことも取り戻すこともできる独立したものとして扱われてきました。民族的および／あるいは女性のアイデンティティを主張することは、フェミニズム闘争の特定の段階では必要であり、それは支配者に有利なゲームで支配者を打ち負かす一助となります。しかし、それ自体が目的ではありません。仮にそれが目的のようになってしまうと、それは支配的言説のもう一つの産物になってしまい、そうした主張は抑圧的なものとなるでしょう。長いあいだ、私たちは民族性および女性性ゆえに軽蔑の対象にされてきましたが、いまや状況は一変しました。その二つのアイデンティティを探し求め、「失われた」財産として取り戻そうとしています。私たちはこのように人類学者の大義を取り入れ、それを助けにして自身の正統性を再定義しようとしているのです。しかしその一方で、私、そして私たちは、このゲームにとらえられ、自分たちが同じ論理の枠組みのなかでまわっているだけにすぎないことに気づかない、などといったことになりがちです。次作（真実性、民族性、女性性に関する作品）のナレーションで語っているように、「私はそれを掴むことも手放すこともできない／私が沈黙すると、映画が始まる／映画が始まると、そこには沈黙が訪れる」のです。

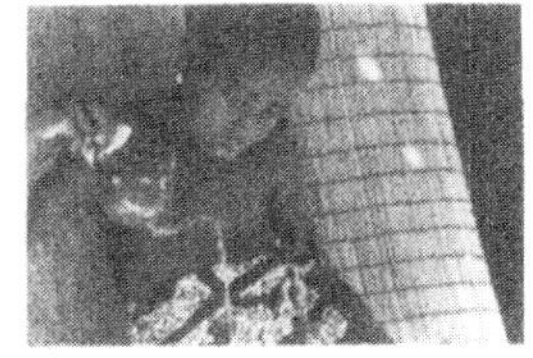

第一二章　「政治映画への道はどちら？」——ある対話（カンヴァセーション・ピース）

ラリーン・ジャヤマン、レスリー・ソーントンとの対話

この対話は、ここに並記した二つのダイアローグから成る。もともとは、レスリー・ソーントン、ラリーン・ジャヤマンと私の鼎談として企画されたものだった。だが、最近母親になったラリーンは、オーストラリアに住んでいることもあり、一九八八年五月、彼女の映画『あるセイロンの歌』がコレクティヴ・フォー・リヴィング・シネマ〔一九七三年から九二年までニューヨークにあった前衛映画の上映館〕で公開された時、ニューヨークに来ることができなかった。そこで私たちは、書面で対話を繰り広げることにした。私の質問が時にそうした（対話者の不在において書かれた）性質を帯びるのは、そのためである（トリン）。初出「立ち去るに際し言うべきことを言うなら」、『ディスコース——ポストモダンの芸術と文化をめぐる対話』ラッセル・ファーガソン他編、ニューヨーク、ニューミュージアム&MIT出版、一九九〇年。

トリン　あなたの映画作品を論じる一つの方法として、一九八〇年代後半の前衛映画製作について語るということがあります。今起きつつある変化については、どのように御覧になりますか。

ソーントン　映画の前衛的実践というものはあると思いますが、拡散しているというか、一つのまとまった運動体を形成しているとは思えません。「前衛」の定義にもよりますね。私にとって前衛とは、受け入れられた形式やその分断に果敢に挑む作品のことです。私の見るところ、こうした作品と体制的な上映チェーンとの関係は難しいものです。もっとも、ニューヨークやサンフランシスコに拠点を置くチェーンには、独自の歴史と志向性をもつものがありますが。私の考える、形式を押し広げる作品とは、しばしばジャンルにおいてハイブリッドであり、物語・ドキュメンタリー・実験映画をめぐる伝統的カテゴリーを越境するものです。私自身の関心は、物語映画の外縁、何か別のものが始まるところにあります。

トリン　物語の問題におけるあなたの関心について議論する前に、先ほど述べられたことに少し戻りましょう。つまり、前衛映画の実践は概して、知名度のある実験映画チェーンの外で発展しつづけることにあります。『ミレニアム・フィルム・ジャーナル』の二〇周年記念号にフレッド・キャンパーが寄せた論文「前衛映画の終焉」は御存じでしょう。そこで彼は、自分にとって「偉大な映画」とは何かを明らかにしたうえで、前衛映画を観る観客の個性がいかに戦後の大衆文化的体制順応への社会的挑戦となりうるか、という問題を取り上げています。歴史的前衛に向けた彼の洞察、また、「個人的な」作品という概念に彼が導入する社会的次元は、一九四六年から六六年のあいだに前衛がもちえた文化的インパクトを説明するのに、きわめて有効です。彼はその二〇年間を、アメリカ前衛映画製作の「個性化の時代」と名づけています。

私にとって重要なのは、最近の実験映画に見られる「個人的」なるものへの単純で孤立主義的で過剰な強調を、彼が拒否していることです。キャンパーはまた、制度の構造内部における前衛映画技術の教えを、「前衛映画を終わらせるためのレシピ」と分析します。これは確かに挑戦と言えます。——一方では、運動の確立されたボキャブラリーを扱うことだけで、前衛の一翼を担おうとする映画作家に対して。他方では私たちのように、映画を撮りつづけるために教える者に対して——たとえ私たちがアカデミズムとぎりぎりの勝負をして、「学び、同時に対抗するための包括的システム」を学生に提供する教師をもって任じていたとしても。

ただしキャンパー自身も論文の最後で認めているように、偉大な映画という彼のコンセプトは、より新しい作品に対した時、まさに彼の問題の源となりうるし、現にそう考えられてきました。他にも彼が提出した多くの概念——「オリジナリティ」「本物の表現」、社会における芸術家の予言者的役割、「新たな芸術の様態を見いだし、取り組む」必要性、あるいは「映画を再発明する」必要性、「頽廃的状態」と「真の前衛運動」を対比させる考え方——はポストモダンの中心的な攻撃対象です。こうした概念は、垂直的に押しつけられる個性化の形式に与すると言えますし、その分離のイデオロギーは、最終的には現状維持に寄与します。私たちの時代の問題は、ミシェル・フーコーなら言うであろう、個人を国家とその制度から解放することではなく、国家とその権力構造に刻印された類いの個性化から、ともに解放することです。こうした問題について、どのようにお考えですか。

——映画作家としては、実験映画の死を嘆くコメントをたくさん読むのは妙なものです。その多くは誤解を生みます。なぜなら本当に起きているのは何かというと、世代的な問題意識から時代の変化を感じているということなのです。彼らが目のあたりにしているのは時代の推移であり、かつて信じ、拡大していくと思われたものが、本筋でない作品によって縮小しているということです。

　これには性差別の要素も絡んでいると思います。五〇年代、六〇年代の実験映画は男性支配のもとで実践され、そこにはかなり派手なパフォーマンスも含まれていました。ジョナサン・ローゼンバウムはまさにそのことを『映画——前線』で述べて、顰蹙を買うことになりました。いまや、きわめて興味深い作品の大半は女性によるものだというのに、この成果に注目する人がほとんどいないのは、私には驚くべきことに思えます。これはフェミニストのライターにすら言えることです〔注目すべき例外は、ベレニス・レイノードの作品である。これはアーデン・プレスが毎年発行する『映画——前線』を参照のこと（ソーントン）〕。この成果が刻印するのは、性別の移行だけでなく、作られる作品の種類です。私自身の場合、「女性化された」やり方で仕事をするとして非難されてきました。たぶんそれは、作品の意図が明確でなく、普通の意味で好戦的でもないため、いまある権力との関係において明白な立場をとらないからでしょう。

　アカデミズムと実験映画の結びつきへの留保については、大いに賛成です。権威の場に身を置かずに教えることはむずかしいものです。たとえすべてを、そうした立場に対抗する目的で行ったとしてもです。このことや、アカデミズム特有の他の要素が、現状のある種の補強に繋がることがあります。とはいえ、そうしたもろもろのことがあっても、アカデミックな機関は少なくともある種の出会いの場を提供しますし、それが世代や学問領域を横断すると、一層興味深いものになると思います。

トリン　あなたを刺激してやまない前衛のエネルギーについてはいかがですか。私たちがいるのはあなたの言う「何か別のものが始まるところ」であり、ゆえにもはや単純なアンチの立場ではフェミニストの感性に訴えないということですね。そうした状況についてお話しください。

――それは巨大な問いです。まず、いま起こりつつあることで決定的に重要と思えるのは、芸術形式としての映画から、様々な問題や事柄にアプローチするのが可能になることで、物語を語ったり語らなかったりする器としての芸術に焦点が移行していることです。より伝統的な学問から学んだことが吸収され、使用言語の一部になったのです。領域は大幅に拡大し、外縁にはいかがわしい部分も含まれるかもしれません、いい意味でということですが。前衛映画が自らを理解するには、当初は他から際立たせるために用いた、単に対抗的な言説をもってしては不十分だということです。そうではなくて、映画とメディアがもつ幅広い可能性のなかに、前衛の立ち位置があります。私はこれを降伏ではなく、転覆的潜在性をもつ深化――成熟とみなします。政治的なものと個人的なもの、大衆的なものとわかりにくい（オブスキュア）もの、真実と虚構の境界線が崩れると、その裂け目から興味深い要素が滑り込みます。こうしたカテゴリーによって私たちが何を言おうとしているのかを、見つめ直す必要があります。

トリン　そうですね。ポストモダニズムと呼ばれるものをモダニズム（の一定の概念）から差別化する一つの方法として、新規性の問題に関わることがあります。誰かも言っていたように、私たちは新しいとされるものの凋落の時代を生きています。モダニズムの試みを促したのは、ゼロから創造し、伝統的価値観を白紙（タブラ・ラーサ）の状態に戻すという主張です。けれども、今日の批評的思考の状況でそうした言語観に依拠すれば、ナイーヴと思われてしまいます。ポストモダニズムはある意味でつねに存在してきたと言えます。単にモダニズムのあとにやってくるものではなく、以前から存在しており、モダニズムとともにあると同時に、そののちも存在するものです。フランソワ・リオタール言うところの、ある作品がモダンであるにはまずポストモダンでなければならないとは、おそらくこのことを指しています。この二つの修飾語は対立し合うものではないということ、ここではポストモダニズムは生成期のモダニズムとして定義されるということです——つねに再帰しつづけるものとして。しかしながら、あらゆる主義（イズム）の歴史がそうであるように、状況を限定し、単一化しようとする動きは避けがたく、よって、ポストモダンから転じて、スチュアート・ホール言うところの「アメリカ文化特有の歴史的記憶喪失——新しいものによる専制——の新たなヴァージョン」がまたぞろ現れることになります。人は主流の価値観の外部に身を置くことはできません。主流の価値観に挑みつつ、中心と周縁を絶えず往還しなければならないのです。

——前衛の可能性を考える際に重要なのは、新しさないしは新奇性と変化のあいだに線を引くことです。確かに、私たちの文化は「新しいもの（ザ・ニュー）による専制」というべきものを抱えています。しかし、そうしたもろもろのなかで失われてしまったかに見えるのが、変化の可能性です。それは私の見るところ、より根源的なプロセスでありながら、つねに目に見えるわけではなく、よってその重要性は安定していません。ポストモダニズム理論に私が留保を置くのは、この点への区別がなされていないことと、現在への、また、現にいま起こりつつある政治的・社会的・審美的勢力への従属的傾向と関わりがあります。例えば、芸術において私が何より重要だと思うのは、周縁の場を想像すること、先端（エッジ）を思い描き、そこから仕事を始めることです。完全にシニカルになり、先端なんて幻だ、そんなものはすでに呑み込まれてしまっている、と言うこともできるでしょう。でも、それでは仕事はできません。だから、いかなるシニシズムも、（シニカルに）構築された夢——自分自身のための空間——に合体させなければならないと思うのです。

　私のもう一つの留保は、私たちの文化がもつ名づけへの貪欲な欲望と関わりがあります。場合によっては、規範化・合法化の装置として〈理論〉を展開することが、商品化の新たな形態となることもあります。これは芸術においてとくに顕著なことでした。私が初めて「ポストモダニズム」なる言葉と遭遇したのは、映画『アディナータ』の撮影終了間際のことです。それはオリエンタリズムのイメージへの模倣作品（パスティーシュ）というべきもので、西洋ないし植民者の眼差しへの告発という意味を込めました。その映画も、それを作ることも発見することも、沈黙のなかで起こったのです。映画が無から生まれたなんて、ナイーヴなことを言うつもりはありません。実際には、エドワード・サイードの『オリエンタリズム』が企画の引き金になりました。ですが、採用した手法と並んで、回収可能な政治的言説の内部に映画を位置づけることを拒否する一方で、何らかの意味では政治的でもありつづけること、これらは沈黙から生まれたのです。

ある日、座ってコーヒーを飲みながら、ポストモダニズムについて読んでみると、あれほど位置づけるのに苦労したことについてのレシピ本みたいじゃないですか。問題は、理論がかけがえのない経験を矮小化するということではなく、それが不完全で、お気楽で、懐柔的だということです。『アディナータ』で私が試みたのは、ある「語りえぬもの」を探り当てることだったと思います。そして、観客がそれを語りえぬものとして経験してくれることが重要なのだと思います。しかし困難が生じるのは、ポストモダニズムの名において作品の特質を記述(ディスクリプティヴ)的に読もうとする際、それが精読をあらかじめ排除することになり、よって政治的攻撃性が損なわれるからです。私がここで問題にしているのは、理論へのきわめて両義的な関係です。皮肉なのは、私自身、自分の作品をある意味で「理論的な」もの、少なくとも理論に関わる傾向に通じるものとみなしていることです。

ここで再び前衛という考え方に立ち帰ると、それは私にとって、確立された記号を熟慮の末に再加工することではなく、即興的な行為であり、理性と未知なるもののあいだを漂うことです。

トリン　理論と実践の独特な関係について議論するのでなく(それは際限のないトピックともなります。これは、作品の製作・上映、集客における批評の役割という問題にも言えるのですが)、あなたが映画をつくるこの場所をめぐって話してみたいと思います。それは場所を同定し、創造のプロセスを完全にコントロールする者としての芸術家の存在を強化しようとすることではありません。私が理解したいのは、あなたの作品に見られる、前衛シーン――むしろ後衛シーンと言うべきかもしれません――に対するある種の居心地の悪さです。あなたの映画は前衛とみなされるし、主に前衛の場で上映されますが、そのカテゴリーでも周縁にとどまっています。こんなふうにも言えるかもしれません。あなたの映画はその周縁性によって「実験的」という概念をいきいきと保っており、よって、しばしばまさに「前衛」というレッテルが暗示するモダニズムからの囲い込みにあらがうものである、と。

――私は自分の作品をある種の「マイナー文学」とみなしています――ドゥルーズとガタリが言ったような意味において、「犬が穴を掘り、ネズミが巣を掘るように」、私たちに与えられた言語、この場合は主流映画と歴史的前衛の言語を通じて、機能するものであると。自身の言語との関わりにおいてノマドであり、移民であり、ジプシーであることについて、彼らは語っています。

そういうふうに仕事をする時、人は自らのためにない場所(ノー・プレース)を切り開く、とは確かに思います――少なくともあらゆる直接的、実際的な意味において。そういう類いの仕事は、病のもとになります。さらに驚くべきことには、芸術形式としての映画の推進を支持すると主張する諸派閥からの抵抗をも生むことになるのです。すでに周縁的なネットワークにおいて周縁的とされる活動に従事するには、いまはひどく気の重い時代です。財政的プレッシャーと燃え尽き状態があたりを覆う保守の時代、何とかしてやり過ごすべき、そんな時代です。だからといって、挑戦的な作品がつづかないということにはならないし、現にそうした作品も存在しています。エネルギーを十分に喚起できれば、支援体制の変化はあとからついてきます。残念ながら、今日は逆のことがしばしば見られますが――すでに存在し、制度化され商品化しうる資金や、公開の優先事項に見合う作品が製作されるのです。システムの限界を感じている芸術家・作家・学者たちが変化を起こすことにかかっていると思います。さもなくば、私たちに未来はありません。

トリン　私たちは上映ネットワークの外で仕事をすることはできませんが、それを作るうえで積極的な役割を果たしうるということは、指摘しておく必要があります。抑圧的なシステムのなかで、われわれの声など受動的に巡回するに過ぎない、と思えるとしてもです。それでも私があえてこだわりたいのは、あの作品そのものにまつわる疑問のもう一つの側面、というより、そこで生産される映画的テクストです。作品を体制的ネットワークで流通させるのがむずかしく、すでに知られたオルタナティヴな映画館での上映すらむずかしいとしたら、それはもしかすると、あの作品が問題にしているのが、前衛映画製作における体制的かつ圧倒的に男性支配の伝統との、両義的な関係のせいかもしれません。モダニズム芸術という営みのパラダイムに関わる作品と、同時代の理論的実践とともに成長する作品とを分かつ境界を、あの作品は超えていません。『アディナータ』『見えない雲が動いてく』、そして『ペギーとフレッド』のシリーズは、フェミニズム映画理論の言説に取り組んでいますが、それらはほんの一瞬その言説を超えるにすぎない、または、その権威を一瞬拡散し、傷つけるのみに終わっています（これは、テレサ・ド・ローレティスの考えるフェミニズム的脱美学からも遠からずというところです）。あなたが言われた居心地の悪さは、先ほど議論した「個人的な」ものというコンセプトに関わるのかもしれません。私はここでそれを敷衍し、フェミニズム活動が内包する私的なものと政治的なものの対立を脱構築し、それがつねに重んじてきた政治と個人の関係性に目を向けたいと思います。ここで示唆される批評的スタンスは、二つの考え方の衝突と都合のいい分離主義にあらがい、制度と個人、社会性と主観性、言語と意識の直接的関係への洞察を示します。言語はどこで始まり、どこで終わるのか。ある意味で、政治的考察は言語への考察抜きにはありえません。言語に取り組み、意味生産のプロセスに取り組むことは、まさに最も純粋主義的な前衛とされるものが手を焼いてきたことです。視覚主義には言語的イメージ（または音）を拒否する傾向があり、それを穢れた要素として排除することで視覚の純粋性を守り、可視的なるもののイデオロギーに参与するのです。そのことが、最も純粋主義的な前衛の言説を、映画産業の支配的言説に結びつけることになります。

――最後の点も含めて、いま言われたことにはおおむね賛成です。私たちのあいだに異なる点があるとしたら、過去と現在の前衛的実践を対比することの価値をどうとらえるか、ということではないでしょうか。ポストフェミニズムの考え方についてもそうですが、私はどちらかというと、自分たちは違う場所、発展しつつある場所にいると言いたいのです。映画の周縁的実践から立ち現れる優先事項というものがありますから――例えば言語と主体性に焦点を当てることとか、物語の再発見とか――そこにこそエネルギーを注げばいいと思うのです。

私にとってより興味深いのは、作品を通して交通が盛んになるさまです――視覚主義的な実践が取り上げられたり、フェミニズム的な実践が取り上げられたり――規範的戦略としてでなく、あまたの痕跡の一つとして、痕跡の網目のなかで。危険は、すべての全体化するアジェンダ、「主人の言説」にあります。フェミニズムと言えど、こうした物象化と無縁ではありません。

公と私の関係についておっしゃったことは重要な点です。もしかすると、「自己」なんてさほど面白いものではないのかもしれない、そう思います。しかし、自己を通して流れるものは、面白いものでありえます。

トリン　例えば『ペギーとフレッド』のシリーズで、あなたはアメリカ文化にとって非常に近しく馴染みのものに目を向けることで、あなたを含めてアメリカ文化の一員である者に、それをまったく違うやり方で見る視点を与えました。あなたはこの文化を「他者」（多くの他者のなかの他者）へと変えたのです。まさにこういうところで、きわめて個人的なものが文化的抵抗の場になるのだと感じます。『ペギーとフレッド』の異化効果について、お話しいただけますか。

――はい、『地獄のペギーとフレッド』は、二人の幼い子供が黙示録以降（ポスト・アポカリプティック）の風景を旅する、SF仕立ての年代記です。どこにでもある日常的なイメージやコンセプトを使い、手の込んだ魔術幻灯（ファンタズマゴリア）のようなものを構築する。それは登場人物、筋、セット、言葉、時間において、不安定な絵を作ります。記号はでたらめに、めちゃくちゃに、次から次へと積み上げられる。それらは脱文脈化され、微妙に移動させられるため、奇妙なものになり、観る者を掻き乱す感じがあって、ありふれたものがエキゾティックなものになるのです。あの作品が要求するのは、「現実」が不可視のまま私たちの傍らを確かに流れ、私たちはその流れを流れながら安心していられるような、そういう構造です。それが達成できるのは、一つには子供たちと作業するからです。子供というのは、私たちとも言えず、他者とも言えない存在ですからね。彼らは私たちになる途上にいる、または他者になる途上にいる。危険な地点にいるのです。

トリン　『ペギーとフレッド』の製作過程についてお聞きすると、差異が感じとれます。ある文化を理解するために記号を積み上げるのは、文化を分析する者の活動として普通のことです。けれど人は往々にして、記号を積み上げておいて、そこから何らかの整合性を引き出そうとします。ものを作ることはすべからく秩序と戯れる方法ですが、一般化し、解釈し、「明確に」意志を伝えようとする衝動は、普通は製作過程の要素とみなされません。ですからたいてい、分析者は積み上げたものの頂上に立ち、作品を上回る権力の場を占めることになります。そうした姿勢の帰結として、一方では表象の透明性と経験の直接性が求められ、もう一方では、個人的な／意味する主体または解読者の支配がある。例えばクリス・マルケルの『サン・ソレイユ』のような映画では、描かれる文化の主観的かつ多層な解釈が観客に提示されるので、テクスト生産の客観主義的なありようとは一線を画しているかもしれません。しかし、様々な場所からイメージを紡ぐみごとな能力、リベラルなコメントや洞察に満ちた分析にもかかわらず、それはなお親子／派生関係のプロセスに囚われており、語る／作る主体を主人・解読者の位置に据えたままです。あなたの作品が異なるのは、あなた自身がこのプロセスから自分を本当には切り離さず、主体の位置を与えようとすらしない。従って、記号の積み上げが主に製作行為として経験され、それを読むために、観客はある意味で映画的テクストの再創造を強いられるのです。

――ええ、あらゆる権威的言説を追放してやろうということです。だから、観客はその場で創造することを求められる。映画とともに、その読み方を考え出すのです。

少し好きなことを言ってもいいですか？　私の「夢の仕事空間」がもつある側面について、お話ししようと思います。私の本の二つの美徳は、「愚かしさ」とでも言うべきものと、遅さです。愚かしさとは私にとって、権威的言説や流行への抵抗戦略です。それは思考にもう一つの道筋をもたらしてくれます。それを使って遊び倒すための参考書もあるんですよ。グノーシス主義のテクストにおいて、「思考」は様々な段階に分かれていますーー事前思考、現在思考、事後思考というように。言い換えれば、思考とは一つの場でーー例えば〈言語〉のなかでーー起きるものではないのです。しかも、事前思考はつねに思考に先んじてあるわけではなく、さらに複雑なことには、事後思考が最初に来ることもある。私から見ると、『ペギーとフレッド』において思考は「前」と「後」の空間で起きていて、まんなかではあまり起きていません。例えば、ある程度は真実でありながら、またある程度は、映画の伝統的な物語の規則に対し、私は少し盲目のふりをしています。この抵抗は『ペギーとフレッド』に見てとれます。いわば〈物語〉が発見されるようなものです。願わくば何らかのかたちで、これが観客の経験を説明することにもなるといいのですが。言うなれば初期の映画ーー映画の原型ーーのようなもので、そこでは〈物語〉は異なる性質を帯びていました。

それから、遅さーー自分自身に、自分の作品と観客に、時間を与える。このプロジェクトは現在まで六年間つづいていますが、それだけ長い時間をかけて、ようやくその潜在的な可能性が理解できるのです。私たちの文化で、遅さをめぐって組織されているものなど何もありませんーーもう一つの、抵抗の場でしょうか？

トリン　〈物語〉の発見に伴う逆行のプロセスがあり、自己は追放される。自己は見知らぬものになる。自－他になるのです。それは自らを否定することも、他者を同化することもありません。

――その通りです。差異と認識の相互作用のなかで、他者性が立ち現れる。私たちの伝統、私たちの物語と密に取り組むことで、『ペギーとフレッド』は見慣れたものに揺さぶりをかけます。内なる他者性に目を向けさせる。内なる他者性を認識することが、私たち自身を見ることなのです。

トリン　お話を伺っていて、体制内で横行している類いの個性化について私が先に述べことと、作品製作における派生／親子関係の神話が結びつきました。実際、作品は相互作用的であるべきだと言われる時に思い出されるのは、いまではよく知られた、ロラン・バルトが作品とテクストのあいだに置いた差異化です。ひどく大まかに言うと、作品という概念が示唆するのは完成品、つまり意味されるものの上で閉じる実体の断片であるのに対し、テクストという概念が前景化するのは関係性の問題、テクスト間の相互作用です。

テクストには生成的な性質があり、意味されるものを絶えず先延ばしにします。この考え方は、見られるものを消尽しないことも意味しますが、例えば『見えない雲が動いてく』というあなたのビデオについて語ろうとする際には、きわめて有効です。でも、もしかしたら『ペギーとフレッド』について、その構造について、つづけて話されますか？

――そのプロジェクトは、一六ミリ映画とビデオのシリーズとして、いまも継続して製作、上映されています。年代順に視聴されることを想定してはいますが、一巻ずつ独立した作品として観ることもできます。理想的な視聴状況としては、両方のメディアを使います――映画のスクリーンを正面に置き、テレビは脇と客席のなかに置くのです。それぞれのメディアが独自の存在感を保ちます――映画は叙事詩的でかつはかない性質を、テレビは押しつけがましい親密さを。シリーズものなので、物語は開かれた終わり方をすることになり、新しい作品、手法、スタイルが生まれつづけるわけです。いまのところ、このシリーズはずっとつづけていくつもりです。

さて、ここで以前話し合った、資金繰りと配給の問題が出てきます。『ペギーとフレッド』のようにシリーズが長くつづくと、商品としては問題になりえます。資金提供者が要求するのは、脚本とは言わないまでも具体的な計画、少なくともコンパクトな製品です。上映会を開けば、製作側が聞いてくるのはいつプロジェクトが終わるのかということです。それはいま起きつつあることだから、成長していくさまをお見せしたい、と私は答えます。けれど、不完全なもの、「製作中」のものを見せることへの懐疑にぶちあたりました。しかし、暫定性こそあの作品の最も本質的な性質の一つです。だから重要なのは、時に挫折感を味わうことになろうと、作品の必然性に忠実であること、市場の要求に屈しないことです。

トリン　あなたの発言から、二つの論点が浮かび上がります。第一に、再び取り上げたいのは、先ほど言われた、上映の可能性を作るプロセスに私たちが積極的に関わることです。私の提案としては、おそらくこういう作品の場合、製作者や観客への提示法を変える必要があるかもしれない、ということです。『ペギーとフレッド』について使われた「製作中」という言葉は、定義し直すか、使い方を変える必要があるように思います。「製作中」という言葉を限定なしに使いつづけると、人は未完の作品――「よりよい」、より完成したヴァージョンを待つ作品として――に普通示すような態度をとることでしょう。私にとって、私が作った本や映画はみな製作中の作品です。つまり、いまいる場所から始めるしかないわけです。進めた歩みを取り消すことはできない。でも、一歩一歩進めた歩みはなお一歩の歩み、製作中の作品なのです。

――同感です。

トリン　第二の点は役者についてのある考え方に関わるものです。それは、あなたが子供たちとの共同作業のなかであのシリーズを作っていることが示唆しています。あのシリーズは語り手たちの（人生および演技における）成長とともに、また、そのプロセスを観客が期待によって育むのに応じて、かたちになりつづけています。この考え方は、ゴダールの役者‐媒体というコンセプトを思い出させます。そこでは役者は単に演じるのでなく、見ることと見せることを同時に行うのです。

——ええ、私は役者の存在をそのように理解するようになりました。ビル・クローンという『カイエ・デュ・シネマ』のライターが、最初にそのことを指摘してくれました。『ペギーとフレッド』でも『見えない雲が動いてく』でも、私が文字通り、演じる役者たちのドキュメンタリーを記録していると彼は感じたのです——「役者」の存在のなかで「演じられる」ことの同時性を記録していると。そのため、観ることは大変な緊張を生みます。役者たちは、彼らがまさに構築している虚構空間から飛び出してくるのです。

トリン 人物の存在における演技の同時性といえば、あのテクストは実に、経験の濃度という概念を前景化していますね。言い換えると、経験を表わす意味に満ちた物語の流れではなく、経験をその密度と濃度において提示するのです。

——おっしゃる通りです。シネマ・ヴェリテにすらこの密度はありません。なぜかというと、シネマ・ヴェリテも通常はストーリー・ラインに沿って組み立てられるので、「現実の生」は安定した物語の人物のなかに取り込まれてしまいます。緊張が生じるのは、フィクションとドキュメントが合体した時です。どちらも不安定なものとして表現されます。

具体例を挙げましょう。『見えない雲』では、エリザベス朝時代の旅行家・冒険家であった女性、イザベル・エバーハートを、四人の女性たちに演じてもらいました。役者は一人もいませんでした。彼女たちは基本的に素のままでいることもあり、何かしたり言ったりするように求められることもあります。ある場面で、イザベルの一人が「楽園」について述べるところがあります。彼女が読み上げるのは、実は楽園のイスラム的概念を一九世紀のイギリス人が解釈したものです。それは、コーラン初の英訳となったもののなかに、脚注として収められています。つまり、これはすでに派生的な読み、イスラム教のイメージを西洋的に読んだものです。私は彼女の朗読にある種の不在をまとわせ、その距離を刻印したいと思いました。隠したイヤホンを通して、私が録音したテクストを語る時、彼女はそれを初めて聞いたのです。彼女はエキゾティックに生い茂る植物について語りますが（「それから、とても大きな木があり、それに登って端から端まで歩いたら、一〇〇年以上かかるでしょう」など）、その口調は聞く者の耳にこびりついて離れないようでもあり、ぼんやりしてとらえどころがないようでもあります。

トリン　考え方としては、ゴダールが役者と作業するやり方にとても近いけれど、あなたのテクストがもたらす効果はまったく異質なものです。

――あとから、ゴダールも同じイヤホンのテクニックを使っていると聞きました。人を不安にするような作品の性質として、登場人物をどう位置づけていいかわからない――彼らはどこにいて、役割は何なのか――ということがあります。

トリン　どうやら現在、ドキュメンタリーとフィクションという形式の限界に長く取り組んできた映画作家のあいだで、サイエンス・フィクションというジャンルへの興味が復活しているようです。彼らは大抵フィクションには満足できず、ドキュメンタリーは窮屈だと感じる。『ペギーとフレッド』はサイエンス・フィクションと言われてきましたね。この点から、あのシリーズについてお話しいただけますか？

――異質な物語を構築し、時間・空間・人とのコミュニケーション・言語などに別の枠組みを構築するとなると、これは未来のある時、ある場所でも可能だと想像されるかもしれません。未来は思索のため、他者性のための、豊かに想像力を刺激する場となり、気づけば「サイエンス・フィクション」の領域に足を踏み入れているというわけです。でも、その言葉を何らかの介入の言い訳にはしたくありません――「ああ、あの時間の奇妙さね――あれは要するにサイエンス・フィクションの時間だから」。もっと曖昧な立場の方がいいですね――サイエンス・フィクションのようでもあり、そうでもないような。

私にとってさらに興味深いのは、私たちが別の幾つもの可能性に気づき、私たちが私たち自身に語るような物語へと至るプロセスです。これを可能にする一つの方法は、複数の文化や時代を横断する差異と出会うことだと思います。昨夜あなたとサラ・マルドロールの映画『サンビザンガ』を観ていた時、このことを強く経験しました。映画の表向きのテーマとは別に、私が目を離せなかったのは、時間、継続していくものとしての時間、できごとや状況を見ることに関わる時間です。西洋映画で経験するものとは異質でした。お馴染みの記号はすべてそこにあるにもかかわらず――撮影、アングル、連続映写――受け入れられている形式をはるかに超えるものがありました。文化的差異によるものに違いありません。

トリン　ご指摘の、時間と差異をめぐる問題は、『サンビザンガ』については私にとっても強力な経験で、刺激的な要素でした。差異が文化的なものであるということには賛成ですが、一方、文化的な個別性を超えたものだとも思うのです。確かにサラ・マルドロール自身、映画のリズムを通して「アフリカの生活の特徴であるゆったりしたペース」を再創造しようとした、と言っています。また、サフィ・フェイの『カドゥ・ベイカ』やハイレ・ジェリマの『ハーヴェスト――三〇〇〇年』（これはいまも私にとってすばらしい映画です、物語を語る異質なモードにおいても、時間感覚においても）、さらに私の映画『ありのままの場所――生きることは円い』においても、一目見て「アフリカの時間」だとわかります。でもさらに考えを進めると、アフリカの時間対西洋の時間という単純な問題ではなく、観客および観る際の文脈の問題だと気づきます。言い換えれば、これは文化的差異の事例として簡単にすませられるようなことではありません（「あぁ、まぁね、文化的なものだから……」とか「御存じの通り、私はあなたとは文化が違いますから……」とか）。この時間という要素は、私たち双方にとって、西洋の視線という文脈において突出していますが、アフリカの観客のなかにいたら同じ印象はもたないのでは、と思うのです。それが私たちの注意を惹くのは、アクション－映画の支配的形態という文脈に置かれているからだと思います。そういう文脈であの時間の概念と取り組むことは、行為と同義である時間の概念そのものにあらがうことです。後者の考え方の方が普通だから、おおかたの人の時間理解が、映画の編集によって生まれ、上映時間として結実するような意味に限定されてしまうとしても、驚くべきことではありませんが。『サンビザンガ』の時間とは、シャンタル・アカーマンやマルグリット・デュラスの映画における時間同様、映画のなかで合成される時間であるだけでなく、映像の内部に絶えず作用しつづけるもので、演技（アクション）やカメラの動きに従属するものではありません。

例えばジュリア・クリステヴァは、外主観的・宇宙的な時間――彼女が女性的主体性に帰する悦楽（ジュイサンス）の一形式――について書きました。この「時間」は歴史の時間――線的時間の限界を拒みながら、歴史に介入します。時間と向き合うことは、従って、映像との異質な取り組みを意味します。ジル・ドゥルーズは映画作品を二つのカテゴリー、主に運動によって特徴づけられるものと、時間が支配的な要素であるものに分類します――それが「運動イメージ」と「時間イメージ」という二巻本になるわけですが。そこには裏返しのプロセスが関わっていて、時間が運動を測る尺度と化すのでなく、運動を通して時間という視点が可視化するのです。映画が帯びるこの思弁的性質を、バルトは転覆的とみなしましたが、それは映画が恐れや反発や攻撃を生むからではなく、思考するからです。映画のイメージは思考のイメージになる。このように時間との関係が異質なものになるのは、イメージを扱う方法に変成が起きたためです――「知覚‐行為‐感情」のシステムに従属しない方法が生まれたのです。

――ええ、『サンビザンガ』について指摘された最初の点にお応えするなら、それはつねに文脈の問題です。ですが、差異と認識があのように合体した時、時間が突出するようになったのです。これはオリエンタリズムとどう違うのでしょう。一方で、友人から学ぶこととはどう違うのでしょう。それがいかに、なぜ行われるか、いかに使われるかによります。そこで区別しなければいけないのだと思います。

「時間‐イメージ」というアイディアについて少し脱線してみますと、初期の前衛映画の多くがもつ興味深い側面の一つが、時間との向きあい方にあると私は考えています（面白いことに、これは滅多に批評の焦点になりません）。アーニー・ジェール、ピーター・ギダル、ホリス・フランプトン、アンディ・ウォーホル生まれる説明にもなります。

の作品のどれもが、異常ともいうべき「時間－イメージ」を生みました。それが、一つには、思弁的効果が生まれる説明にもなります。

トリン　ドゥルーズ理論とあなたの映画との関連で、もう一つ伺いたいことがあります。ドゥルーズは時間－イメージのなかに二つのことが同時に起こるのを見ます。一方で、イメージはクリシェになる。このイメージの文明化は、彼が述べているように、実はクリシェの文明化であり、その力でイメージ（の一定の事柄）を私たちから隠そうとします。その一方、イメージは際限もなくクリシェに穴をうがち、自らを解き放とうとする。クリシェから真のイメージを抽出することが必要だという、この認識をもたらす知見は、視覚的ないし音のイメージはそれ自身がクリシェなのでなく、イメージが定式として再－利用される時クリシェになる、というやっかいなものです。しかし、クリシェに打ち克つには、パロディにしたり、無化しようとしたり、感覚－運動の連結を乱したりするだけでは不十分です。単なる知的良心でも社会的良心でもなく、彼が「深い生命力に満ちた直観」と言うものに属する力を、イメージにもたせなければなりません。行為－知覚－感情－イメージのシステムを強く掻き乱しうるものをそのように見ることこそ、あなたが映画でなさっていることのように思えます。この点について敷衍していただけますか。

――一つ例をあげてみましょうか。『地獄のペギーとフレッド』の新しいエピソードの材料を集めていた時、ポランスキーの『テナント』の音楽のすべて、長い沈黙、幾つかのダイアローグをコピーしました。あわよくば、自分の映画に少々潜り込ませようと思ったのです。録音したものをあとで聞いた途端、これだ、私の次の映画のサウンドトラックはこれだ、と確信しました、まさに――大泥棒ですが。これまでも素材を見つけて作品に取り込むことはありましたが、あれほど完全に混じりっ気なしの引用は初めてでした。

音楽は不気味でサスペンスに満ちていて、沈黙もまた然りです。ダイアローグはとらえどころがなく挑発的。あらためて映像を一つ一つこのサウンドに当て嵌めていくと――大半は自然の映像で、アヒルの群れ、勢いよく流れる水、風のなかで震える木々、そして最後に、地面の穴から出てくる子供たち――何か奇妙な恐怖のようなもの、目に見えないけれどあたり一面に満ちているような、そんな恐怖が生まれました。見えるものと聞こえるもののあいだに亀裂が、ありえないようなことがあり、この脱臼した恐怖には動機がなく、でたらめで、だからこそ余計に怖いのです。それは『テナント』にはないものです。子供たちの物語というわけでもなくて、彼らはその犠牲者なのです。

もしかすると、映画によるこの種の思考は、ドゥルーズが慣れ親しんだものへの介入を通して再び語ることと、無縁ではないのかもしれません。

トリン　観客が流用の出典を知っていることは、流用を理解するために必要ですか。

――そうであるとも、ないとも言えます。知っていればあるかたちで機能するし、知らなければまた違う働き方をします。たまたまその朝『テナント』を見たとしたら、また別の反応を引き起こすでしょう。いずれにせよ、借りものの物語空間が並置されるさまを経験することになります。

トリン　わかりました。なぜその質問をしたかというと、私はかねて、ある種のポストモダン作品の傾向をはなはだ疑問に思っているのですが、その理由は、多くの歴史的スタイルを簒奪するだけで、歴史の異質な読みを示唆しようとしないからです。そうしたスタイルを抽出した素材の歴史的な地位が、不問に付されているのです。歴史という概念にしてもそうです。

――ええ、流用の倫理とは何でしょう。装置または戦略としてのそれは、あっという間に消尽されてしまいます。せいぜい価値判断を問題にするのが関の山で、最悪の場合、価値判断を遅延させるだけです。

トリン　問題意識なしに流用を行うと、形式と内容をめぐる古い対立が蒸し返され、形式は装飾的機能をもち越すことになります。作品はたんに知を伝達するための乗り物と化す。囲い込みが起きる。物語――情報、観客のための分析――を包み込んでしまうのです、知の方法としての映画製作をいきいきと保つのでは

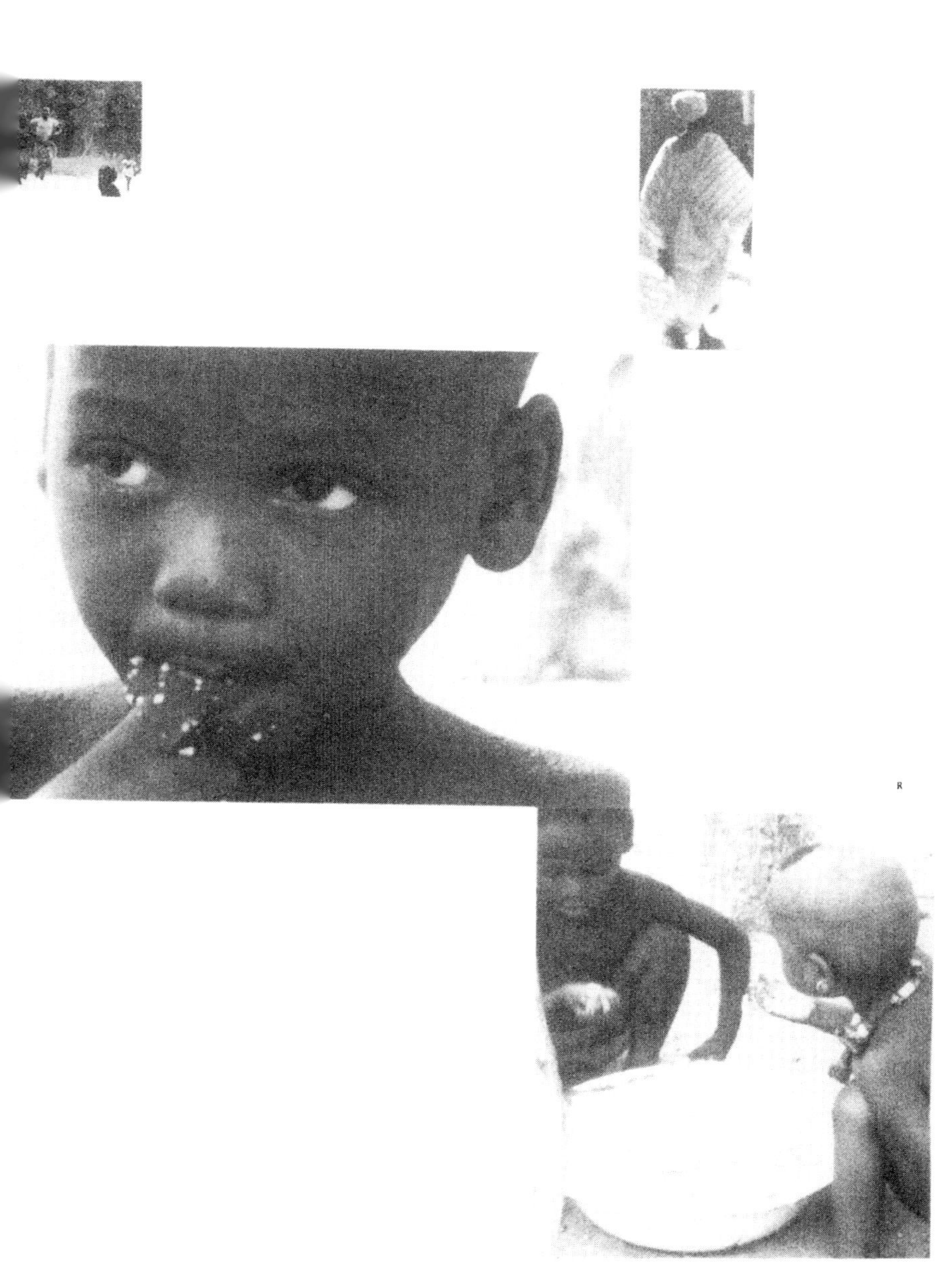

なくて。仕事をすることは、人の意識や思考の限界を変えたいという思い、または移動の欲望と関わりがあります——ある場所からよりよい場所へ、ではなく、自動詞的に。こうした生成的な性質がないと、たちまち退屈な仕事になります。

——その通りです。このところ『ノマドロジー』（ドゥルーズとガタリ）を読んでいるのですが、彼らの生成の概念、また、彼らが「王道科学」と「遊牧科学」のあいだに描く相互作用には、とても惹きつけられます。彼らはすばらしい比喩を使っていて、それは最初のゴシック様式のカテドラルの建築にあります。建築空間にあれほどの高さと壮麗さをもたらす可能性は、もともと、また文字通り、積み上げていくことから生まれました。石は一つ一つ、下の段と合うように削られ、作り手（石切／エンジニア）が積極的な役割を担っていました——この可能性をどこまで伸ばしていけるかを判断したのです。そしてすばらしいことには、建物が実際に崩落することもあったということです。そうした危険を伴っていたわけです。やがて、教会や国家の他の関係者がこの実践のアナーキーな側面に気づき、懸念し始める。ただ建てるだけでなく、まず計画書を提出し、それが認められ、どこかに保管されることが必要になる。すると、まったく違う種類の実践と作り手が生まれたというわけです。

一般的に言って、王道科学の記号化された実践は、遊牧的実践がもたらした層の上に、次なる介入の基礎を築きます。この区別は、様々な芸術を考えるうえで役に立ちますし、実際、私たちが今日話してきた多くの問題に関わっていますね。

トリン　あなたの映画『セイロンの歌』、そしてあなたの書くものは、ポストモダニズム、ポスト構造主義、そしてフェミニズムの交差路に位置する作品だと思います。同意していただけますか。もしそうでなければ、その理由を教えてください。同意していただけるなら、この交差路をどのように表現されますか。

ジャヤマン　『セイロンの歌』（一九八五年、オーストラリア）を現時点で交差路に位置づけることは、作品を評価するのにあまり役立つとは思えません。そうした操作は、あの映画のなかで機能していないものについて検証する余地を残しません。まさにそれだけが、私がいまもあの映画に惹かれる点なのですが。絶えず理論的・論証的装置に言及することで、ある種の映画に近づける、または読めるようになる、ということはあります。でもそれがまた、「x」個の「独立系のラディカルな映画」と批評的に関わる行為の妨げともなってきました。一九八五年にあの映画をシドニーの上映会で紹介した時は、半ば冗談で「ポストコロニアルなダンス映画」と呼びました。別の機会には、肉体をめぐる民族誌映画と呼んだこともあります。

スタンダード・オックスフォード英語辞典の定義によると、「カンヴァセーション・ピース」とは「一群の人物を描く風俗画」ということですから、もう一つの交差路――映画の博物館的遺物というべき、ゴダールとゴランの『東風』、消尽されてまったく時代遅れになった強度ないし情熱を魅力的に描いた作品も思い出されます。私が考えているのは、いまは亡きブラジルの映画監督グラウベル・ローシャが、キリストのような身ぶりで手を広げ、交差路に立つシーンです。カメラをもった妊婦が近づいて行き、「政治映画への道はどちら？」と尋ねます。ローシャはある方向を指差し、すばらしき第三世界映画について語りますが、妊婦は別の方向へふらふらと歩いていく――（私の話には脚色が混じっているかもしれません。最後にあの映画を見て、あのシーンとダイアローグをパフォーマンスで使ってから、少なくとも五年はたっていますから）。

私が書くものはいま、西洋と第三世界の映画の差異をはっきり表現した、カメラを抱えたあの妊婦への同一化によって、掻き乱されています。私が好きなのは、あの女性が関与と逸脱の身ぶりを同時に示すことを通して、交差路と交渉するやり方です。「カンヴァセーション」という言葉が暗示する都会的でゆったりした幸福感が、「母性」と呼ばれる混乱状態によって、困難なものになるのです。

「母的」なものや「女性的」なものが母や女と同一でないことを、私たちは知っています。「ファルス」とペニスを混同してはいけない、と言われてきたのと同じことです。バルトが母の写真を見せることを拒んだのち、理論的仕事に携わる英語圏の男性のなかに、母的なもの／母をめぐる自伝的言説に取り組む者が現れました。それぞれの言説のなかで母的なもの／母がどういう機能を果たしているかを考えるのは意味のあることでしょう。けれども、私のいまの混乱状態でその関心を保つのはむずかしいので、むしろ『セイロンの歌』の儀式についてお話ししたいと思います。儀式を司るのは、南アジアの宗教的想像界に見られる、母的なものの二つの化身です。一つはパティーニという良い母、もう一つはカリという悪い母です。どちらも、西洋のキリスト教的想像界における、ぼんやりした聖母像とは似ても似つかない姿に描かれています。映画はこの二つの相反する化身を繫ぎ合わせますが、憑依と治癒の儀式を司るのはカリです。生物学的家族関係に生まれた混乱は、カリに異性装（ドラアグ）した僧が取り仕切る儀式で、最後に修復します。原初のナルシシズム空間としての母的なものは、そのような二重のダイナミズムを体現する、時を越えた永遠のコンセプトですが、もし女が母的なものを時の流れに参入させようとすれば、異なる作戦が求められます。それが何なのかは、映画が追求すべきことかもしれませんが。

あの映画のフェミニズム的テーマについて、とりとめもなくお話ししていますが、『セイロンの歌』でやろうとしたのは、プロテスタント・フェミニズムと私が呼ぶものに過剰に決定された、フェミニズム映画理論のある局面が陥った袋小路を乗り越えることです。といっても、あの映画を駆りたてているのは単なる反発ではありません。憑依状態の女性に興味をもったのは、彼女の肉体が一つではなかったからです——実際、ここにあるのは悪名高きポスト構造主義の「脱中心的・混成的主体生成」の一例であり、極限状態にある主体の形成と、変位のプロセスそのものを示しています。私たちが愛したこの取り憑かれた肉体は、僧や観客や神々に向かってこう言い放ちます。「この女が誰か知っている？　この女はソマワティ。あたしのことよく知ってる？　あたしが女だと思う？　は！　そう思うの？　そう？」私たちは彼女の言語的・肉体的巧緻さが気に入りました。彼女が肉体という文化的テクストの極北を表現した時も然りです。だから問題は、このダイナミクスを舞台に乗せる時に、いかに〈狂女〉を提示せずにすませるかということでした。そこで考えたのは、ジェンダーの境界を越え、多くの肉体を越えて、憑依を民主的に伝染させること、そうして、マゾヒズム、ナルシシズム、ヒステリアといった困難な快楽を映画的方法によって見せ、発話させることでした。ここで心にとどめるべき最も興味深い問いは、エディンバラ映画祭のフォーラムでホミ・バーバから問われたものです。「（映画の製作中に）あなたが取り組んでいた理論的言説への抵抗となったのは、何だったでしょう。つまり、あなたが作品のなかでそうした理論的言説を用いたにもかかわらず、それに抗う力となったものとは何だったのか」。これは決定的な問いです。映画によって、単に理論的言説の鏡像をつくる以外のことを企てるならば。

私が書いたものについては、亡き母アナ・ロドリゴの名を使ったことについて、一言述べたいと思います——『ディスコース』と『フェイド・トゥ・ブラック』で行った虚構のインタヴューの、インタヴュアーの名前のことです。息子にとって原初のナルシシズム空間である母的なものは、「母子像」という西洋絵画のジャンルの歴史に織り込まれています。私が母的なものに取り組むのは、自伝的なものへの興味からではありません。母的なものとベタベタしない口調で語らい、口調を変えて距離を置くための空間を保つのは、とても魅力的なことに思えます。これは、ポスト構造主義フェミニズムの伝記を書く方法でしょうか。

トリン　『アート＆テクスト』誌に載ったジータ・カプール、イヴォンヌ・レイナーとのインタヴューで、ポストモダニズムの概念は現代インド芸術に妥当性をもちうるか、と問うていらっしゃいますね。この問いが含む意味を考え直してみたいと思います。私にとって、（私たち第三世界の構成員の一部がそうするように）ポストモダニズムは主にアメリカ文化の現象だと言明したり、（第一世界の構成員の一部がそうするように）前衛は西洋が推し進め、コントロールすべきものだと見なすことは、ある意味で「歴史」を再び西洋に丸投げすることでしかありません。言い換えれば、西洋の文化的ヘゲモニーに同意することです。しかしながらこれは、西洋の理論家や芸術家が推し進めるポストモダニズムが、文脈に縛られないということではありません。例えば、ニューヨークでポストモダンとみなされるものが、アメリカの他の地域や世界で起きていることを示すわけではないのです。あらゆる社会芸術運動の歴史がもつ混成的性質を見逃してはなりません。リオタールがモダニズムの「失敗」とみなしたものが起きた原因は、名前の世界の多様性からの抵抗（私の最初の質問へのあなたの答えがまさに例証している抵抗）にあり、文化の還元不可能な多様性にあります。ポストモダニズムは文化の読み直しにかかっており、この読み直しは、単一の国や文脈に限定されない、「横断的な」苦闘を指すのです。第三世界の主体として、私たちは絶えず二つの危険を冒します――主人の関心を己の関心の中心に置くことで、主人の手中に落ちる危険、または、モダニズムの理想に問いを投げかけるプロセス――自己を政治的なものとの絡みで再考することにより、主体性の（よって社会性の）新たな形式を生むプロセス――への私たちの貢献そのものを否定し、その苦闘において果たすべき役割を放棄するという危険です。

――歴史的前衛とは、畢竟、西洋の現象です。新しきを重んじ、古き（すなわち伝統）を否定することは、西洋の前衛の姿勢であり、様々な運動が個々の文化において直面した歴史的要件による必然でした。前衛部隊（アドヴァンスト・ギャルド）という概念は、後期資本主義とそれが生む大衆文化の文脈では、あまり有効とは思えません。ポストモダニズムが主にアメリカ文化の現象であるという点については――限定つきながら、その通りです。ポストモダニズムの定義する芸術作品は、パスティーシュが意味作用（シグニフィケーション）の決定的要素となる画廊や雑誌で流通していますから。あなたが触れられた『アート&テクスト』のインタヴューでジータ・カプールが言ったように、インド芸術はこの意味ではポストモダンでなく、むしろ折衷的なものです。もてる者ともたざる者のあいだに、様々な文化的差異が存在しますので。

しかし、ポストモダニズムをフレドリック・ジェイムソン的な意味で、後期資本主義の文化的論理と定義するなら、世界がアメリカ的であるという限りにおいて、私はスリランカ人として（ここでは、強力な地域的伝統をもつインド文化と区別して）、近代化プロジェクトがポスト植民地主義の時代に視覚文化に及ぼす効果に興味があります——一九四七年に国産映画が導入され、さらに（八〇年代前半、テレビとビデオ両方による）電子メディアが導入されて以後の時代ということですが。大きな経済政策の変化に伴い、後者が私たちの文化にポストモダンな瞬間を刻印するのだと思います。多数の要素が複雑に絡み合っているので、「還元不可能な文化の多様性」をめぐる発言は、ただ呪文のように唱えるのでなく、固有の文脈のなかで試す必要があります。この問題をめぐる民族誌的見解がはっきり分かれていることは承知しています。だからもしかしたら、「多様性」とやらが国際的メディア文化において均質化しているとしても、同じスローガンを呪文のように唱えなければならないのかもしれません。まさにここで、映画作家が介入しうるのです。急速な文化変容への条件が整うなかで、極端な伝統主義的反動に与するにせよ、外国のものなら何でも受け入れるという態度をとるにせよ、ここで映画作家を動員しない手はありません。現実の女たちはいま、文化的純潔を守るという要請によって駆り出されており、シンハラ〔スリランカの主要民族〕映画は大衆化した女性性のイメージを模倣しています。この現象が示唆するのは、他のいろいろな方向で仕事をすることもできるということです。

トリン　知と現実をめぐっては様々な考え方があるという認識が浸透していますから（第三世界的、フェミニズム的、いわゆる哲学的「反人間主義」）、権力関係に目をつぶって、人の様々なイメージや意味が指し示す状況を不問に付すことは、今日ますます難しくなっています。芸術と人文科学における現在の脱構築的傾向を理解する方法として、特定の作品やメディアの表象的限界の内部で、「現実」がいかに扱われているかを見るというものがあります。あなたはご自分の作品でこの問題にどう対処しておられますか。言い換えれば、映画的テクストはどのように解釈されるのでしょう。

――イメージが現実に先行し、現実を決定するシミュレーションの時代に、イメージを作ることは本当に可能なのでしょうか。あるいは、仕事をするためにそれをフィクションとして維持する必要があるのでしょうか。

トリン　いま流行中のテクスト戦略といえば、あなたも言及したシミュレーションとパスティーシュ、流用とパロディ、はたまた雑物利用（ブリコラージュ）、散種（ディセミネーション）、宙づり（サスペンション）、引用、接ぎ木（グラフティング）、スペーシング、マッピングと、あまたありますが、そのなかであえて言えば、あなたの作品の映画的身体にスペクタクルとしてもたらされるずれを語ることに、最も近いのはどれでしょう。また、『あるセイロンの歌』の脚本は人類学のテクストからとられていて、タイトルはベイジル・ライトの『セイロンの歌』の再流用ですし、五つの主なシークエンスから成る「憑依された」肉体をめぐる映像は、ゴダールの『パッション』『恋人のいる時間』『気狂いピエロ』、ヒッチコックの『めまい』のスチール写真に絡めて構成されています。あなたの映画を理解するために、観客はこれらの出典を知っているべきだと思いますか。人は収奪しうるスタイルやシンボルの宝庫として伝統を参照しつつ、伝統としての伝統の地位に疑問をもつことなく、あるいは伝統そのものの定着した概念に挑まずにいられるものでしょうか。

――イメージを作るというフィクションを維持しなければならないにしても、遅かれ早かれ、自分のイメージがいかに先行するイメージを反響しているかに気づくことになります。けれども何より大事なのは、自分が使っている素材を試し、やり直し、考え直すことです。おそらく引用は、私が映画のイメージ構成に用いる主な装置でしょう。でも願わくはその引用が、オリジナルの素材を知っているという博識に依存するものでなければいいのですが。今日の視覚文化はコラージュのきわみですから、私が引用を好むのも、ただどこかからちょっと拝借して作品に貼りつけるということではなくて、伝統から抽出したものを何らかのかたちでやり直すことなのです。例えば、(白黒映画の)『恋人のいる時間』に基づくセクションでは、(いわば)男の肉体と女の肉体を交互に断片化し、願わくはある地点で男か女かもわからなくなって、ただいいお尻があるというふうにしたかったのです。ゴダールの映画では、もちろん、女の肉体が男の目で優しく眺められます。『めまい』と『ジャンヌ・イーグルズ』〔一九五七年、ジョージ・シドニー監督、キム・ノヴァク主演のアメリカ映画〕に基づくシーンでキム・ノヴァクを演じたのは、ジュアン・ダヴィラという肉感的な男優です。つまり、古典的な(ハリウッドの)女性的容貌を体現するという重責を、男が担ったのです。パフォーマーの肉体を不動の彫刻的フォルムのようにすることで、肉体をとらえる感情の(憑依された)身ぶりを前景化したいと考えました。でも、それを役柄とは無関係に行いたかったのです。なぜなら、語りを担っていたのは、治癒の儀式のナレーションだったからです。

トリン　第三世界の文脈で広く議論され、問題にされつづけている現実の類型として、伝統からモダニズムへの移行を特徴とするものがあります。問題となるのは、一方では、二元論と垂直的序列の枠組みのなかで、こうしたコンセプトを再利用すること(東/西、北/南、発展/発展途上、後退/進歩、本能/理性、自然/文化、感情/知性、女(伝統の守り手)/男(現代性の推進者)――そうすると、そうした知覚の停滞がもたらす袋小路に突き当たります。他方で問題となるのは、近代プロジェクトの崩壊を否定する、または目をつぶることで、近代の啓蒙的・解放的潜在力を疑わないということです。つまり、「過去としての伝統」とはモダニズムの考え方なのです。そうした文脈においては、伝統から離れ、よりよく真新しい生き方・考え方をインストールしようとする衝動が、絶対のゴールとなります。まさにその文脈において、伝統をその正当性のままに回復しようという反動的な衝動もまた、必然的に生まれるのです。従って、ポストモダニズムのあとでなく、モダニズムとともにやってきます。それはモダニズム（よって、何にでも反対の立場をとるモダニズム的性質）に反するというより、モダニズムの裂け目や盲点を浮き彫りにします。あなたはいまスリランカで長編映画を撮っておられますから、こうした問題に遭遇されることでしょう。

――ええ、女は変化にあらがう、伝統の興ざめな守り手として機能してきました。いまとても面白いことに、「女／たちとモダニティ」というのが、理論と映画両方の仕事で、研究トピックとして浮上しています。この言葉の組み合わせは比較的新しく開発されたもので、フェミニズム作品が陥った袋小路のようなものを打開してくれるのではないかと、私は大きな希望を抱いているのです。実際、現在リサーチを進めている新作『心（ハート）のイメージ』では、感情（ハート）と知性（マインド）を相反するものとして描きたくないと思っています。映画の中心（ハート）には、シンハレ語映画初のスターが体現したパラドクスがあります。彼女はタミール人だったにもかかわらず、シンハレ人が多数を占める観客からはそうは見てもらえませんでした。そのスターは歌手であり女優でもありましたから、何十年も観客の心をつかんで離さなかった女性の姿と声を通して、近代化（つまり、当時セイロンと呼ばれた国が製作する映画の導入）のプロセスをきわめて複雑なやり方で探る機会を得ました。それは伝記ではなく、女性と近代化をめぐる、新たな種類の問題に取り組む戦略を探る企みとも言え、そこには、国際労働経済のハイテク分野における「労働の女性化」という問題も含まれています。そんなわけで、現代の映画監督――六〇代の女性――と三〇代後半の女優が、いまは亡きスターを描く映画のリサーチやリハーサルをすることになります。それは入れ子構造の映画で、必要な時／空を駆使して、近代化のプロセスによって女が追いやられた、矛盾と葛藤を孕む時間性に問いを投げかけるものとなるでしょう。いびつな近代人としての女というのは、映画が表現するのにとてもいいテーマだと思います。

トリン　もう一つ関連する問題として、多くのフェミニストが「ポストフェミニズム」という言葉に示す大変否定的な反応があります。なぜ、ポストフェミニズムはフェミニズムを時代遅れと宣言するための言葉だとか、フェミニズムを越えたところへ行く形式だとみなされがちなのでしょう。ポストフェミニズムをポストモダニズムの意味で理解してはどうでしょうか――フェミニズムの解放プロジェクトからの離脱として、また、大文字の〈女〉や一枚岩的なフェミニズムへの抵抗として。言い換えれば、フェミニズム「のあとに」来るというより、フェミニズム「とともにある」異質な主体性のかたちであり、運動の政治的閉鎖性への警戒を怠たることなく、表象において中心的・単一的・男性的主体の再生産を回避するものとして、ということです。モダニズムとポストモダニズムの差異化という困難な作業は、フェミニズムにおいてはつねにすでに有効でありつづけたもので、「ポスト」という接頭辞を不要なもの、さらには破壊的なものにするでしょうか。それは女性運動のなかにすでにある分裂を深める危険を孕むからなのか、それとも、ポストフェミニズムという概念を拒否することは、モダニズムが権威とシニフィエの自律性を主張し、合法的権力のなかで具体化することと同じなのでしょうか。

――フェミニズムの前に「ポスト」を置くだけでは、大文字のフェミニズムが前景化した問題を駆逐することにはならないでしょう。でも、フェミニズムはそれ自体様々な問題を生みましたから、あなたが定義するように、フェミニズムの政治的・審美的閉鎖性に敏感でありつづける方法としてポストフェミニズムをとらえるのは、いい作戦ですね。一定の言説の機能が疲弊した今、フェミニズムの狭量さと体制化に問いを投げ、揺さぶりをかける必要があります。ボードリヤールがシドニーで言ったように、たとえ無意識が消滅しても、精神分析はどこ吹く風でつづいていくでしょう。アメリカのフェミニズム映画理論を用いて書かれた批評作品を読んでいて時に感じるのは、強力なアカデミズム産業があるために、使う言葉が変わっても、ある限られた主張を繰り返すことに終始しがちなものもあるということです。前にも言いましたが、「知覚の父権的様態を脱構築し、音とイメージがモンタージュされ云々……」だったとしても、Xという映画を悪い映画と見なす余地があまりないこととも関係があります。いまやこうした手法は、承認のレトリックとして手垢のついたものになってしまっています。

トリン　ポストモダニズムは世紀末の孤立した現象ですが、人間／作家／主体の死とか、現実／政治／哲学の終焉と今日しばしば呼ばれるものとの関わりにおいて見ることもできます。ですから、破滅と言わないまでも圧倒的な不能感が蔓延しているのは、こうしたポスト個人主義的経験によるものです。ボードリヤールが言うように、この「社会的空無」と「抑止のシステム」のなかで、能動と受動、抵抗と過剰な体制順応を区別することはできません。私としては、死について語るより、境界、荒野、限界、消尽、宙づりについて語りたいと思います。無数の可能性の空間としての空無について、境界のこちらとあちらで生じる作品について、外部または内部のいかなる単純な立場にも落ち着くことなく、まさにその限界をなしくずしにし、やり直し、書き直すことを可能にしたいのです。作品は境界線にもち込まれ、意味は消尽され、したがって閉鎖性は宙づりになる。それは逃走とも意味の無効化ともまったく異なるように思えます。「何でもあり」の状態と、(基本的なことが何一つ当然とみなされない)「何でもありうる」状態のどこに、あなたは一本の細い線を引くでしょう。

——そんな場所に身を置けたら、どんなにすてきでしょう。「基本的なことが何一つ当然とみなされない」——これはフェミニズムにも言えることですね。

R

一、トリン・T・ミンハ作品に関する批評・分析

『姓はヴェト、名はナム』

Auer, James. "Vietnamese Women Topic of Film Study." *Milwaukee Journal*, 22 October 1989.

Berenstein, Rhona. "Remembering History: Films by Women at the 1989 Toronto Film Festival." *Camera Obscura* 22 (1989), pp. 161-162.

Crane, David. "Trinh's *Surname*—Between 'Nam and A Hard Place." *Shepherd Express* (Milwaukee) 26 (October 1989), p. 17.

Gabrenya, Frank. "'Surname Viet' is Intellectual Delight." *Columbus Dispatch* 25 (May 1990), p. 10.

Heung, Marina. "Haunting Film Probes Life and Art in Exile." *New Directions for Women*, 19, no. 1 (January 1990).

Hoberman, Jim. "Mekong Delta Blues." *Village Voice* 11 (April 1989), p. 61.

Jaehne, Karen. "The 18th New Directors / New Films." *Film Comment*, May-June 1989, p. 68.

Kaliss, Jeff. "Vietnamese Filmmaker's Unusual Work." *San Francisco Chronicle*, 12 February 1989, Datebook section, pp. 28-30.

Kapke, Barry. "Surname Viet Given Name Nam." *High Performance* (summer 1989), p. 74.

Klawans, Stuart. "Films: Surname Viet Given Name Nam, Heathers, Slaves of New York." *The Nation*, 17 April 1989.

Leventhal, Frances. "Trinh Minh-ha Breaks Convention in Film." *Asian Week* 17 (February 1989), p. 24.

Manuel, Susan. "Vietnamese Women Pulled from Obscurity." *Star-Bulletin* (Hawaii) 1 (December 1989), p. B-l.

Peckham, Linda. "Surname Viet Given Name Nam: Spreading Rumors & Ex / Changing Histories." *Frame / Work* 2 no. 3 (1989), pp. 31-35.

Rich. "Surname Viet Given Name Nam." *Variety*, 27 September 1989.
Rosenbaum, Jonathan. "Undermining Authority." *Chicago Reader*, 23 June 1989, p. 14.
Sterrit, David. "War's Impact Seen by Vietnamese Eyes." *The Christian Science Monitor*, 3 April 1989, p. 11.
White, Armand. "Surname Viet Given Name Nam." *Film Comment*, May-June 1989.
Wolff, Kurt. "Local Filmmaker Questions Authority." *The San Francisco Bay Guardian*, 15 February 1989, p. 22.

『ありのままの場所——生きることは円い』

Brown, Georgia. *Village Voice*, 18 June 1991.
Camper, Fred. "Unsteady Gaze." *Chicago Reader*, 21 November 1986, p. 1.
Hoberman, Jim. "Pagan Rhapsodies." *Village Voice* 31, no. 20, 20 May 1986.
Jensen, Steve. "Critic's Choice." *Bay Guardian*, 11 December 1985.
Reynaud, Bérénice. "Toronto Film Festival." *Afterimage* 13, no. 4 (November 1985), p. 20.
Rosenbaum, Jonathan. "Critic's Choice: Naked Spaces—Living is Round." *Chicago Reader*, 11 September 1987, p. 22.
Sterritt, David. "Hanoi-born Filmmaker Turns Her Lens on Africa." *Christian Science Monitor*, 19 November 1986, p. 31.
Viviano, Frank. "From Charlie Chan to Hyphenated Cinema." *Far Eastern Economic Review*, 30 July 1987, p. 35.
Viviano, Frank, and Sharon Silva. "The Next Wave." *San Francisco Focus*, December 1986.

『ルアッサンブラージュ』

Aufderheide, Pat. "Dislocations." *Village Voice* 28, no. 40, 4 October 1983.
————. "Provocative Statements from the East." *Chicago Reader*, 23 September 1983, p. 14.
Kruger, Barbara. "International Women's Film Festival." *Artforum* 32, no. 3 (November 1983), p. 79.
Mayne, Judith. The Woman at the Keyhole. *Feminism and Women's Cinema*, pp. 213-217. Bloomington: Indiana University Press, 1990.
Moravia, Alberto. "C'e del marcio in Turchia." *L'Espresso* (Italy), 16 September 1984, p. 117.

Nix, Shann. "Ethnic Women in Film." *The Daily Californian*, 30 October 1987, pp. 16-17.

Peckham, Linda. "Peripheral Vision: Looking at the West through Reassemblage." *Cinematograph* 2 (1986), pp. 1-5.

Rosenbaum, Jonathan. "Avant-Garde in the 80's." *Sight and Sound* (Spring 1984), p. 131.

Scheibler, Sue. "When I am Silent, It Projects." *The USC Spectator* 7, no. 2 (Spring 1987), pp. 12-14.

Wallis, Brian. "Questioning Documentary." *Aperture*, no. 112 (Fall 1988), pp. 60-61.

ヴェトナムにおける批評

Ha Chau. "Trinh Thi Minh-ha la ai?" *Nguoi Viet*, 25 September 1988, BI-9.

————."Cau chuyen mot phu nu Viet lam dien anh." *Nguoi Viet*, 21 May 1989, BI—10.

"Hanh dien phu nu Viet," *Thang Mo* (San Jose), no. 283. 19 September, 1987.

"Ho Viet Ten Nam," *Chinh Nghia*, 24 February 1989.

Nguyen Sa. "Nu Dao Dien. Doat Giai Dien Anh Quoc Te." *Doi* (Los Angeles magazine), no. 51, August 1987, pp. 12-14.

————."Mon Qua Nam Moi." *Doi*, February 1984, pp. 3-6.

カタログ

Ditta, Susan. "In-between Spaces / Interstices: The Films of Trinh T. Minh-ha." *Film and Video* by Artists Series, National Gallery of Canada, 10-27 May 1990.

Furlong, Lucinda. "Images of Cultures: The Films of Trinh T. Minh-ha." *The New American Filmmakers Series* 32, The Whitney Museum of American Art, November 1986.

Hanhardt, John. 1987 *Biennial Exhibition Catalogue*, p. 149. New York: Whitney Museum and W. W. Norton, 1987.

Ladely, Dan. "The Films of Trinh T. Minh-ha." *Film / Video Showcase*, Sheldon Film Theater, University of Nebraska-Lincoln, November 2-4, 1989.

インタヴュー

Freeman, Mark. *Lightstruck* 7, no. 1 (January-March 1990), p. 9.

Hulser, Kathleen. "Ways of Seeing Senegal." *The Independent*, December 1983, p. 16.

Kearny, Stephen. "For Filmmaker and Teacher Trinh T. Minh-ha, Curiosity and Sensitivity Come First." *Film / Tape World* 2, no. 8 (September 1989), p. 13.

Passaretti, Gayle. "Challenging Objectivity: One Filmmaker's View." *Phoenix* 17 October 1985, p. 6.

Sherman, James, and Laurie Sosna. "Trinh T. Minh-ha: A Multi-Dimensional Maker of Film." *Mindport* (San Francisco), Fall 1986, p. 4.

Thielen, Laura. "Women in Film." Cinezine (San Francisco), October 1984, pp. 4-5.

Access Video of Western Pennsylvania (Cable Television), "Women in the Director's Chair" Program, June 26 and 27, 1987. 50-minute interview.

Video Data Bank (Artist Series), Chicago, October 30, 1989. 31-minute interview.

二、トリン・T・ミンハのその他の仕事

著書

Trinh, Minh-ha T. *When the Moon Waxes Red. Representation, Gender & Cultural Politics*. New York: Routledge, 1991.

————. *Woman, Native, Other. Writing Postcoloniality and Feminism*. Bloomington: Indiana University Press, 1989.

————. *En minuscules*. Paris: Le Méridien Editeur, 1987.

————. *Un Art sans oeuvre*. Troy, Michigan: International Book Publishers, 1981. (out of print)

————. and Jean-Paul Bourdier. *African Spaces. Designs for Living in Upper Volta*. New York, London: Holmes & Meier, 1985.

————. Russell Ferguson, Martha Gever, and Cornel West, eds. *Out There: Marginalization in Contemporary Culture*. New York: New Museum of Contemporary Art and MIT Press, 1990.

————. ed. (Un)Naming Cultures. *Discourse*, no. 11.2 (special issue, Spring-Summer 1989).

————. ed. She, The Inappropriate/d Other. *Discourse*, no. 8 (special issue, Winter 1986-87).

評論・詩

————. "Not You/Like You." *In Making Face, Making SouUHaciendo Cams: Creative and Critical Perspectives by Feminists of Color*, ed. Gloria Anzaldua. San Francisco: Spinsters / Aunt Lute, 1990.
————. "Panel 3: Responsibility and Strategies in Representing the Other." *Motion Picture* 3, no. 3/4 (Summer / Autumn 1990), pp. 48-50.
————. "Refugee," "Flying Blind," "For Love of Another" (poems). *City Lights Review*, no. 4, 1990.
————. Poems and photographs in *Aperture*, no. 112 / Storyteller, 1988.
————. Six poems in *Poésie 1* ("La Nouvelle poesie francaise), no. 136 (Paris, October-December 1987), pp. 71-76.
————. "On the Politics of Contemporary Representations." In *Dia-Art Discussions*, ed. Hal Foster. Port Townsend, Washington: Bay Press, 1987.
————. "On Naked Spaces—Living is Round." *Motion Picture*, no. 1 (Spring 1986), p. 13.
———— and Jean-Paul Bourdier. "Traditional Rural Dwellings of West Africa." In *The Encyclopedia of Architecture*, vol. 5, pp. 306-334. New York: John Wiley, 1990.

三、引用文献

Ba, A. Hampate. "Animisme en savanne africaine." In *Les Religions africaines traditionnelles*. Rencontres Internationales de Bouake, Paris: Seuil, 1965.
Bachelard, Gaston. *The Poetics of Space*, trans. M. Jolas. Boston: Beacon Press, 1969.
Barthes, Roland. *Roland Barthes*, trans. R. Howard. New York: Hill & Wang, 1977.
Baudrillard, Jean. *The Evil Demon of Images*. Sydney: Power Institute of Fine Arts, 1987.
Blier, Suzanne Preston. *The Anatomy of Architecture. Ontology and Metaphor of Batammaliba Architectual Expression*. New York:

Cambridge University Press, 1987.

Chernoff, John Miller. *African Rhythm and African Sensibility*. Chicago: University of Chicago Press, 1979.

Cixous, Helene. *Vivre l'orange*. Paris: Editions des femmes, 1979.

Diop, Birago. *Les Contes d'Amadou Koumba*. Paris: Presence africaine, 1961.

Eisenman, Arlene. *Women and Revolution in Vietnam*. London: Zed, 1984.

Eluard, Paul. *Capitale de la Douleur*, 1926. Reprint. Paris: Gallimard, 1966.

Gabus, Jean. *Sahara bijoux et techniques*. Neuchatel: Les Editions de la Baconniere, 1982.

Glorious Daughters of Vietnam. Hanoi: Vietnam Women's Union, n.d.

Griaule, Marcel. *Conversations with Ogotemmeli*. London: Oxford University Press, 1965.

Hama, Boubou. *Le Double d'hier rencontre demain*. Paris: Union Generale d'Editions, 1973.

Heidegger, Martin. *Poetry, Language, Thought*, trans. A. Hofstadter. San Francisco:Harper & Row, 1971.

Illich, Ivan. *Celebration of Awareness: A Call for Institutional Revolution*. New York: Anchor Books, 1971.

Johnson, Barbara. "Taking Fidelity Philosophically." In *Difference in Translation*, ed. J. F. Graham. Ithaca: Cornell University Press, 1985.

Larsen, Wendy Wilder & Tran Thi Nga. *Shallow Graves. Two Women and Vietnam*. New York: Random House, 1986.

Mai Thi Tu & Le Thi Nham Tuyet. *La Femme au Vietnam*. Hanoi: Editions en langues étrangères, 1976.

Mai Thu Van. *Vietnam: un peuple, des voix*. Paris: Pierre Horay, 1983.

Marr, David G. *Vietnamese Anticolonialism*. 1885-1925. Berkeley: University of California Press, 1971.

———. *Vietnamese Tradition on Trial*. 1920-1945. Berkeley: University of California Press, 1981.

Nguyen Du. *The Tale of Kieu*, trans. Huynh Sanh Thong. New Haven: Yale University Press, 1983.

Nguyen Ngoc Bich, ed. and trans. *A Thousand Years of Poetry*. Ithaca: Cornell University Press.

Rattray, Captain R. S. *The Tribes of the Ashanti Hinterland*, 2 vols., 1932. Reprint. London: Oxford University Press, 1969.

Sister Cao Phuong with Thich Nhat Hanh. *Songs of Vietnam*. Produced by Other Americas Radio, Santa Barbara, California (cassette tape).

Vien Van Hoc. *Ky niem 200 nam nam sinh Nguyen Du* (1765-1965). Hanoi: Nha xuat ban Khoa Hoc, 1967.

Yutang, Lin. *The Importance of Living*. Bombay: Jaico Publishing House, 1977.

訳者あとがき

小林富久子

本書はトリン・T・ミンハの代表的映像作品三編のスクリプトと主にその各々に関して行われた九つのインタヴューを収めるアンソロジーとして一九八二年にRoutledge社から出版された*Framer Framed*の全訳である。ヴェトナム出身のディアスポラとして米国を拠点にしつつ、優れた評論活動と並んで、数々の映画製作にも顕著な業績を残してきた批評家・詩人・映像作家のトリン・T・ミンハ（ヴェトナムでの氏名表記は苗字が先なので、以後はトリンとする）に関しては、後述するように、すでに主要な三つの著書が邦訳されており、また日本各地での会合やイベントにもたびたび招聘されていることからも、馴染みの人が多いはずである。だが当然ながら、本書を通して初めてトリンに触れる人たちも存在するはずなので、まず彼女の生い立ちや教育的背景、および、これまでの業績などについて振り返っておく。

一九五二年にハノイに生まれたトリンは、その後、家族とともにサイゴン（現ホーチミン市）に移り、サイゴン音楽演劇院で作曲や調音、種々の楽器の演奏法などを学んでいる。さらにサイゴン大学で比較文学を専攻するも、一九七〇年、一七歳の時、戦火のヴェトナムからアメリカに移住。中西部のウィルミントン・カレッジでフランス文学と音楽学の学士号を取得後、イリノイ大学大学院に進んだが、一九七四年、パリのソルボンヌ大学に一年間の留学を果たし、仏文学とともに民族音楽学を学んでいる。再びイリノイ大学大学院に戻った彼女は、一九七七年にフランス語と比較文学で博士号を取得。その後程なく向かったのがアフリカのセネガルで、そこのダカール国立芸術院で三年間音楽を教えてからアメリカに戻り、一九八二年には、アフリカでの滞在を基に自身初となる映像作品を製作。以後、批評の方面でも、一九八九年に第一評論集を出すなど、話題の著書や論文を次々と発表し、公の場での発言も求められるようになる。一九九二年にカリフォルニア大学バークレー校の教授となった彼女は、現在も同校の女性学とレトリックの両学部で教鞭をとりつつ、各国で開かれる様々な会合や催しでの講演者・審査員として世界中を飛び回る多忙な日々を過ごしている。

以上のように、異なる場所を移動するたびに、異なる分野を切り拓いてきたトリンだが、うち主要な仕事の柱としての批評における業績をいま少し具体的に見てゆくと、まずあげられるのが、先にも触れた第一評論集『女性・ネイティヴ・他者——ポストコロニアリズムとフェミニズム』（竹村和子訳、岩波書店、一九九五年）である。女性であることと書くことに関して主にアフリカ女性の語りやその表象の問題に焦点を当てつつ、従来の西洋男性中心的な知の体制がいかに非西洋およびその女性を他者化してきたかを鋭く分析・批判する同書は、いわゆるポストコロニアル・フェミニズム批評家としてのトリンの名を一躍高めることとなった。また、その二年後の一九九一年に出された第二評論集『月が赤く満ちる時——ジェンダー・表象・性の政治学』（小林富久子訳、みすず書房、一九九六年）もそうした彼女の位置をさらに不動のものにするのだが、この書でのトリンの眼差しはどちらかと言うと、元々自らが属していたヴェトナム、中国、そして日本といったアジア文化とそこにおけるジェンダー表象の問題に向けられており、アジアと西洋の狭間に位置するトリンのハイブリッドな感覚が横溢するものとなっている。その後、約二〇年を経て二〇一一年に出されたのが第三評論集『ここのなかの何処かへ——移民・難民・境界出来事』（小林富久子訳、平凡社、二〇一四年）で、前二書でもしばしば取り上げていた「境界」をキーワードに、九・一一以後の世界的「恐怖の時代」における難民の問題やそれに付随する様々に危機的な状況などをグローバルな規模で論じている（近著としては、第四評論集 *Lovecidal* が Fordam University Press から出されたばかりである）。

以上のようなトリンの評論の概要から直ちに浮かぶのが、やはりアジア出身のディアスポラ知識人として先進的かつラディカルにポストコロニアル・フェミニズム批評を展開しているガヤトリ・スピヴァクとの近親性であろう。実際、トリンもまた、スピヴァク同様、デリダの脱構築論をはじめとするフランスのポスト構造主義理論の明白な影響下にあり、従来西洋で支配的でありつづけてきた主体－客体、自己－他者、文明－自然、西洋－東洋、男性－女性といった二元論的思考法を一貫して批判している点で共通している。また、いわゆる先進国における第三世界出身女性として周縁化されがちな立場に身を置きながら、同時に米国のエリート大学で教鞭をとるという特権的地位にあるということ、および、そうしたインサイダー－アウトサイダーにわたる二重の立場を利用しつつ、双方を行き来することで、様々なカテゴリーや領域間の境界を曖昧化させ、よって各々における序列関係をも切り崩し、かつ、可変的でハイブリッドな主体の可能性を探求するといった戦略をとりつづけている点でも共通している。

とすれば、トリンが先輩のディアスポラ女性知識人たるスピヴァクの道を踏襲しているだけかと言うと、むろんそうではない。というのも、トリンの最大の強みは、すでに見てきた通り、一方ではいわば西洋的な論理に基づく批判的（脱構築的と言ってもいい）な知の方法論に精通しつつも、他方では、そうした論理中心的思考法を超える地平で創造的営みを実践する表現者ないしはクリエイターとしての資質をも豊かに示しているからだ。実際、良くも悪くもトリンの評論を主流の批評家たちが、「エッセイ的批評」とか「詩としての批評」などと評しているのも、まさにその点からくるものと言えよう。そうしたトリンの狭間的とも呼びうる批評のあり方が、当初は米国の出版界や知識人たちから学問性に欠けるとして遠ざけられがちであったことも断わっておかなければならないのだが。

同様のことはそのまま、トリンの仕事のもう一つの柱としての映像作品に関しても指摘される。批評家たちがしばしば彼女の映像作品に対して、「動く映画理論」「詩によって証言される歴史」「情緒に訴える論争的作品」などと評していることからもそれが窺えよう。

そこで、本書の主要関心事たるトリンの映像作品に目を移すと、これまでトリンが批評活動に劣らず、あるいはそれにもまして、映像製作にも力を注いできたことは、彼女の監督による作品が計八本に上ることからも明らかである。なかでも現在に至るまで最高傑作と目されているのが、本書第一部にそのスクリプトが収録されている最初期の三作品――『ルアッサンブラージュ』（一九八二）、『ありのままの場所――生きることは円い』（一九八五）、『姓はヴェト、名はナム』（一九八九）である（ちなみに他の五作品を列挙しておくと、『核心を撃て』（一九九一）、『愛のお話』（一九九五）、『四次元』（二〇〇一）、『夜の旅』（二〇〇四）、そして近作の『ヴェトナムを忘れること』（二〇一五）となる）。

うち、まず第一作目の『ルアッサンブラージュ』に触れておくと、既述のように、トリンが三年間滞在したセネガルにおける庶民女性たちの日常を題材とするもので、日々の営みで彼女たち自らが生み出すリズミカルな動きや周囲の雑多な生活音、さらには多様な地方言語での生きたやりとりなどがドキュメンタリー風に提示されている。それ自体が興味をそそるものなのだが、むろんこの作品の意義はいわゆる「ナショナル・ジオグラフィック」風の異文化描写の域にとどまるものではない。むしろそれらが伝統的に依拠してきた西洋の人類学ないしは民族誌学者による画一的で固定的な他者表象のあり方自体が問われていることは、映画で流されるナレーションが突如真っ暗な場面によって遮られたり、同一の言葉の繰り返しなどで注意を削がれたりされていることからも窺える。実際、この作品には一般的なドキュメンタリー映画に期待される一貫したマスター・ストーリーなどは存在せず、代わりに映画全体で基調音のように聴きとられるのが冒頭でトリン自身が囁くように発する次のような言葉なのだ。「私は何かについて語るつもりはない／ただ傍らで語るだけ」。

　こうしたトリンの撮影対象に対する基本的姿勢は当然ながら、やはりアフリカ文化を題材とする第二作目の『ありのままの場所』にも踏襲されている。トリンによればアフリカでは当初から強い興味を覚えていたものの、エキゾティシズムを忌避するあまり、第一作では取り組めなかった題材——つまり一般のアフリカ人たちの住居——を扱うこの映画では、庶民の家々やそれをかたち作る内外の具体的な事物——丸みのある屋根、巣のように曲線を描く奥の空間、中央に位置する甕など——の多くが円いかたちに特徴づけられていることに着目して、それらがともに「女と家と宇宙」のあいだの緊密な相互関係を暗示するものとしている。だがここでもトリンはこの作品を一面的にわかりやすいものとして消費されてしまうことを拒む姿勢を示している。すなわち、多くのドキュメンタリー映画が用いる単一のナレーターの代わりに、三人の互いに矛盾したり重なったりする女性の語りを使用することで、多声的ないしはハイブリッドな見方の重要性を示唆しているのである。

　ちなみに、そのように狙いの点で大きな隔たりがあるのに、ともにアフリカを扱うという理由で以上の二作品がつねに隣り合わせに上映されがちなことにトリンは不満を漏らしている。本書においてトリンがまず冒頭に第二作目の『ありのままの場所』を置き、次いで第三作目の『姓はヴェト』、最後に第一作目の『ルアッサンブラージュ』を置くという具合に、大方の期待に反する順序を採用しているのも、そうした意図の反映だろう。

　そこで、三作品中最後の『姓はヴェト、名はナム』だが、最も頻繁に取り上げられ、最も知名度が高いという点ではトリンの代表作と言えるだろう。事実、トリンが祖国をようやく題材とするというこの作品から、いわゆる「当事者」による「本物のヴェトナム」の物語を期待した向きも多かったはずだ。けれどもトリンはそうした期待を見事にはぐらかす。実際には、「本物」—「偽物」の区分にまつわる固定観念を揺るがすことこそが彼女の狙いの一つであったからだ。

前後二部に分かれるこの映画ではまず、解放後のヴェトナム女性たちが戦後もなおつづく物質的窮乏や再教育キャンプでの苦しい体験などを綿々と語る長いインタヴューの場面が置かれている。それを遮るようにしばしば挿入されるのが、長くヴェトナム女性たちを縛ってきた古くからの儒教道徳やそれに抗して闘ってきたヴェトナム女性たちの英雄譚を示す歌、諺、伝説からのきれぎれの言葉や場面である。そのように全体的に暗い色調の第一部から一転して第二部では、陽光の降り注ぐ米国の西海岸が映し出され、そこに難民として渡ったあと、現在ではヴェトナム系アメリカ人として定住している女性たちが自分たちの移住にまつわる体験を口々に物語るのである。こうしてこの映画は従来絶えて語られることのなかったヴェトナム女性史の重要な一端をフェミニズム的視点から語り直すという側面をもつのだが、むろん、トリンの意図はそれにとどまらない。第二部に入って判明するのは、第一部でのヴェトナム女性たちへのインタヴューがいずれも第二部に登場するヴェトナム系アメリカ人女性たちが予め用意された台本に基づいて演技したものにすぎなかったということである。これによってトリンは、真実の最も優れた伝達手段として重用されがちなインタヴューという方式も製作者の意図でいかようにも編集されるものにすぎないことを明らかにしている。ただし、この映画には最終近くで別のどんでん返しも用意されている。それは、第一部のヴェトナム女性へのインタヴューとされていたものが、実のところすべて、ヴェトナム出身の別の女性ジャーナリストが実際にヴェトナムに渡り、そこでの女性たちに行ったインタヴューによるものであったということで、しかも彼女たちを演じたヴェトナム系アメリカ人女性も故国の同胞女性の言葉に感情移入しながら演技していたというのである。それにより前半部でのヴェトナム女性たちの言葉が観客の耳に再び重い真実の響きとして蘇るというわけである。

以上、第一部でスクリプトが収録されている三つの映像作品に関してやや長々と紹介してきた。けれども、実際にそれらの意義を深く知るには当然ながら、当の映画そのものを観るしかないことは確かである。また、本あとがきにもその一端を紹介したそれぞれの映画の意図や背景に関しては、本書第二部に収録されている九つのインタヴューでトリン本人が詳しく語っているので、それを是非熟読されたい。

そのうえで、第二部のインタヴューに関してほんの少々付け加えておきたいのは、その内容が、単にトリン自身の映画にとどまらず、他の幅広い話題に関しても縦横に語るものだということである。例えば、「前衛映画」と「実験映画」の捉え方（第四章）、「学際性」の意味（第五章）、「詩的言語」の役割（第七章）、「モダニズム」と「ポストモダニズム」の違いと連続性（第一二章）、「ポストフェミニズム」とは何か（第一二章）といったホットな諸問題に関しても、トリンは驚くほど率直かつ平易な言葉で語っており、往々にして難解とされてきた彼女の思考内容や方法を理解するにもうってつけとも見られるのである。

そうしたなかでとりわけ、訳者自身にとって印象深かったのが、理論と実践に関してトリンが熱っぽく語る次の部分である。ちなみにこの箇所は、本書のタイトル「フレイマー・フレイムド」（枠取る者が枠取られる）の意味するところに触れる点でも意義深い。

> 私にとっての理論とは、意識の枠組みを絶えず問うようなものを指します。例えば、映画製作という実践は理論によって教化されるのですが、その過程で理論と実践が互いに挑み合うという事態も生じます。〔……〕そうした営みのなかで私自身も自分が何者かを絶えず問われるのです。つまり、映画作りを実践することで、私の世界のとらえ方も変わるというわけです。
>
> （第三章、一八一頁）

ついでながら、本書のタイトルの説明としてさらに次のようなことも考えてみたい。すなわち、通常映画監督として対象を枠取る立場にいるトリンだが、本書ではインタヴューされる側にいる者として、枠取られる立場にもいる。つまり、本書の第二部は、枠取る側と枠取られる側のせめぎ合いの場と見ることも可能なのである。またその現場に立ち会うことで読者自身も自分を振り返り、自らの拠って立つ枠組みにもあらためて想いを馳せることで、自身の変容を図ることもできるというわけである。

以上、本書が幅広い読者にアピールしうることを強調してきたが、むろん、映画製作を実践したり、専門的に映画研究に携わったりする人たちにとって、本書のもつ意義は強調しきれない。残念ながら、現在日本では映画学、フィルム・スタディーズといった独立した学部を備える大学や研究機関は数少ない。けれども、その分野ではるかに先進的とされる米国では本書はつねに必読書に数えられているという。さらに、ジェンダーやエスニック・スタディーズ、あるいはポストコロニアル研究などの授業でも、本書はわかりやすいという理由でいまも重用されていると聞く。日本でもできるだけ多くの人々が本書に触れることで、そうした先進的分野の発展に寄与することを望みたい。

訳者たちが本書の翻訳を思い立ったのは、原著の出版後、間もない頃だったので、はるか以前にさかのぼる。当時は三人の他にも、早稲田大学で映画学を専攻中の大学院生たちが複数いたが、最初に出版を引き受けてくれた出版社が都合でそれを取りやめにし、その後、翻訳を志していた何人かも仕事その他で日本や海外に散らばっていったため、ほぼ出版は諦めていた。このほど水声社社長から思いがけなく版権を取ったとの連絡を受けた時には、驚くと同時に、感謝したという次第である。

共訳の進め方としては、三人それぞれが担当の章を決め、出来上がった訳を互いにチェックし合い、修正するようにした。全体の統一は、概ね小林が行った。一応それぞれの担当箇所を示しておくと、次のようになる。第一章「ありのままの場所」、第三章「ルアッサンブラージュ」、第五章「ハイブリッドな場所から」、第八章「真実と事実を問うこと」は小林、第二章「性はヴェト、名はナム」、第四章「翻訳としての映画」、第九章「「誰が語っているのか」」、第一二章「「政治映画への道はどちら?・」」は矢口裕子、第六章「理論と詩のあいだで」」、第七章「「なぜ魚の棲む池なのか?」」、第一〇章「専門化した検閲」、第一一章「映画が始まり、沈黙が訪れる」」は村尾静二が担当した。

残念なことに、ここで取り上げられているトリンの三つの映像作品は、現在、日本では入手が困難になっているが、当初は日本語字幕入りのビデオがイメージ・フォーラムにより配給されていた。それらすべての字幕を担当されたのが本橋哲也氏で、本邦訳に際しても本橋氏の訳を参照させて頂いたことをお断りしておく。なお、イメージ・フォーラムのビデオ版は日本の多くの大学図書館などに所蔵されているので、そこで観ることも可能だが、字幕なしのＤＶＤ版を購入するには、アメリカでの配給先としての Women Make Movies に注文されるよう薦めたい。

最後に、本書の全編にわたり配置されている映像作品からのスチール写真とストーリーボードの数々についても言及しておくと、そうしたユニークな意匠のおかげで読者は、映画そのものを目にせずとも、ページを繰りながら、ここに取り上げられている映像作品の構築方法などにも想いを巡らせつつ、映像体験を味わうことができるというわけである。

そのように贅沢な原著の体裁をそのまま用いることに快く同意してくださった水声社社長の鈴木宏氏には、あらためて厚くお礼を申し上げる。また、いつも通り、電話とメールを通して暖かい励ましの言葉をくださったトリンさんにも心よりお礼を申し上げたい。

そしてむろん、編集者を務めてくださった後藤亨真さんに対しては、特別の感謝を捧げたい。仕事が滞りがちな私たちに対して、そのつど、有益な助言とともに、激励の言葉も頂いたことに深く感謝している次第である。

二〇一六年一〇月

著者／訳者について――

トリン・T・ミンハ（Trinh T. Minh-ha）　一九五二年、ハノイに生まれ、サイゴンで育つ。一九七〇年、米国に移住。イリノイ大学で博士号取得。詩人、批評家、映像作家。カリフォルニア大学バークレー校教授。著書に『女性・ネイティヴ・他者――ポストコロニアリズムとジェンダー』（岩波書店、一九九五年）、『月が赤く満ちる時――ジェンダー・表象・文化の政治学』（みすず書房、一九九六年）、『ここのなかの何処かへ――移住・難民・境界的出来事』（平凡社、二〇一四年）など。映像作品に『ルアッサンブラージュ』（一九八二年）、『ありのままの場所』（一九八五年）、『姓はヴェト、名はナム』（一九八九年）、『愛のお話』（一九九五年）、『四次元』（二〇〇一年）、『夜の旅』（二〇〇四年）、『ヴェトナムを忘れて』（二〇一五年）など。

＊

小林富久子（こばやしふくこ）　一九四三年、大阪府に生まれる。早稲田大学大学院文学研究科博士課程満期退学。現在、城西国際大学客員教授、早稲田大学名誉教授。専攻、アメリカ文学、フェミニズム文学批評。主な著書に『アメリカ女性作家――周縁から境界へ』（彩流社、二〇〇六年）、『憑依する過去――アジア系アメリカ文学におけるトラウマ・記憶・再生』（監修、金星堂、二〇一四年）など。

矢口裕子（やぐちゆうこ）　一九六一年、東京都に生まれる。法政大学大学院人文科学研究科英文学専攻博士課程満期退学。現在、新潟国際情報大学国際学部教授。専攻、アメリカ文学。主な著書に『憑依する過去』（共著、金星堂、二〇一四年）など。主な訳書にアナイス・ニン『人工の冬』（水声社、二〇〇九年）など。

村尾静二（むらおせいじ）　一九六九年、京都府に生まれる。総合研究大学院大学文化科学研究科・国立民族学博物館博士課程修了。博士（文学）。立教大学現代心理学部兼任講師、東京大学、東京芸術大学等で映像人類学の授業を担当。専攻、映像人類学・文化人類学。主な著書に『映像人類学――人類学の新たな実践へ』（共著、せりか書房、二〇一四年）、『フィールド映像術』（共著、古今書院、二〇一五年）など。民族誌映像作品に『光と影――ワヤン・クリとダランの生活世界』（二〇一五年）など。

装幀――宗利淳一

フレイマー・フレイムド

二〇一六年一二月一五日第一版第一刷印刷　二〇一六年一二月三〇日第一版第一刷発行

著者――トリン・T・ミンハ
訳者――小林富久子・矢口裕子・村尾静二
発行者――鈴木宏
発行所――株式会社水声社
東京都文京区小石川二―一〇―一
郵便番号一一二―〇〇〇二
郵便振替〇〇一八〇―四―六五四一〇〇
電話〇三―三八一八―六〇四〇
FAX〇三―三八一八―二四三七
URL : http://www.suiseisha.net
印刷・製本――ディグ

ISBN978-4-8010-0206-7
乱丁・落丁本はお取り替えいたします。